Mona Golabek *und* Lee Cohen

Die Pianistin von Wien

Eine Geschichte von Überleben, Liebe und Musik

Aus dem amerikanischen Englisch
übersetzt von
Dieter Kuhaupt

Mit 22 Abbildungen

Amalthea
Verlag

Gefördert vom Zukunftsfonds der Republik Österreich
ZukunftsFonds
der Republik Österreich

Die Originalausgabe ist unter dem Titel *The Children of Willesden Lane. Beyond the Kindertransport: A Memoir of Music, Love, and Survival* erschienen bei Grand Central Publishing/Hachette Book Group, New York 2003.

Dieses Werk wurde vermittelt durch die Literarische Agentur Thomas Schlück GmbH, D–30827 Garbsen.

Alle Abbildungen im Buch stammen aus dem Privatarchiv der Autorin.

Besuchen Sie uns im Internet unter: amalthea.at

Für die deutschsprachige Ausgabe:

Umschlaggestaltung: Elisabeth Pirker/OFFBEAT
Umschlagfoto: © IMAGNO/Österreichische Nationalbibliothek
Herstellung und Satz: VerlagsService Dietmar Schmitz GmbH, Heimstetten
Gesetzt aus der 11,25/14,7 pt Adobe Caslon Pro
Printed in the EU
ISBN 978-3-99050-090-3

Meiner geliebten Mutter Lisa
– die Musik deiner Seele ist unsterblich –

Meiner geliebten Schwester Renée
– unser Vermächtnis und deine Liebe zu Gott
lebt weiter in unseren Kindern –

Frau Gesandten Waltraud Dennhardt-Herzog.
Diese Publikation wäre ohne dich nicht zustande
gekommen. Unsere tiefe Dankbarkeit für
deine Hilfe, »Lisel« heimzubringen.

VORBEMERKUNG DER AUTORIN

Vor Jahren, beim Einspielen für einen Auftritt mit dem Klavierkonzert von Grieg, musste ich zurückdenken an meine geliebte Mutter Lisa. Ich dachte an das letzte Mal, das ich für sie gespielt hatte.

Wie eine Löwin hatte meine Mutter gegen die Krankheit gekämpft, war nun aber schwach und gebrechlich. Wie gern hätte sie sich noch einmal an den Flügel im Wohnzimmer gesetzt und gespielt, aber sie schaffte es nicht mehr. Sie konnte mir nur noch zuschauen und zuhören, wenn ich spielte.

Als ich die ersten Töne anschlug, war ich wieder ihr Kind, ihre Schülerin, die sie am Klavier beobachtete und sie dieselben heroischen Passagen mit einer Leidenschaft und Intensität spielen hörte, die, wie ich wohl wusste, fast unnachahmlich waren. Meine Mutter hatte eine unglaubliche Odyssee hinter sich, und alles, was sie erlebt hatte, war in ihre Musik eingeflossen: ihre Kindheit bei liebevollen Eltern in Wien vor dem Zweiten Weltkrieg, ihre Flucht nach England auf einem der legendären »Kindertransporte«, ihr aufreibendes Klavierstudium in Krieg und Bombenhagel und schließlich das Kinderwohnheim, das alte Haus in der Willesden Lane Nr. 243 in einer Londoner Vorstadt, an dem sie hing, das Asyl, wo sie als halbwüchsiger Flüchtling, getrennt von ihrer Familie, gelebt hatte.

Ich beobachtete beim Spiel die Augen meiner Mutter und dachte daran, wie sehr ich meine Klavierstunden geliebt hatte. Es war mehr gewesen als Klavierunterricht – Lebensunterricht, ein Füllhorn von Geschichten aus dem Wohnheim und von den Menschen, die sie dort gekannt hatte. Ihre Geschichten waren meine Folklore, bevölkert von einer freundlichen Mrs. Cohen, von einem geheimnisvollen Verehrer namens Aaron, der die Einleitung des Grieg-Konzerts als Erkennungsmelodie pfiff, und von einem Untergrund-Komitee, dem Gina, Günter und Paul angehörten. Als Zuhörerin am Klavier pflegte ich die Augen zu schließen und ihrer sanften Stimme zu lauschen. Dann sah ich die Welt und die Menschen, mit denen sie aufgewachsen war und die sie liebte.

Die meisten der Namen, denen der Leser in diesem Buch begegnet, sind die Namen von Freunden und Angehörigen Lisa Juras. Aarons Name ist geändert worden, weil hinter ihm mehrere Jungen stehen, die großen Einfluss auf das Leben meiner Mutter hatten. Auch Mr. Hardisty repräsentiert mehrere Mitarbeiter der Jewish Refugee Agency in Bloomsbury House, ferner ist der Name von Lisas Klavierlehrer in Wien geändert worden. Die erzählten Sachverhalte und Gespräche folgen den Erinnerungen meiner Mutter, wenn ich auch weiß, dass manche ihrer Geschichten sich im Rückblick etwas verwirrt haben. Wo es Gedächtnislücken gab, habe ich versucht, sie durch Recherchen aufzufüllen. Der Geist der Geschichte jedenfalls ist authentisch und stammt von ihr.

Als ich bei jenem letzten Mal die Finger von den Tasten nahm, nickte sie stumm und zustimmend, und ich trat an ihr Bett und setzte mich, so wie sie in meiner Kindheit sich an mein Bett gesetzt hatte. Am Ende hatte sie, glaube ich, ihren Frieden gefunden.

Meine Mutter war meine größte Lehrerin, und durch ihre Förderung sind meine Schwester Renée und ich Konzertpianistinnen geworden.

Ich weiß, dass Lisa Jura-Golabeks Geist weiterlebt, nicht nur durch mich, sondern durch alle, die sie berührt hat. Ihr Vermächtnis inspiriert meine Musik und mein Leben – tagtäglich, bis heute. Hier erzähle ich ihre Geschichte, in der Hoffnung, sie möge etwas von dem zum Klingen bringen, was jeder in sich trägt: Leidenschaft und Musik.

I

Lisa Jura legte viel Wert auf ihr Äußeres. Eine Ewigkeit stand sie vor dem Spiegel und zupfte ihr dunkelrotes Haar zurecht, bis es topmodisch unter dem Wollhütchen hervorspitzte, das sie gerade im Geschäft für Gebrauchtmode gekauft hatte. Der Hut brauchte den perfekten schrägen Sitz ... ja, so. Genau so, wie sie es bei den Modellen in den Modemagazinen gesehen hatte.

Sie war entschlossen, reifer auszusehen, als sie es mit ihren vierzehn Jahren war. Sie fuhr zur Klavierstunde. Nichts war ihr wichtiger als das. Endlich wandte sie sich vom Spiegel ab und warf dem feschen jungen Mädchen, das sie darin erblickte, ein Lächeln zu.

Leise, um die Familie nicht zu stören, schloss sie die Wohnungstür, ging treppab durch das menschenvolle Mietshaus und trat aus dem düsteren grauen Gebäude hinaus aufs Trottoir der Franzensbrückenstraße im Herzen der Leopoldstadt, des jüdischen Hauptbezirks von Wien.

Wie an jedem Sonntag seit ihrem zehnten Lebensjahr bestieg Lisa die Trambahn und fuhr durch die Stadt zu Professor Lenz' Klavierschule. Sie liebte diese Fahrt quer durch Wien, das war eine Reise in ein anderes Jahrhundert, in eine Epoche prachtvoller Palais und funkelnder Ballsäle. Straße um Straße aus Marmor und Granit, Kolonnaden und Fassaden. Der Turm des Stephansdoms tanzte vorbei. »Alter Steffl« nannte der Vater die Kirche. Ein dummer Name, dachte Lisa. Er passte nicht zu diesem grandiosen Gotteshaus.

Als die Bahn den breiten Heumarkt hinunterfuhr, vorbei am Konzerthaus, schloss Lisa wie schon so oft die Augen und stellte sich vor, sie säße reglos auf der Bühne des großen Saales am Flügel. Stille senkte sich über das Publikum. Vor Lisa schimmerten die Tasten aus Ebenholz und Elfenbein. Innerlich hörte sie die

Einleitung des heroischen Klavierkonzerts von Grieg, den anschwellenden Paukenwirbel, der ihrem Einsatz voranging. Kerzengerade nahm sie die elegante Pose ein, die ihre Mutter sie gelehrt hatte, und als die Spannung fast ins Unerträgliche gewachsen war, holte sie Atem und schlug an. Sie spürte die Erregung der Zuhörer und fühlte ihr Herz im Takt mit den ihren schlagen. Die Seligkeit, die Musik in sich zu hören, war so stark, dass das Gerassel der Fahrt und der Straßenlärm Lisa nicht mehr störten. Als sie endlich die Augen aufschlug, bog die Bahn gerade in die Ringstraße ein, den baumbestandenen Prachtboulevard, an dem die Staatsoper steht. Staunend blickte Lisa aus dem Fenster und wartete darauf, dass der Fahrer ihre Haltestelle ausrief. Dies war das Wien Mozarts, Beethovens, Schuberts, Mahlers und Strauss', der größten Komponisten aller Zeiten. So viel hatte Lisas Mutter ihr von ihnen erzählt, und sie hatte sich insgeheim geschworen, ihren hohen Vorgaben nachzueifern. Sie hörte ihre Musik im Marmor der Bauten, im Pflaster der Straßen. Sie waren hier. Sie lauschten.

Mit dröhnender Stimme rief der Fahrer ihre Haltestelle aus: »Mahlerstraße«. Bald schon würde sie »Meistersingerstraße« heißen. Dass eine so schöne Straße nach einem Juden benannt war, duldeten die Nazis nicht mehr. Wut stieg in Lisa auf, wenn sie daran dachte, jedoch sie beherrschte sich. Aufgeregtheit schadete nur ihrer Musik. Sie zwang sich, an die bevorstehende Stunde zu denken. Sie wusste nur zu gut, dass, saß sie einmal am Klavier, die Welt um sie herum versinken würde.

Trotz der frühen Stunde summten die mit Cafés gesäumten Straßen schon wie ein Bienenstock. Walzerklänge der »Blauen Donau«, gemischt mit swingendem Dixieland-Jazz, ließen Lisa wieder lächeln. Der Duft von frischem Apfelstrudel weckte Sehnsucht nach dem Rezept ihrer Mutter – sie buk den besten Strudel von Wien! In den Kaffeehäusern nippten gut gekleidete junge Männer und Frauen, die in lebhafte Gespräche vertieft waren, an ihren Tassen. Lisa sah in ihnen Komponisten, Künstler, Dichter, die leidenschaftlich ihre neuen Werke verteidigten. Wie sie sich danach sehnte, zu ihnen zu gehören, in schicker Garderobe über Beethoven und Mozart zu sprechen – in der glanzvollen Kaffeehausgesellschaft zu verkehren. Eines Tages, nach ihrem musikalischen Debüt, würden diese Straßen, diese Cafés ihr gehören.

Kurz vor dem Ziel stockte Lisas Schritt. Am Eingang des großen Hauses, das die Klavierschule von Professor Lenz beherbergte, stand, hochgewachsen und emotionslos, ein deutscher Soldat. Hart spiegelte sich die Sonne auf dem Karabiner, den er an seine braune Uniform drückte. Seit vier Jahren kam Lisa hierher, doch dies war das erste Mal, dass hier jemand Wache stand. Es hätte sie nicht überraschen sollen. Naziposten wurden zu einem zunehmend bedrohlichen Anblick auf den Straßen von Wien.

»Was wollen Sie hier?«, fragte der Posten kalt.

»Ich habe eine Klavierstunde«, erwiderte sie und versuchte, sich von der gebieterischen Erscheinung und der Schusswaffe des Soldaten nicht einschüchtern zu lassen.

»Der Professor wird schon warten«, fügte sie laut und klar hinzu, wie um ihre Angst zu übertönen. Der Soldat blinzelte zum ersten Stock empor. Dort hinter dem Fenster stand eine Gestalt und winkte dem Mädchen heraufzukommen. Widerstrebend senkte der Soldat die Waffe, gab die Tür frei und ließ Lisa eintreten.

»Kommen Sie herein, Fräulein Jura«, sagte der Professor und begrüßte Lisa mit dem gewohnt liebenswürdigen Händedruck. Vorbei an einer Beethovenbüste, die Sprünge hatte, und einem Regal mit gestapelten gelben Notenheften geleitete sie Lenz ins Unterrichtszimmer. Lisa sog den Duft seines Pfeifentabaks ein. Bilder und Gerüche, die sie liebte und die zu einer freundlichen Begrüßung geworden waren – zu einem Zeichen, dass sie in der kommenden Stunde alles hinter sich lassen und mit der Musik verschmelzen würde.

In der Mitte des Raums stand der imposante Blüthner-Flügel des Professors. Er war hochglanzpoliert und hatte gedrechselte Beine. An der Wand hing eine Kostbarkeit – ein Foto von Franz Liszt im Alter, der von mehreren Klavierschülern umgeben war, unter ihnen der Lehrer des Professors. Er rühmte sich, in seiner Klavierpädagogik die Tradition des Meisters fortzuführen, und das Bild zeigte eine abgegriffene Stelle, auf die er wohl oft mit dem Finger gedeutet hatte.

Wie üblich wurden nur wenige Worte gewechselt. Lisa legte die Noten für Beethovens Mondscheinsonate aufs Pult und setzte sich auf den abgewetzten Klavierstuhl. Sie schraubte ihn höher, so dass er ihrer Körpergröße entsprach.

»Nun, Fräulein Jura, war es schwer?«, fragte der Professor.

»Es war kinderleicht«, lächelte sie schelmisch.

»Dann erwarte ich höchste Perfektion«, lächelte er zurück.

Lisa begann mit der leisen Einleitung in cis-Moll. Der Professor beugte sich auf seinem Stuhl vor und verfolgte ihr Spiel in seinem Notenheft. Als über den einfachen Arpeggien das dunkelelegische Thema ertönte, blickte Lisa aus den Augenwinkeln auf ihren Lehrer, um zu sehen, wie er reagierte. Sie hoffte auf ein Lächeln. Schließlich hatte sie den komplizierten ersten Satz in nur einer Woche auswendig gelernt und ihren Lehrer oft sagen gehört, sie sei seine beste Schülerin. Doch er schwieg und lauschte mit stirnrunzelnder Konzentration. Sie führte diesen Gesichtsausdruck häufig auf Trauer darüber zurück, dass er selbst nicht mehr spielen konnte: Arthritis hatte seine Finger versteift, sodass er die richtigen Spieltechniken nicht mehr selber demonstrieren konnte. Welche Grausamkeit des Schicksals gegenüber einem Pianisten, dachte sie. Dass sie selbst vielleicht einmal nicht mehr würde spielen können – nicht auszudenken.

Als Lehrmaterial ließ Professor Lenz oft Schallplatten für Lisa auf seinem Grammophon laufen. Horowitz, der Rachmaninow spielte, weckte seine staunende Bewunderung, doch am höchsten schätzte er Myra Hess' lyrisch-gesangliche Beethoven-Interpretation.

»Hören Sie nur den Ton ihres Legatospiels«, pflegte der Lehrer mit einem Seufzer zu sagen.

Lisa lauschte, lauschte und lauschte. Den größten Teil der Stunde spielte sie, ohne dass sie unterbrochen wurde. Schweigend saß der Professor dabei und machte nur hin und wieder mit der Hand ein Akzentzeichen. Schließlich ließ er sein Notenheft sinken und hörte nur noch zu. Sie blickte ihn an und sah Niedergeschlagenheit in seinen Augen. Spielte sie so schlecht? Am Ende ihres Vortrags machte Lenz dazu keine Bemerkung. Lisa ging an ihr übliches Technikprogramm, ihre Tonleitern, und wartete eingeschüchtert auf sein Urteil. Abwesend kratzte der Professor den Kopf seiner Pfeife über dem Aschenbecher aus.

»Darf ich für nächste Woche das Allegretto einüben?«, fragte sie. Sie liebte den zweiten Satz und brannte darauf, dem Lehrer zu zeigen, wie sich ihr Legatospiel verbessert hatte. Er sah sie lange an, und schließlich sprach er es aus, Verlegenheit und Beschämung im Blick: »Es tut mir leid, Fräulein Jura, aber ich muss Ihnen mitteilen, dass ich Sie in Zukunft nicht mehr unterrichten darf.«

Lisa saß regungslos und wie vom Donner gerührt. Der Professor ging ans Fenster und zog die Gardine auf. Er starrte hinab auf die Menschen auf der Straße. »Es gibt fürchterliche neue Vorschriften, was die Juden angeht«, sagte er langsam, »es ist jetzt ein Verbrechen, ein jüdisches Kind zu unterrichten.« Er murmelte etwas in seinen Bart und fügte verzweifelt hinzu: »Kann man sich das vorstellen?«

Lisa fühlte Tränen in die Augen steigen.

»Ich gehe fort von hier«, sagte er leise, »es tut mir so leid.«

Er trat zum Flügel, nahm ihre schlanken jungen Hände in die seinen und drückte sie. »Sie sind außerordentlich begabt, Lisa. Vergessen Sie das nie.«

Durch ihre Tränen sah sie den Professor ein Goldkettchen hochheben, das auf dem Flügel lag. Daran hing ein kleines Amulett in Form eines Klaviers.

»Es ist nicht viel, aber nehmen Sie es bitte mit als Andenken an unsere gemeinsamen Musikerlebnisse«, sagte er leise und legte ihr die Kette mit zitternden Fingern um den Hals. Durch ihre Tränen starrte Lisa auf die Notenstapel, auf das Lisztbild an der Wand und versuchte, sich alles genau einzuprägen. Sie hatte Angst, dass sie das alles vielleicht nie wiedersehen würde. Um Haltung ringend, dankte sie dem Professor und suchte ihre Sachen zusammen. Dann wandte sie sich um und lief hinaus.

Kalter Wind ließ Lisas schlanken Körper frösteln, während sie auf die Straßenbahn wartete. Sie zog ihren Mantel enger um sich. Überall, wohin man blickte, die Braunhemden der SA. Starrten sie sie alle an? Erhobenen Hauptes ging sie auf die herankommende Bahn zu, stieg ein und packte die Haltestange fest mit ihren Wollhandschuhen. Sie blickte dem verschwindenden Gebäude nach und versuchte, sich das Muster seiner facettierten Glasfenster, die Größe des Portikus und den Glanz des bronzenen Türgriffs einzuprägen, der von Tausenden Händen blank geputzt war. Traurig winkte ihr der Professor aus seinem Fenster zu, dann verschwand er.

Wieso hatten die Deutschen jetzt auch in Österreich so viel Macht, wieso tanzten sie den Österreichern auf der Nase herum? Und wieso ließen die es sich gefallen? Es musste eine Antwort geben – irgendwer musste daran schuld sein. Mitleidige Blicke der anderen Fahrgäste streiften sie. Rasch riss sie sich den Hut vom Kopf und hielt ihn sich vor das Gesicht, da ihr klar wurde, dass sie seit Verlassen der Klavierstunde geweint hatte. Diesen schrecklichen Menschen wollte sie nicht die Genugtuung geben, das zu sehen.

Endlos zog die Fahrt sich hin. Ihr Zauber war verflogen. Lisa konnte es nicht erwarten, wieder in der Franzensbrückenstraße zu sein, wo jedermann sie kannte – das kleine Mädchen, das Klavier spielte. Zuerst hatte man hinter vorgehaltener Hand über ihre Mutter Malka getratscht, als sie in Herrn Minskys Gebrauchtwarengeschäft das teure Klavier erworben hatte. Wie konnten die Juras sich das leisten? Eine extravagante Anschaffung in diesen knappen Zeiten. Fünf Jahre später waren die Klatschmäuler verstummt. Malkas Tochter war etwas Besonderes. Sie war begabt. Man hörte sie im Fleischerladen, man hörte sie in der Bäckerei – überallhin wehte der Klang der Musik. Die Straße selbst erschien in einem freundlicheren Licht, wenn die Kleine spielte. Schon sprach man von ihr als einem Wunderkind. Manchmal spielte Lisa so laut, dass die hämmernden Oktaven das Klappern der Mülltonnen übertönten und sich in den allgemeinen Lärm des Mietshauses mischten. Wenn sie leise spielte, traten alte Ehepaare ans Fenster und ließen ihre Hausarbeit liegen. Melodien von Schubert und Mozart schwebten die Treppen hinab, in Wohnungen hinein und aus Wohnungen heraus. Sie verzauberten das ganze Viertel.

Die Musik riss die Fantasie des frühreifen Mädchens mit sich fort. Spielte sie die ersten Takte eines Straußwalzers, sah sie sich im Ballkleid aus Atlasseide, die Hand hoch erhoben, von einem Grafen oder Marquis zum Tanz geführt. Die Schar der eleganten Ballgäste wich auseinander, als sie die Tanzfläche betrat. Von klein an hatte Malka durch Geschichten, die sie ihr erzählt, und Bilder, die sie ihr gezeigt hatte, ihre Tochter dazu erzogen, in der Musik aufzugehen. Musik wurde Lisas ganze Welt. Sie wurde zu einem Zufluchtsort vor den dunklen Straßen, den schäbigen Wohnungen, den Ladengeschäften und Märkten, mit einem Wort der Heimat von Wiens Juden der Arbeiterklasse. Und jetzt wurde sie vor allem zu einem: zu einem Zufluchtsort vor den Nazis.

Mit untypisch langsamem Schritt ging Lisa auf das Haus in der Franzensbrückenstraße Nr. 13 zu, die Schuhe kaum noch vom Boden hebend, die aufrechte Gestalt gebeugt. Im Wohnzimmer warf sie ihre Noten auf die Bank, mit einer Geste, die ihre Mutter aufschrecken ließ.

»Was ist los, Lisele? Was hast du?« Malka nahm ihre Tochter in den Arm und streichelte ihr das Haar. Lisa schluchzte. Malka ahnte den Grund. »Ist es der Professor?«

Lisa nickte.

»Keine Sorge, ich habe dich früher unterrichtet. Ich unterrichte dich wieder.« Lisa versuchte zu lächeln. Sie wussten beide, dass Lisas Fähigkeiten die der Mutter längst weit überstiegen.

»Spielen wir doch jetzt etwas. Fangen wir den Tag ganz von vorne an.«

»Ich kann jetzt nicht spielen, Mama. Ich bin zu durcheinander.«

»Hast du alles vergessen, was ich dir beigebracht habe? Lisa, gerade in Zeiten wie diesen ist Musik besonders wichtig.«

Malka ging zum Schrank und zog die Préludes von Chopin hervor. Sie schlug das Heft bei Nr. 4 in e-Moll auf und setzte sich ans Klavier.

»Ich spiele die Rechte, du die Linke«, beharrte sie.

»Ich kann nicht.«

»Spiel, was dein Herz dir eingibt.«

Lisa setzte sich neben sie und schlug die treibenden, absteigenden Akkorde der Begleitung im Vierviertelrhythmus an. Als sie die linke Hand beherrschte, löste sie die Mutter ab und ließ nun beides zusammenfließen: die klagende Melodie des Diskants mit den dunklen Akkorden im Bass. Am Schluss mündete die Melodie in eine Frage und lief aus in einen verhauchenden e-Moll-Akkord. Draußen im Hof setzte eine alte Frau die schwere Einkaufstasche ab, lehnte sich an die Mauer und hörte gespannt zu.

Nach dem letzten Takt Chopin ging Lisa auf ihr Zimmer, legte sich aufs Bett und weinte so leise wie möglich in die Kissen. Wenige Minuten später spürte sie eine warme Hand auf der Schulter, die sie leise streichelte. Es war ihre ältere

Schwester Rosie. »Nicht weinen, Lisa«, bat sie, »komm, ich zeig dir was.«

Lisa drehte sich um und blickte auf zu der schick gekleideten Zwanzigjährigen. Sie freute sich immer, wenn ihre ältere Schwester einmal Zeit für sie erübrigte, steckte sie neuerdings doch die meiste Zeit mit ihrem Verlobten Leo Schwartz zusammen.

»Weinen hilft nicht, Lisa. Lass mich dir etwas zeigen, das ich gerade gelernt habe. Komm!«, drängte Rosie und fasste Lisa an der Hand.

Im Schlepptau ihrer Schwester stolperte Lisa ins Bad und erblickte im Spiegel ihr tränenüberströmtes Gesicht. Rosie leerte eine Tasche aus und schüttete jede Menge Kosmetika auf den Badezimmertisch.

»Ich zeige dir eine neue Art, die Lippen zu schminken. Hinterher siehst du wie Marlene Dietrich aus.«

Wie schon so oft trug Rosie sorgfältig Lippen- und Augen-Make-up auf Lisas Gesicht auf.

»Siehst du? Ein kleines bisschen über die Lippengrenze hinaus.«

Ihre Schwester sollte sich auskennen, dachte Lisa. Vor zwei Jahren war sie Zweite im Miss-Wien-Wettbewerb geworden, an dem sie damals als Nichtarierin noch hatte teilnehmen dürfen. Unvermittelt platzte die zwölfjährige Sonia herein.

»Was macht ihr beiden denn hier?«

»Schau dir Lisa an. Sieht sie nicht wie ein Filmstar aus?«

Aufgeregt beäugte Lisa ihr neues Gesicht im Spiegel. So wirkte sie fünf Jahre älter! Da näherten sich Schritte, und alle erstarrten.

»Rasch! Mama kommt!«

Im oft geübten Notmanöver schrubbte Lisa sich mit Seife und Wasser das Gesicht, während Rosie rasch die Kosmetika verschwinden ließ. Die kleine Sonia schaute zu und kicherte. Schützend legte Rosie den Arm um Lisa, und einen Augenblick lang waren die Sorgen mit Professor Lenz vergessen. Dann fassten sich die drei Schwestern an der Hand und gingen hinaus, um ihrer Mutter zu begegnen.

2

Lisa!«, rief Malka aus der Küche. »Geh zum Fenster, schau nach Vater.«

Zögernd stand Lisa vom Klavierhocker auf, ging ans Fenster und blickte aus dem ersten Stock auf den kopfsteingepflasterten Hof hinab.

»Siehst du ihn?«

»Nein, Mama, noch nicht.« Der Novemberwind blies kalt. Die Straßenlaternen rasselten. Der Winter kam. Chanukka stand vor der Tür, das Lichterfest, Lisas Favorit unter den Jahresfesten.

»Ist er noch nicht da?«

»Nein, nichts zu sehen!«

»Wo bleibt er denn?« Malka begann in der Küche lautstark mit den Pfannen zu scheppern. Das war ihre Art, Dampf abzulassen.

»Schlag nichts kaputt, Mutter«, lachte Lisa.

Ein weiteres Scheppern antwortete. »Also gut, hole deine Schwestern. Dann fangen wir ohne ihn an.«

Lisa wusste, weshalb ihr Vater oft so spät kam. Die »Zockerei« war es, die Mutter so in Zorn versetzte. Im Lagerraum der Fleischerei von Herrn Rothbard pflegte Vater sich mit Männern aus der Nachbarschaft zum Kartenspielen zu treffen. Lisa hatte keinen Schimmer vom Kartenspielen, wusste aber, es musste etwas Schlimmes sein, weil es Mutter so in Wut versetzte.

Abraham Jura hatte sich immer als den besten Schneider von Wien bezeichnet. Lisas Vater war ein stolzer, eleganter Mann, der gestärkte weiße Hemden mit hohem Kragen trug. Seine Kundschaft setzte sich aus Juden und Nichtjuden gleichermaßen zusammen. Aus der ganzen Stadt kamen sie und ließen Maßanzüge bei ihm schneidern. Jetzt aber gab es kaum noch etwas zu tun. Nur noch selten ließen sich seine Stammkunden bei ihm blicken. Nichtjuden durften bei Juden nicht mehr kaufen. An seinem Laden hing nun ein Schild: *Jüdisches Geschäft*.

Nachts hörte man manchmal erregte Stimmen aus dem Schlafzimmer der Eltern. Es ging um die Finanzen, so viel verstand Lisa, und ihr Vater schien in diesen Tagen auf fast alle Menschen zornig zu sein. Das traute familiäre Abendessen, die Umarmungen, wenn Vater von der Arbeit heimkam: Das alles gab es nicht mehr. Bedrückt musterte Lisa die knitterigen Anzüge und die ausgefransten Manschetten ihres Vaters. An seinen Knöpfen herumnestelnd, runzelte sie die Stirn. »Papa, ich nähe dir die Knöpfe wieder fest. Offenbar hast du vergessen, wie man das macht«, scherzte sie. »Wer geht noch zu einem Schneider, dem die Knöpfe locker sitzen?« Traurig blickte der Vater sie dann an und schwieg. An solchen Tagen, wenn sie begriff, wie sich ihr Vater vor ihren Augen veränderte, flüchtete sie ans Klavier und in ihre Fantasien.

Mit oder ohne Abraham, Malka zündete die Sabbatkerzen an. Es war Freitagabend, Sonnenuntergang, Beginn des Sabbats. In den silbernen Kerzenständern, die sie ihrerseits von ihrer Mutter geerbt hatte, entzündete sie zwei schlanke Wachskerzen und wandte sich ihrer jüngsten Tochter zu: »Sonia, warum sagst du uns nicht, was sie bedeuten.«

»Die eine Kerze ist für den Herrn, der Himmel und Erde geschaffen hat und am siebenten Tag ruhte«, antwortete Sonia stolz.

»Und die zweite Kerze, Lisa?«

»Die zweite zünden wir an, weil wir den Sabbattag begehen und ihn heilighalten.«

Noch weitere vier Kerzen steckte Malka an, je eine für ihre drei Töchter und eine für ihre Mutter Briendla in Polen. Warmes Licht erfüllte den Raum. Im ganzen Stadtbezirk schimmerte ähnlicher Glanz in Wohn- und Esszimmern. Traditionell wurden am Sabbatabend Speisen an Bedürftige ausgeteilt: Eine Stunde vor Sonnenuntergang sammelten sich Menschen im Hausflur. Einige in abgerissener Kleidung und mit zerzaustem Haar, andere, die nur eine vorübergehende Notzeit durchmachten und sorgfältig geflickte Sachen trugen. Immer wieder andere Gesichter, bis auf eines – das eines alten Mannes mit struppig weißem Bart. Er war der Favorit der Mädchen, weil er ihnen jede Woche eine Geschichte erzählte. An diesem Abend kam Malka ohne das übliche Tablett mit koscheren heißen Speisen in den Flur. Traurig verkündete sie: »Ich fürchte, heute Abend haben wir leider nichts zu verteilen.«

Lisa stand wie vor den Kopf geschlagen. Sie sah die Hungrigen fortschlurfen und sah den Kummer in den Augen der Mutter. Nur der alte Geschichtenerzähler war zurückgeblieben und starrte auf die Mesusa, das Segenszeichen, das an der Tür hing. Nach einem langen, qualvollen Augenblick wandte er sich an Malka: »Gott wird Sie segnen für Ihre Großherzigkeit bisher.«

Die Mädchen gingen in die Wohnung zurück, setzten sich zur Mutter und begannen, ohne den Vater zu essen. Als sie fertig waren, räumten sie ab und sahen zu, wie sie den großen Mahagonischaukelstuhl zum Fenster rückte. Langsam schaukelte Malka vor und zurück, ihre Gebete murmelnd, die Augen auf die Straße gerichtet.

Lauter Lärm schreckte Lisa und Sonia aus dem Schlaf – nicht das übliche Stimmengewirr, das die späte Heimkunft des Vaters oft begleitete, sondern bedrohliches Gebrüll, das sich näherte. Bademäntel überwerfend, eilten sie ins Schlafzimmer der Eltern. Es war leer, deshalb stürzten sie zum Wohnzimmerfenster und sahen, dass brandrote Helle die Nacht erleuchtete. Johlende Stimmen, dazu das Klirren zersplitternden Glases, anschwellend in einem schrecklichen Crescendo. Braunhemden rannten die Straße hinunter wie eine Räuberbande, warfen Steine in Fenster, fuchtelten drohend mit Knüppeln. Lisa fragte sich, ob sie betrunken waren. Durften Soldaten denn trinken? Trotz der späten Stunde rannten Dutzende von Nachbarn auf die Straße. Lisa sah Herrn Mendelsohn, den Drogisten, aus seiner Tür stürzen und beobachtete fassungslos, wie zwei SA-Leute ihn hochhoben und in das Schaufenster seiner Apotheke warfen. Sie hörte seine Schmerzensschreie, riss Sonia vom Fenster zurück und zog sie in das Schlafzimmer, das sie teilten. »Rasch unters Bett und bleib da«, rief Lisa. Sonia blickte flehend auf. »Unter das Bett!«, befahl Lisa und rannte in den Flur, um ihre Mutter zu suchen.

»Lisa!« Ein Schrei ertönte von der Treppe. Sie eilte hinunter und fand ihre Mutter, den Kopf des Vaters im Schoß haltend. Sein Gesicht war blutüberströmt, seine Kleider zerrissen.

»Es ist nur eine kleine Platzwunde, Lisa, keine Angst«, sagte der Vater, als er Lisas entsetzten Gesichtsausdruck sah. »Bei dir alles in Ordnung? Wo sind Sonia und Rosie?«

»Sonia habe ich unters Bett gesteckt. Rosie hat doch gesagt, sie wollte weg zu Leo, weißt du noch? Lass mich dir helfen mit Papa.«

Sie nahm den einen Ellbogen, Mutter den anderen. Untergehakt führten sie Abraham langsam treppauf. Als sie noch einmal einen Blick durch die Haustür warf, sah Lisa, wie Dutzende von Menschen durch die Straße getrieben und geprügelt wurden.

Malka und Abraham hatten ein wunderschönes Bett aus hochglanzpoliertem Kirschbaum. Das Bett betrachtete Malka als ihren kostbarsten Besitz. Nie durften sich die Kinder auf die glatten weißen Atlasdecken setzen, die Malkas Großmutter gehört hatten. Jetzt, da sie Abraham aufs Bett gehoben hatten, säuberte Malka seine Wunden mit einem warmen Tuch und achtete nicht auf die Blutflecken, die auf das Bettzeug fielen. Behutsam pflückte Lisa Glasscherben aus den Falten seiner Kleidung, während ihr

Vater die Schema rezitierte, das alte Gebet des jüdischen Volkes: »*Shema Yisrael, Adonai Eloheinu, Adonai Echad*«, »Höre Israel! Der Herr, dein Gott, der Herr ist Einer!« Endlich beruhigte er sich und begann zu erzählen.

»Gerade war ich bei Rothbard aus der Tür, da sah ich sie. Ich wusste, etwas war im Busch. Sie marschierten nicht mehr. Sie waren ein Pöbelhaufen. Sie wechselten sich ab beim Fenstereinschlagen, zuerst die Schaufenster, als ob es ihnen Spaß machte – sie berauschten sich an dem Krach. Dann schrieben sie mit Farbe hässliche Wörter.«

»Was für Wörter, Papa?«

»Schhh«, sagte Malka, »das müssen wir nicht wissen.«

»Ihr werdet sie früh genug zu sehen kriegen: ›Juden‹, ›Judenschweine‹, ›Bringt die Juden um!‹ Einer hat eine Benzinflasche in ein Haus geworfen.« Lisa gefror das Blut bei den Worten ihres Vaters. Malka wischte die letzten Blutspuren von Abrahams Gesicht. »Psst, Schluss jetzt. Du musst jetzt etwas Suppe essen.« Aber Abraham berichtete weiter: »Ich habe gesehen, wie sie Leute aus den Häusern gezerrt haben. Sie haben ihre Habe genommen und verbrannt. Kinder, die auf die Straße gelaufen sind, haben sie einfach zu Boden geworfen. Gut, dass ihr in der Wohnung geblieben seid.«

»Erzähl uns nichts mehr, Papa.«

»Aber ihr müsst doch erfahren, was ich gesehen habe! Als ich an der Synagoge vorbeigelaufen bin, haben sie den Schrein auf die Straße gezerrt und die Thorarollen herausgerissen. Sie haben sie auf die Straße geworfen und angezündet. Die Thora! Auf der Straße! In Flammen!«

Er hielt inne und schöpfte Luft: »Und keine Feuerwehrsirenen. Sie wollten offenbar, dass alles verbrennt.«

»Ich mache das Radio an, Papa. Vielleicht gibt es Sondermeldungen.« Lisa rannte ins Wohnzimmer und drehte an dem großen Wählknopf des Rundfunkapparats. Ein Strom deutscher Marschmusik erklang. Abraham kam ins Zimmer, barfuß, vorsichtig, um nicht in Glasscherben zu treten, und stellte das Radio ab.

Neue Schreie ertönten vom Fenster. Sie rannten hin und sahen aus dem Eckhaus Flammen schlagen. Nachbarn bildeten schon eine Eimerkette. Männer mit Kübeln kamen die Straße heruntergerannt.

»Malka, ich brauche meine Schuhe!«

Schweigend ging Lisas Mutter ins Schlafzimmer und brachte ihrem Mann die schweren Straßenschuhe. Er schnürte sie in Sekunden und rannte die Treppe hinunter um zu helfen. Verängstigt starrte die Familie aus dem Fenster. Immer weitere Brandherde nährten den Feuerschein. Bücher und Hausrat wurden in die Glut geworfen. Plötzlich packten mehrere Braunhemden die Männer aus der Eimerkette und zerrten sie auf die Straße. Starr vor Grauen sah Lisa, wie ihr Vater gezwungen wurde, sich nackt auszuziehen, hinzuknien und das schmutzige Pflaster zu schrubben. »Schweine! Judenschweine!«, schrien die Soldaten der SA und versetzten ihnen Fußtritte, wenn sie sich nicht schnell genug bewegten. Malka konnte die Schande nicht mehr ertragen. Sie nahm ihre beiden Mädchen bei der Hand und führte sie ins Schlafzimmer. Schweigend warteten sie, bis diese schreckliche Nacht zu Ende ging.

3

Bald gab es auch Ausgangssperren. Juden durften nachts nicht mehr auf die Straße. Sie durften nicht mehr ins Kino, nicht mehr ins Konzert, kaum noch an die Öffentlichkeit. Immer drakonischer wurde der Nazi-Terror. Die Attacken auf Ladengeschäfte und Wohnhäuser setzten sich fort, die Prügelangriffe auf der Straße wurden zum gewohnten Anblick. SA-Leute brachen in Häuser ein und verhafteten viele der männlichen Bewohner. Man munkelte, sie würden in Gefangenenlager gebracht. Auf behördliche Anordnung wurde Abrahams Schneiderladen im Erdgeschoss geschlossen. Auf dem rissigen Glas des Schaufensters klebte ein Plakat. Jemand hatte die Buchstaben auszukratzen versucht, aber sie waren noch lesbar: *Judenblut – Schweineblut!*

Die zwölfjährige Sonia begriff nicht, warum all das geschah. Sie ging noch zur Schule, die jüdischen Kinder waren jedoch bereits von den nichtjüdischen getrennt. Sie durfte mit ihren nichtjüdischen Freundinnen nicht mehr sprechen. An dem Tag, als ihre beste Freundin nicht mehr mit ihr reden wollte, kam Sonia weinend nach Hause gerannt.

»Warum, Mama, warum?«, schluchzte sie.

Malka suchte nach einer Antwort, aber sie begriff es ja selber nicht.

»Erinnerst du dich an die Purimgeschichte von Königin Esther und Haman?«, fragte sie Sonia und nahm sie in den Arm.

Das Mädchen nickte.

»Haman war der böse Ratgeber des Königs Ahasveros vor langer, langer Zeit, er trachtete allen Juden nach dem Leben. Der König verliebte sich jedoch in Esther, die ja Jüdin war und sehr schön, und nahm sie zur Frau und Königin. Dann nutzte Esther ihre Macht, um alle Juden zu retten.«

»Ja, ich weiß«, nickte Sonia.

»Also«, fuhr Malka fort, »heute gibt es einen bösen Mann, der genauso wie Haman ist. Er heißt Adolf Hitler. Er kann uns aber nichts tun, wenn wir tapfer sind und weise handeln. Wir müssen an unserem Glauben festhalten. Wir Juden sind ein von Gott erwähltes Volk. Wenn wir den Glauben an Gott nicht verlieren, wird Gott uns schützen.«

Malka küsste ihre Jüngste, stand auf und ging zum Klavier. »Komm, Lisele, arbeiten wir an ›Clair de Lune‹.« Lisa zog ein abgegriffenes Notenheft aus dem Stapel und setzte Debussys Meisterwerk auf das Notenpult.

»Mach kurz die Augen zu, ehe du anfängst. Wo siehst du dich?«

»Auf einer einsamen Insel mitten im Meer«, erwiderte Lisa ohne zu zögern.

»Darf ich auch mit?«, fiel Sonia ein und kniff die Augen zu.

»Aber natürlich«, antwortete die Mutter zärtlich.

Hellen Blicks schlug Lisa die Augen auf und legte die Finger auf die Tasten. Die Musik schimmerte wie Mondlicht, das auf den Wellen eines fernen Ozeans tanzt. Als Lisa von der Klaviatur aufblickte, sah sie, dass ihre Mutter die Augen geschlossen hatte und lächelte. Leise wiegte Malka den Kopf, vom Silberton ihrer Tochter gewiegt und fortgetragen.

Malka hatte ihren Mann gedrängt nicht auszugehen, er hatte jedoch nicht auf sie gehört. »Wenn du erwischt wirst, was machen wir dann?«, hatte Malka gefleht. »Herr Stein, unser Nachbar, ist gestern Abend nicht zurückgekommen!«

»Ich kann nicht die ganze Zeit im Haus sitzen. Das macht mich verrückt!« Er hatte den Mantel genommen und war eilends gegangen, ohne seiner Frau in die Augen schauen zu können. Er war hinausgegangen auf die Straße, auf der es, seit man die Straßenlaternen zerschlagen hatte, stockdunkel war.

Zu später Stunde kam er zurück.

Lisa spitzte die Ohren, um Gesprächsfetzen der Eltern aufzufangen. »Wir müssen etwas tun, sofort. Die Gelegenheit kommt vielleicht nie wieder.«

Leise schlüpfte Lisa aus dem Bett und schlich in den Flur. Sie hörte die Worte *Holland* und *England*.

»Sie lassen die Juden nicht mehr aus Wien hinaus«, fuhr der Vater fort, »aber ein paar Bahntransporte mit Kindern sind genehmigt worden, jüdischen Kindern. Hunderte sind schon weg. Eltern kämpfen und flehen um einen Platz in den Zügen. Die Sache ist in aller Munde.«

»Kinder werden weggeschickt? Ohne ihre Eltern?« Malkas Stimme war schwach und verängstigt. »Wohin denn?«

»Nach England. Man organisiert jetzt Züge, um sie nach England zu bringen. Ich glaube, wir sollten das ins Auge fassen.«

»Ist dir klar, wovon du sprichst? Die Kinder wegschicken ohne uns? Ohne Mutter, ohne Vater?«

»Meine Cousine Dora und mein Cousin Sid leben in London. Das ist vielleicht die letzte Gelegenheit.«

»Die Lage wird sich wieder bessern, Abraham. Es kann doch nicht so schlimm bleiben. Wir müssen Vertrauen haben.«

»Malka, in der Kultusgemeinde geht alles drunter und drüber. Ich habe schreckliche Geschichten gehört. Ich kann sie dir gar nicht erzählen. Bitte vertraue mir. Wir müssen es tun!«

»Aber selbst wenn wir wollten, wie soll das denn gehen?«

»Lass mich ausreden. Rothbard sagt, seine Frau will ihren Sohn unter keinen Umständen alleine fortlassen. Er glaubt, die Familie werde auf einem anderen Weg geschlossen hinauskommen. Ein solcher Weg steht uns nicht offen. Wir müssen den Familienzusammenhalt aufgeben. Rothbard will uns den Zugplatz seines Sohnes überlassen.«

Bestürzt und angstvoll holte Malka tief Luft. »Du verlangst von mir, meine beiden Töchter fortzuschicken?«

»Malka, du musst mir zuhören. Er hat nur einen einzigen Platz für ein einziges Kind. Wir müssen Lisa oder Sonia schicken … Rosie ist über achtzehn. Sie kommt nicht mehr infrage.« Abrahams Stimme versagte fast.

Lisa hörte, wie ihre Mutter anfing zu weinen.

»Wie brächten wir das übers Herz? Wie könnten wir es ertragen?«

»Eine unserer Töchter können wir in Sicherheit bringen«, drängte Abraham. »Sobald es dann geht, schicken wir die anderen nach …«

»So weit kann es doch noch nicht sein, so weit noch nicht«, flüsterte Malka ungläubig.

Lisa hörte Schritte, dann kam ihre Mutter aus der Küche. Traurig lächelte Malka ihre Tochter an. »Geh wieder ins Bett, mein Schatz. Geh ins Bett.«

Lisa küsste ihre Mutter auf die Wange und ging zurück ins Schlafzimmer, wo Sonia friedlich neben ihren Stoffpuppen schlief. Lisa starrte ihre Schwester an und fragte sich, auf wen die Wahl wohl fallen würde.

Am nächsten Morgen las Lisa am Küchentisch, als ihre Eltern eintraten. Abraham warf einen langen Blick auf die schöne Vierzehnjährige, die sein rotes Haar, sein gewinnendes Lächeln und seinen Willen und Eigensinn geerbt hatte.

»Wir haben einen Beschluss gefasst«, sagte die Mutter, »wir schicken dich nach England. Wir würden euch gern alle schicken, sind aber gezwungen, uns für eine von euch zu entscheiden. Du bist stark, Lisa. Du bist stark, und du hast deine Musik … Wir schicken dich als Erste. Sobald wir genug Geld auftreiben, kommen deine Schwestern nach.« Malka begann zu weinen. Lisa schwieg, und obgleich ihr ebenfalls nach Weinen zumute war, hielt sie ihre Tränen zurück. Weinte sie, würde sie es ihrer Mutter nur schwerer machen. Sie zwang sich, nicht mehr an die Trennungs- und Abschiedsbilder zu denken, die über sie hereinbrachen.

»Wohin soll ich denn? Was mache ich da drüben?« Lisa hatte keine Ahnung, wie sie allein zurechtkommen sollte, und sie war sich auch nicht sicher, ob ihre Eltern eine klare Vorstellung davon hatten. Aber sie wollte tun, was ihre Mutter ihr sagte. Sie wollte Vertrauen haben.

»Es gibt eine Organisation namens Bloomsbury House, die jüdischen Kindern die Verschickung nach England ermöglicht«, sagte ihr Vater. »Dort seid ihr in Sicherheit.«

»Können wir nicht zusammen fort? Können wir nicht warten und dann zusammen fort?«

Zärtlich blickte Abraham seine Tochter an. »Gleich als Nächste kommt Sonia nach, und Rosie und Leo und deine Mutter und ich werden dann zu euch stoßen. Bis dahin wird sich unsere Vetternfamilie um euch kümmern.«

»Was für Vettern sind das?«, fragte Lisa unglücklich.

»Ein Cousin und eine Cousine meiner Tante. Ich habe sie nie kennengelernt, jedoch gehört, dass er ebenfalls Schneider ist, Schneider in London.« Lisa zwang sich, sich das Bild eines Mannes mit Hut und elegantem Anzug auszumalen. »Dann arbeite ich für ihn und schicke euch das Geld. Ihr werdet sehen.«

Am Sonntag war es warm für die Jahreszeit, und die Familie beschloss, picknicken zu fahren. Lisa und Sonia trugen Maßkleidung, die ihr Vater geschneidert hatte, Rosie einen feschen Wickelrock mit passendem modischem Cape. Leo half Malka dabei, den Picknickkorb zu tragen, der randvoll mit Fleischpasteten und anderen Köstlichkeiten gefüllt war, eine Wohltat nach dem wochenlangen Graubrot und den dünnen Suppen. In den Prater, wie früher, gingen sie nicht mehr. Sie wussten sehr wohl, dass am Eingang nun ein Schild hing, auf dem stand: *Für Juden verboten*. Stattdessen gingen sie zur Straßenbahnhaltestelle, um in den Wienerwald zu fahren. Im Sommer hatten sie dort immer gern gepicknickt, im Winter jedoch noch nie. Die Straßenbahn fuhr vor. Sie trug ein neues Schild: *Für Juden und Hunde verboten*. Schweigend ging die Familie zur Wohnung zurück. Malka deckte einen Tisch auf dem hinteren Treppenabsatz, von dem man in den Hof blicken konnte. Ein Nachbar winkte aus dem Fenster: »Schöner Tag für ein Picknick!«

»Einen besseren könnte man sich nicht wünschen!«, gab Malka zurück und versuchte, fröhlich zu klingen.

Plötzlich summte Abraham ein Lied, das immer im Prater am

Riesenrad gespielt wurde. Malka lächelte und fiel ein, und Lisa rief: »Hier kommt die Blechkapelle!« Sie schlug mit dem Messer den Takt auf dem Tellerrand. Sonia sprang auf und wedelte mit den Armen. »Schaut her, ich bin der Dirigent!«

Lachend sang die Familie, wie sie es in besseren Jahren getan hatte, als Wien noch Wien war und sie noch nicht gezwungen war, das düstere Universum zu bewohnen, in das sich die Stadt verwandelt hatte.

In der Woche nach Chanukka sollte der Kindertransport abgehen. An welchem Tag stand noch nicht fest. Abend für Abend zündete die Familie die Menora, den siebenarmigen Leuchter, an und sprach ihre Gebete. Freunde kamen nicht mehr zu Besuch: Juden durften nur noch mit besonderem Passierschein auf die Straße. Dennoch war die Familie nicht unfroh. Noch war man zusammen. Seit Tagen wartete Lisas Reisegepäck. Nur einen einzigen kleinen Koffer durfte sie mitnehmen – genug für eine Garnitur Kleider zum Wechseln und das gute Sabbatkleid. Sie wusste, dass es im Zug sehr eng werden würde.

Dann, eines Abends, bekam Abraham den Anruf. Frühmorgens am folgenden Tag sollte der Zug gehen. Vom Bett aus hörte Lisa ihren Vater sprechen. Jeden Tag, seit die Entscheidung gefallen war, hatte sie an diesen Augenblick gedacht, sich darauf vorbereitet. Die Reise beherrschte alle ihre Gedanken. Jetzt, da es so weit war, verlor sie dennoch die Fassung. Tränenüberströmt lag sie in den Kissen und streichelte leise das bestickte Bettzeug ihrer Mutter. Wie lange würde es dauern, bis sie darin wieder würde schlafen können? Wie lange, bis sie wieder vereint sein würde mit ihrer Familie, ihren Lieben?

Vor allen anderen stand sie auf und legte ihren blauen Mantel aus Twillstoff mit passendem kariertem Kopftuch zurecht. Vor dem Spiegel setzte sie das Filzhütchen mit dem blauen Band auf und gab ihm den perfekten schrägen Sitz. Noch einmal ging sie durchs Haus, entschlossen, sich alles einzuprägen, was sie liebte. Sie fühlte sich jedoch bereits wie eine Fremde. Ihr Blick schweifte über Wände, zählte die Gemälde, ihre Finger strichen über die schöne Klöppelspitze auf dem Esstisch. Sanft berührte sie die blauweiße Porzellanfigur – sie stellte einen alten Schneider dar –, die ihr Vater vor Jahren aus Dresden mitgebracht hatte, und blätterte durch den abgeschabten Lederband mit den handkolorierten Postkarten. Am Klavier hielt sie inne und spielte mit den Fingern stumm über den Tasten. Auf dem Notenpult standen ihre Noten von »Clair de Lune«. Sie rollte sie zusammen und steckte sie ein. Ein törichter Luxus, dachte sie, da im Gepäck doch so wenig Platz war, jedoch sie musste die Noten mitnehmen. Ihre Mutter kam aus dem Flur und zog den schweren Mantel an. »Es ist Zeit zu gehen.«

»Mama, versprichst du mir etwas?«

Malka lächelte ihre Tochter an: »Ja, natürlich!«

»Versprichst du mir, dass du in diesem Zimmer nichts veränderst? Dass du alles genauso lässt, wie es ist? Ich möchte wissen, dass es noch genauso ist, wenn ich daran zurückdenke«, flüsterte Lisa so leise, dass ihre Mutter sie kaum verstand.

»Ich verspreche es, Lisele.« Malka nahm sie in den Arm und wiegte sie.

Der Wiener Westbahnhof war schwarz vor Menschen. Nie hatte Lisa ihn so voll gesehen. Hunderte verzweifelte Familien drängten sich in Panik und Verwirrung auf dem Bahnsteig, Gepäckstücke jeder Form und Größe auf den wartenden Zug zuschiebend. An jeder Wagentür kontrollierten Nazisoldaten in braunen Mänteln Koffer und Ausweise und brüllten in Megaphone. Als das Gedränge zu dicht wurde, blieb die Familie Jura stehen, um Abschied zu nehmen. Es war beschlossen worden, dass Rosie, Sonia und Abraham zuerst Lebewohl sagen sollten, dann sollte die Mutter Lisa zum Zug bringen. Abraham hatte das Köfferchen für seine Tochter getragen. Als er innehielt und es ihr übergab, fasste Lisa nach dem Griff und blieb wie angewurzelt stehen. Sie hatte das Gefühl, dass sie wie eine Porzellanfigur zerspringen würde, wenn sich irgendjemand wegrührte von ihrer Seite.

Abraham legte den Arm um Rosie und schob sie sanft zu Lisa hin. Die beiden Schwestern umarmten sich. »Denk daran, nimm den Fensterplatz, damit wir dich sehen können«, rief die schöne ältere Schwester, den Lärm übertönend. »Bald sind wir alle wieder zusammen. Sei tapfer für uns.«

Jetzt schob Abraham seine Jüngste nach vorne. Lisa küsste Sonia, griff in die Tasche und legte Sonia das kleine Goldamulett von Professor Lenz um den Hals. »Mach die Augen zu und stell dir vor, dass wir bald wieder alle zusammen sind … und heb das für mich auf, bis ich dich wiedersehe.«

Dann schloss Abraham Lisa in eine Umarmung, die so fest war, dass sie beiden den Atem nahm. Er weinte. Das hatte sie ihn noch nie tun sehen, nicht einmal in der Kristallnacht, der Nacht des großen Pogroms. Schließlich nahm Malka sie bei der Hand und führte sie zum Zug.

In Reih und Glied warteten dort die Kinder aufs Einsteigen. Manche waren in Lisas Alter, manche älter, manche jünger, sie hielten ihre Lieblingsspielzeuge und Puppen in der Hand. Eltern mit tränennassen Augen knöpften ihnen die Mäntel zu, kämmten ihnen das Haar, banden noch einmal die Schuhe.

»Dass du dich auch gut benimmst …«

»Vergiss nicht, deine Butterbrote zu essen …«

»Zieh den Pullover nicht aus, sonst erkältest du dich …«

Vor Lisa und ihrer Mutter wartete ein etwa zehnjähriger Junge. Neben seinem Koffer trug er ein großes rotes Akkordeon. »Das bleibt hier«, sagte die Wache, »Wertsachen dürfen nicht aus dem Land.«

»Das ist keine Wertsache«, protestierte der Knabe, »ich brauche es, um zu üben.«

»Zeig mir, dass du spielen kannst«, beharrte der Wachmann.

Der Junge setzte sein Gepäck ab und schnallte das Akkordeon um. Hinter dem riesigen Instrument verschwand fast sein Kopf. Er begann einen einfachen Ländler zu spielen – mit angstzitternden Händen. Unerwartet schwebte Musik im Dreivierteltakt über den Bahnsteig und ließ einen gespenstischen Augenblick lang alle Gespräche und allen Lärm verstummen. Regungslos hörte der Wachmann zu, dann winkte er dem Jungen vorzutreten und das Instrument mitzunehmen. Ringsum begann wieder das Stimmengewirr des Abschieds. Malka blickte ihre Tochter an, die als Nächste an der Reihe war. Sie drückte sie an sich: »Du musst mir etwas versprechen.«

»Was denn, Mama?«

»Du musst mir versprechen, dass du an deiner Musik festhältst. Versprich mir das.«

»Wie kann ich?«, schluchzte Lisa. »Wie kann ich das ohne dich?« Sie ließ das Köfferchen fallen und umklammerte ihre Mutter.

»Du kannst es. Du wirst sehen. Denk daran, was ich dir beigebracht habe. Deine Musik wird dir helfen, es zu schaffen. Lass sie deine beste Freundin sein, Lisele. Und denke daran, dass ich dich liebe.«

»Los«, befahl ein Posten und winkte Lisa auf die steilen metallenen Trittstufen. In diesem Augenblick drückte Malka ihrer Tochter einen kleinen Umschlag in die Hand. Lisa hatte keine Zeit, einen Blick darauf zu werfen. Ehe sie sich versah, war sie von der Mutter getrennt und wurde in den Wagen hineingeschoben. Im Gewimmel drückte sich Lisa durch den Gang und ergatterte tatsächlich einen Fensterplatz. Die Scheibe war vom Atem vieler Münder beschlagen. Mit heftigen Bewegungen wischte Lisa mit dem Ärmel ein Guckloch frei. Sie musste mit ansehen, wie Kinder gewaltsam den Müttern entrissen und in den Zug getrieben wurden. Zitternd suchte sie nach dem schwarzen Haar und dem schwarzen Mantel ihrer Mutter. Sie glaubte, sie zu sehen, und winkte verzweifelt, wusste aber nicht, ob ihre Mutter sie erkennen konnte. »Mutti!«, schrie sie durch die Scheibe, aber ihre Stimme verlor sich in einem Chor ähnlicher Schreie. Schließlich lösten sich mit leisem Ruck die Bremsen, und der Zug fuhr an. Einen Herzschlag lang glaubte sie, ihre Familie zu sehen – zurückgedrängt hinter einer Absperrung. Sie wirkten tapfer. Dann verschwand alles in Dampf und Rauch.

Zum ersten Mal sah sie sich den Umschlag an, den sie in der Faust hielt. Sie riss ihn auf. Er enthielt ein Foto: Malka in stolzer, aufrechter Haltung, aufgenommen beim letzten Klavierkonzert, das Lisa in der Schule gegeben hatte. Auf der Rückseite stand: »Damit du deine Mutter nicht vergisst.«

Langsam beschleunigte der Zug, immer rascher flogen die Häuser vorbei. Schneebedeckte Felder erschienen. Wien blieb zurück. Lisas Augen hingen an dem verschwindenden Häusermeer. Schließlich war nur noch die dünne Silhouette des Riesenrads zu sehen, das sich langsam über den Dächern der Stadt an der Donau drehte.

4

Lisa musterte die Gesichter der anderen Kinder in der Hoffnung, jemanden aus ihrer Schule, ihrem Viertel, ihrer Synagoge wiederzuerkennen. Doch der Zug war voller Fremder. Manche weinten, andere saßen schweigend da. Jedes Kind hatte ein Köfferchen und einen Beutel mit Marschverpflegung. Um den Hals trug jedes eine Marke mit einer Nummer. Lisas Nummer war 158. Welch eine dumme, fantasielose Zahl, dachte sie. Wer sollte sich die merken … Wie hoch die Zahlen wohl gingen? Bis Tausend? Wohin fahren wir alle? Wohin komme ich? Lisa gegenüber saßen zwei fünfjährige Mädchen, die gemeinsam ein Stück Teekuchen aßen und einfältig kicherten. Sie benahmen sich, als führen sie in die Ferien. Neben Lisa saß ein elfjähriger sommersprossiger Junge mit runden Wangen. Er war unruhig und redselig.

»Ich bin Michael«, sagte er beiläufig. Er wühlte in seinem Paket und hielt einen nach Fisch riechenden Papierbeutel hoch.

»Möchtest du die Hälfte von meinem Sardinenbrot?«, fragte er höflich. »Kannst du gerne haben.«

»Nein, danke«, sagte sie kurz. Seine ungenierte, formlose Freundlichkeit stieß sie ab. Auf diesem engen Sitzplatz ist kein Raum für zwei, dachte sie, hatte aber Angst, es zu sagen. Wieso war er so aufgekratzt? Sie wollte nichts mit ihm zu tun haben – auch mit den anderen Kindern nicht, wenn sie sich's recht überlegte. Sie wollte allein sein mit ihren Gedanken an ihre Familie, wollte jede Einzelheit des Lebens, das sie hinter sich ließ, ihrem Gedächtnis einprägen. Es durfte nicht sein, dass sie auch nur eine Kleinigkeit vergaß.

»Ich kann's kaum erwarten, in London zu sein!«, platzte der Junge heraus. »Hab' alles gelesen von Sherlock Holmes, und ich werde mir sein Haus in der Baker Street ansehen. Wenn ich groß bin, werde ich ein klasse Detektiv. Was willst du mal werden?«

Lisa seufzte ihr abweisendstes Seufzen.

»Weiß schon. Ich wette, du heiratest reich und kriegst jede Menge Kinder.«

»Ich bin Pianistin. Ich werde Musik machen«, sagte sie. Ihr hochnäsiges Gebaren ließ sich nicht durchhalten.

»Mannomann«, entgegnete er beeindruckt. »Was für Musik?«

»Die Musik, die meine Mutter mich gelehrt hat«, antwortete Lisa mit Grandezza, »die große Musik Wiens.«

Plötzlich konnte Lisa nur noch an ihre Mutter denken. Das furchtbare Klirren zerbrechenden Glases in der Kristallnacht hallte in ihr nach. Sie kniff die Augen zu, aber das Geräusch verstummte nicht. Wenn eine zweite Kristallnacht kam – würde ihre Familie sicher aufgehoben sein? Als sie die Lider hob, stand ihr wieder das alberne Grinsen des Jungen neben ihr vor Augen. Sie hasste ihn.

»London wird herrlich«, behauptete er.

»Du weißt doch überhaupt nichts von London!«, explodierte Lisa. »Du bist noch nie dagewesen. Du bist auch kein Detektiv aus den Büchern, du bist ein Flüchtling!«

Michael blickte sie an. Sein Gesicht verdunkelte sich. Lisa schloss die Augen und versank wieder in ihren Gedanken. Erneut sprach Michael sie an, in einem anderen Ton diesmal. Seine Augen schwammen in Tränen. »Mein Vater hat mir gesagt ... ich soll nur an das denken, was ich am meisten liebe, und ... es wird wahr werden, wenn ich nach England komme.« Seine Lippen zitterten. Lisa schlug die Augen auf und blickte ihn an. »Tut mir leid«, sagte sie. »Hab's nicht so gemeint.«

Michaels Augen blieben nass.

»Nicht weinen«, bat sie. »Denk nicht mehr an meine Worte. Erzähl mir, was du sonst noch von London weißt.«

»London ist 'ne unglaublich tolle Stadt! Immer dichter Nebel, dicke Luft, und böse Spione lauern an jeder Ecke, und Meisterverbrecher pirschen durch die U-Bahn-Stationen.«

»Ach! Wirklich?« Lisa blickte ihn kokett an.

Mehrere der kleineren Kinder aus ihrem Abteil standen auf und scharten sich um Michael. Großspurig erzählte er von Jack the Ripper und von haarsträubenden Abenteuern. Lisa fühlte ihre Lider schwer werden, und bald wiegte sie das monotone Rattern in den Schlaf.

Sie erwachte von einem Rascheln. Neben ihr durchwühlte Michael hektisch seinen kleinen Koffer. Die Abteillichter waren abgedunkelt, und fast alle außer den beiden schliefen.

»Was machst du da?«, flüsterte sie.

»Der Zug hält«, sagte Michael. »Draußen vor dem Fenster habe ich SS-Leute gesehen.«

»Und?«, fragte sie noch schlaftrunken.

Er antwortete nicht. Er hatte gefunden, was er suchte. Aus dem Koffer fischte er einen kleinen Lederbeutel mit einem Zugband und öffnete ihn auf seinem Schoß. Zum Vorschein kamen eine Perlenkette, ein silberner Armreif und eine Taschenuhr an einer rötlichen Goldkette.

»Das hat meinen Eltern gehört«, sagte er nervös. Seine Stimme bebte. »Wenn die Soldaten das finden, nehmen sie es mir weg und schicken mich zurück.«

»Glaubst du, sie würden dich wirklich zurückschicken?«

Michael schwieg. Er stopfte den Schmuck in das Säckchen zurück und kletterte zuerst auf den Sitz und dann auf die Armlehne. Er riss das schwere Abteilfenster herunter und schleuderte den Inhalt des Beutels in die Nacht hinaus. Erschrocken japste Lisa und griff nach ihm, um ihn daran zu hindern, hielt dann aber inne. Vielleicht war ja richtig, was er tat. Was richtig war, das wusste sie selbst nicht mehr so genau. Aufblitzend verschwanden das Gold und das Silber vor Lisas Augen in der Nacht. Die Bremsen quietschten. Michael sank in seinen Sitz zurück, gelähmt von der Tragweite dessen, was er getan hatte. Ein Dampfzischen von der Lokomotive, ein Ruck, und der Zug stand. Um Lisa und Michael herum erwachten die Kinder. Jedes, auch das Kleinste, saß gespenstisch still und beobachtete die Soldaten in ihren langen Mänteln, die nun durch den Waggon patrouillierten. Lisa betrachtete ihre Uniformen und ihr Auftreten. Sie glichen aufs Haar den Soldaten, die durch ihre Straße marschiert waren. Tieftraurig wurde sie sich bewusst, dass diese Männer nun überall waren, nicht nur in Wien. Sie kamen den Gang herauf, stießen, spähten, grabschten in Gepäckstücke. Sie schüttelten Spielzeuge aus und wühlten in Butterbrotpaketen. Ein kleines Kind begann zu weinen. Jemand legte ihm die Hand auf den Mund. Michael, Schweiß auf der Stirn, beugte sich zu Lisa hinüber. Panik erstickte seine Stimme. »Vielleicht haben sie mich gesehen!«

Lisa legte den Finger auf die Lippen und zischte: »Psssst!«

Ein Wachmann näherte sich und musterte Michael. Die Knie des Jungen bebten hilflos. »Name!«, bellte der Wachmann.

»Ähmmm, Michael Liebel.« Er fingerte an seiner Marke und hielt sie dem Wachmann hin. Nummer 38. Der Mann ging weiter und warf keinen Blick auf den Koffer im Schoß des Jungen. Nach einiger Zeit klappten die Waggontüren zu: Die SS hatte den Zug verlassen. Fauchend zog die Lokomotive wieder an. Michael begann zu schluchzen: »Umsonst! Ich habe alles ganz umsonst weggeworfen! Ich bin so dumm!«

Behutsam legte Lisa ihm den Arm um die Schultern. »Was du getan hast, war sehr tapfer.«

»Nein! Es war blöd! Das war die Uhr meines Vaters, die er von Großvater geerbt hat!«

»Hör auf zu weinen. Du wirst ein berühmter Detektiv, dann kannst du ihm eine neue Uhr kaufen, siehst du. Machen wir doch mal, was meine Mutter mir beigebracht hat. Immer, wenn ich ein neues Klavierstück beginne, sagt sie, ich soll die Augen schließen und mir einen wunderschönen Ort vorstellen. Das ist ganz wichtig. Kneifen wir mal fest die Augen zu und denken an die neuen Orte, die wir sehen werden, ja? Fertig?«

Michael gewann die Fassung wieder. Gemeinsam machten sie die Augen zu.

»Los!«

Lange saßen die beiden Kinder mit geschlossenen Augen. Lisa schlug ihre zuerst wieder auf. »So, jetzt kannst du wieder aufmachen. Was hast du gesehen?«

»Nichts«, sagte er. »Gar nichts habe ich gesehen.«

»Ich auch nicht«, gestand sie leise. »Ach du liebe Güte, wohin es uns wohl verschlagen wird.«

Michael lächelte sie an, und sie legte den Kopf auf seine Schulter. Dann versuchten sie zu schlafen.

Mehrmals hielt der Zug in der Nacht, und immer mehr Kinder stiegen zu. Die Neuen mussten sich im Gang niederlassen und saßen auf ihren Koffern. Allein in meinem Wagen müssen mehr als fünfzig sein, dachte Lisa. Michael bot seinen Sitz einem hübschen deutschen Mädchen an, das so alt wie Lisa sein mochte, und drückte sich in den Seitengang. Lisa sah ihn aus dem Fenster starren, in den Händen den leeren Schmuckbeutel.

»Siehst du den Hübschen da drüben?«, fragte die Neue. »Seit wir eingestiegen sind, beäugt er mich.«

»Das glaubst du aber nur, Mela!«, ereiferte sich ihre Freundin.

Die beiden Mädchen waren lebhaft und attraktiv. Sie trugen modische dunkle Röcke und frisch gebügelte weiße Blusen. Sie wandten sich an Lisa. »Sag mal, der im Gang da, wen von uns beiden hat er angeguckt?«

Der Gedanke, mit Jungs zu kokettieren, schien Lisa unter den Umständen lachhaft. Flatterhafte Gänse, dachte sie, streckte aber bald schon den Hals und blickte in den Gang. »Welchen meint ihr?«

»Na den da, Dummchen! Beeil dich, sonst merkt er, dass wir gucken!«

Der hübsche Junge sah auf, lächelte und zwinkerte seinen Verehrerinnen zu. Die beiden Neuen kicherten heftig. Lisa konnte sich nicht zurückhalten. Sie lachte mit. Warum nicht, schalt in ihr eine Stimme, warum nicht ein bisschen Spaß? Wäre Rosie da, wäre sie als Erste dabei. Und wäre Sonia da … Sonia. Warum hatte sie nicht mit gedurft?, fragte sie sich. Warum habe ich das neue Leben bekommen und sie nicht? Oh Sonia, du fehlst mir.

Die neuen Mädchen erprobten ihr Englisch. »Shall I fetch you tea?«, fragte Helen.

»Two lumps« – zwei Stück Zucker, erwiderte die andere, mit einer Aussprache, für die Lisa gestorben wäre. Sie hatte versucht, sich mit einem Englisch-Leitfaden für Anfänger, den sie auf dem Tempelbasar gekauft hatte, zu präparieren, aber zwei Wochen hatten nicht gereicht. Sie hasste den Gedanken, nach der Ankunft in England wie ein Flüchtling zu klingen, wenn sie den Mund aufmachte.

»Would you like some tea?«, intonierte Lisa im Stillen immer wieder, die fließende Aussprache der anderen Mädchen nachahmend. Gerade fuhr der Zug wieder an. Die Posten hatten die Türen zugeschlagen. Da hämmerte jemand laut an ein Fenster. Ein älterer Junge stand auf und ließ die Scheibe herab, um zu sehen, was da los war. In den langsam anfahrenden Zug wurde ein Weidenkorb hineingereicht und dem Jungen in die Arme gedrückt.

»Jemand hat uns frische Brötchen besorgt!«

»Vielleicht ist's Schokolade!«

»Ich wette, 's ist Käse.«

»Und wenn's 'ne Bombe ist?«, piepste ein Mädchen.

Alle erstarrten. Der Junge stellte den Korb im Gang ab und wich zurück.

»Mach auf, wenn du dich traust«, forderte ein Bub seinen Sitznachbarn auf.

»Warum ich? Mach du doch auf, Dummerjan!«

»Vielleicht sollten wir ihn wieder zurückwerfen.«

Lisa beschlich ein merkwürdiges Gefühl, das sie nicht erklären konnte. Sie trat auf den Gang hinaus, ging zu dem Korb und dachte: Wenn ich jetzt Angst habe, werde ich vor allem Neuen Angst haben. Also verbiete ich mir die Angst. Ich verbiete sie mir. Sie klappte den Deckel auf. Vor ihr lag ein wunderhübsches Baby, das in eine saubere Decke gehüllt war. Es schlief fest. Ein kleiner Engel. Sie hob es vorsichtig heraus und nahm es in den Arm. Die älteren Mädchen eilten an Lisas Seite, die Jungen hielten sich zurück. Erregtes Stimmengewirr erfüllte den Wagen.

»Was machen wir mit dem Kind?«

»Hat es eine Marke?«

»Glaubt ihr, dass es Hunger hat?«

Das Kleine begann zu weinen, und jemand bekam einen Angstanfall. »Wenn sie das hören, werden wir alle aus dem Zug geworfen.« Lisa fing an, ein Wiegenlied von Brahms zu summen – die erste Melodie, die ihr eingefallen war. Aber das Kind weinte weiter. Sein Geschrei wurde lauter, was die Kinder immer stärker bestürzte. Verzweifelt sang Lisa, konnte das Kleine jedoch nicht beruhigen. Den Gang entlang kam eine Sechzehnjährige und streckte die Arme aus. »Ich habe zu Hause einen kleinen Bruder. Gib mal her.«

Sie nahm das Kind mit geübtem Griff und drückte ihre Nase in sein Gesicht. Einen Augenblick lächelte es. Erleichtertes Aufatmen im ganzen Waggon. Als das Weinen versiegte, legte sie es behutsam in den Korb und ging dann mit Lisa im Wagen auf die Suche nach Saft, Milch und Decken. Abwechselnd schaukelten und fütterten sie das Kleine. Die Reisegesellschaft hatte nun plötzlich eine Aufgabe. Wachsende Entschlossenheit stieg in Lisa auf. Wenn ich stark bleiben kann, sagte sie sich, dann schaffe ich es. Ich schaffe es für Mama, ich schaffe es für Papa. Und bald sind wir alle wieder beisammen.

Ein langer Pfeifton, und wieder hielt der Zug. Die Kinder versteckten das Saftfläschchen und die Decken und schoben den Korb unter Lisas Sitz. Draußen auf dem Bahnsteig sah jemand ein Ortsschild.

»Das ist holländisch! Das Schild ist auf Holländisch! Wir müssen an der Grenze sein!« Schweigen breitete sich im Wagen aus. Mit steinernem Gesicht patrouillierte ein SS-Offizier ein letztes Mal durch den Zug und stieß Koffer beiseite, die seinen glänzenden schwarzen Schaftstiefeln im Wege standen. Auf einer Liste hakte er Namen und Nummern ab. Als er vor Lisas Sitzreihe stehenblieb, stockte allen der Atem. Mehrere Kinder begannen nervös zu plappern, um die peinliche Stille zu durchbrechen. Der Offizier klappte den Korb auf und sah das schlafende Kind. Einen Augenblick, der ihnen wie eine Ewigkeit vorkam, starrte er es an und blickte dann auf seine Liste.

»Ist er nicht süß?«, fragte Lisa und setzte ihr hinreißendstes Lächeln auf, sie betete darum, es möge ihn ablenken. Allen Charme, den sie besaß, legte sie in dieses Lächeln. Der Offizier wandte sich um und schaute sie lange an. Dann, endlich, ging er weiter, ohne ein Wort zu sagen. Rasch schritt er den Gang hinunter, schob die Übergangstür zum nächsten Wagen auf und verschwand. Als der Kindertransport über die Grenze rollte, gingen im Wagen, von lauten Jubelschreien begleitet, erstmals die Lichter an. Lisa öffnete den Korb und schaute auf das schlafende Bündel. »Jetzt kann dir niemand mehr etwas tun«, flüsterte sie.

Helles Mondlicht erfüllte die Nacht. Durch das Fenster sah Lisa Windmühlen, die sich langsam drehten – wie in den Bilderbüchern, die Papa ihr gezeigt hatte. Chopins Nocturne in e-Moll, beruhigend und elegant, ging ihr durch den Sinn. Die Holzflügel der Mühlen drehten sich im Takt der Musik.

Hoek van Holland, Endstation. Ein aufgeregter Schwarm Holländerinnen enterte den Zug mit Körben voll von dicken Butterbroten und großen, saftigen Plätzchen. Eine balancierte ein großes Tablett mit dampfenden Kakaotassen. Die guten Sitten vergessend, drängten sich die Kinder, »Ich! Ich!« rufend, hungrig um die Leckereien. Die Frauen lächelten über die schokoladeverschmierten Gesichter.

Was tun mit dem Baby? Die Erwachsenen diskutierten. Ein ernst dreinschauender Mann mit roter Armbinde kam und stellte sich vor. Er war vom holländischen Roten Kreuz. Eine Gruppe

Mädchen drängte sich um das Baby und schaute zu, wie der Mann eine Frau anwies, das Kind aus dem Korb zu nehmen. Sie drückte es liebevoll an die Brust.

»Wir suchen ihm hier ein gutes Zuhause«, sagte der Mann.

»Wie werden die Eltern ihn denn wiederfinden?«, fragte Lisa.

»Das weiß ich nicht.«

Lisa hob den Weidenkorb hoch und gab ihn dem Mann. »Bitte nehmen Sie den Korb mit«, bat sie. »Vielleicht wird ihn daran eines Tages jemand wiedererkennen. Bitte lassen Sie ihm den Korb.«

Der Mann lächelte traurig. »Ja, natürlich«, sagte er und nahm das Kind und den Korb mit.

Schüchtern stiegen die Kinder aus den Abteilen und wurden aus dem kleinen Bahnhof über eine stark befahrene Straße zum Fährhafen geführt. Als ihnen bewusst wurde, dass keine Naziposten mehr Wache hielten, begannen einige der Jungen herumzutollen und zu spielen und den jüngeren Kindern ein Bein zu stellen. Lisa ignorierte das Lärmen der Jungen und blickte einer krächzenden Möwe nach. Kühle, frische Meeresluft stieg ihr in die Nase und weckte ihre Lebensgeister. Michael kam von der Spitze der Marschkolonne zu ihr zurückgelaufen. »Ich habe das Schiff gesehen«, rief er. »Ein echter Corker! Ein Riesending!«

»Corker, was heißt das?«, fragte sie.

»Na, das hat Dr. Watson immer zu allem gesagt, ein Corker, ein Knüller. Wie das da!« Er deutete auf den gewaltigen schwarzen Frachter. »Wieso kann der schwimmen? Der ist doch aus schwerem Metall!«

Ein bärtiger alter Seemann in grüner Matrosenjacke grinste und winkte sie über den Kai zur Treppe. »Nu mal rauf in die gute Stube. Nächste Station ist England.« Singend intonierte er: »Heut' geht es übers Meer, heut' geht es übers Meer. Im Sternenschein, im Mondenschein, heut' geht es übers Meer.«

Auf der Gangway drehte sich Lisa noch einmal um und blickte zurück auf die friedliche holländische Stadt mit ihren Klinkerhäusern und ziegelroten Dächern. Sie sah Wien so überhaupt nicht ähnlich. Wohin wird es uns verschlagen?, fragte sie sich. Wird es da auch eine Oper geben? Einen Turm wie den Steffl? Keine Zeit für solche Gedanken, mahnte sie sich und eilte an Bord. Sie bekam das obere Bett einer Zweierkoje über einer weinerlichen Fünfzehnjährigen aus Köln, die verkündete, sie sei seekrank, und es auch sofort bewies, indem sie sich auf ihr Kopfkissen erbrach.

Stunden schienen zu vergehen, während Lisa wach lag und durch das kleine Bullauge neben ihrer Koje blickte. Der Mond war verschwunden, man hätte nicht mehr zu sagen gewusst, wo das Wasser endete und der Himmel begann. Schließlich tat das stete Auf und Ab der See seine Wirkung, und Lisa sank in einen unruhigen Schlaf. Sie träumte von ihrem Zuhause in der Franzensbrückenstraße. Alles war noch genauso, wie sie es verlassen hatte: die Gemälde, die Spitzendecken, die Porzellanfiguren. Die Mutter hatte ihr Versprechen gehalten – nichts war verändert. Die Familie setzte sich gerade zu Tisch. Mama trug den Braten auf, Vater am Kopfende des Tisches griff zum Tranchiermesser. Sonia war da, unruhig und ungeduldig, und Rosie, imponierend und schön wie immer. Ein Stuhl war leer. »Wo bleibt Lisa?«, fragte Vater. Aus der Tiefe des Schlafs heraus versuchte Lisa zu antworten.

»Hier bin ich«, rief sie, aber niemand hörte sie. Wogen grünen Wassers ertränkten ihre Stimme.

Gegen Morgen erreichten sie die andere Seite des Englischen Kanals. Grau und wolkig war es, als die Kinder im Gänsemarsch die Gangway hinabtrotteten. Ihre kleinen Köfferchen umklammerten sie so krampfhaft, dass man denken konnte, sie trügen ihr Herz darin. Ein drahtiger Mann mit dunkelblauem Mantel und

Schnauzbart trieb sie an. »Wir dürfen den Zug nicht verpassen. Hopp, hopp, ihr Kleinen. Nehmt die Beine in die Hand.«

In einer langen Schlange ging's durch das Hafenstädtchen, im Bogen über den malerischen Marktplatz, dann in den Bahnhof hinein. Gerade erst graute der Morgen, und niemand außer dem Milchmann war noch auf den Beinen. Er starrte auf das geisterhafte Bild: mehr als zweihundert Kinder, schemenhafte Silhouetten, hintereinander durch die Stadt ziehend. Lisa dachte: Wir sehen aus wie ein Klassenausflug, der sich verlaufen hat. Noch einmal wandte sie sich um und warf einen Blick zurück auf die weite See, die sie von ihrer Familie und ihrer gesamten vertrauten Welt trennte.

5

Durch die südenglische Landschaft rumpelte der Zug, vorbei an Kühen und Heuwiesen, Hecken und Landstraßen. Die müden Kinder lehnten sich aneinander, die Köpfe auf den Schultern des Nachbarn, die Beinchen baumelnd, schwankend im Takt des Zuges. Allmählich gingen die Winterweiden in Vororte über, die Vororte in innenstädtische Bebauung, und dann waren sie am Ziel – Liverpool Street Station, London. Auf Lisa und ihre zweihundert erschöpften Reisegefährten wartete ein kleines Bataillon von Helfern und Betreuern: Nonnen, Rabbis, Quäker, Geistliche aller Konfessionen und Rotkreuzmitarbeiter mit Namenslisten. Mit diesen von der Jewish Refugee Agency in Bloomsbury House sorgfältig zusammengestellten Listen wurden nun die Namen der Neuankömmlinge verglichen, die in der Eingangshalle angetreten waren. Mit einem »Willkommen in England, Kinder, wir freuen uns, dass ihr da seid« schritten die Leute vom Roten Kreuz die Reihen ab. Angstvoll wartete Lisa und ließ die Augen über die riesigen Fenster des Großbahnhofs schweifen, die bis zur Decke reichten, wo durch eine Glaskuppel das helle Morgenlicht auf die Wartenden herabschien. Endlich zeigte Lisa ihre Papiere und ihre Nummer vor und war erleichtert, ihren Namen auf der Liste zu finden. Ein kleines Mädchen, das wohl etwa fünf Jahre alt war und tränennasse Augen hatte, klammerte sich an Lisas Rock. »Ist Mammi da? Ich will zu meiner Mammi!« Das Mädchen begann untröstlich zu weinen. Eine ehrenamtliche Mitarbeiterin kam herüber, kniete sich hin und hielt ihre Hand, während sie wartete.

Als die Listen abgearbeitet und alle Kinder erfasst waren, rückte man Absperrungen beiseite, und ein Strom aufgeregter Menschen mit Fotos in der Hand ergoss sich auf den Bahnsteig. Manche hielten Schilder hoch – KAPLAN, SAMUEL, FRIEDLER. Sie liefen auf die wartenden Kindergesichter zu. Laut riefen sie Namen. »Ruthie Goldstein!«, »Martin Müller!« Lisa erblickte Michael vorne in der Schlange und winkte. Er winkte zurück, dann beobachtete sie, wie ein Mann und eine Frau in bodenlangen Pelzmänteln zu ihm eilten und ihn umarmten, ihn geradezu verschlangen.

Endlos dehnte sich die Wartezeit. Lisa hielt den Griff ihres Koffers fest und schaute geduldig zu, wie die Hälfte der Kinder in einem Gewirbel aus Händeschütteln und Küssen den Bahnhof verließ. Irgendwann – nach Stunden, wie ihr schien – brach sie aus der Reihe aus und eilte zu einer Rotkreuzfrau, die Plätzchen verteilte. »Jura. Lisa Jura«, begann sie, dann versagte ihr die Sprache. »My cousins are coming to see me«, wollte sie sagen, doch die sorgfältig auswendig gelernten englischen Wörter fielen ihr nicht ein.

»Geduld, meine Kleine, das dauert alles seine Zeit. Reih dich lieber wieder ein, damit sie dich finden.«

»Muss ich zurück?«, fragte Lisa auf Deutsch. Sie fürchtete, in den Zug und wieder zurück zu müssen, wenn niemand sie abholte.

Die Rotkreuzfrau betrachtete ihre angstvolle Miene. »Natürlich nicht! Du musst nicht zurück«, sagte sie auf Deutsch mit starkem englischen Akzent. »Auch wenn dich keiner abholt, werden wir dich an einen sehr netten Ort bringen. Nun reih dich wieder ein … sei ein gutes Mädchen.« Sie führte Lisa gerade in die Reihe zurück, da trat ein kleiner Mann in einem abgewetzten braunen Überzieher mit einem Foto auf sie zu und sprach sie auf Jiddisch an.

»Lisa Jura? Ich bin deines Vaters Cousin, Sid Danziger.«

Lisa erwartete, dass er sie umarmen würde, aber er zögerte, neigte leicht den Kopf und reichte ihr ein paar englische Süßigkeiten. Er fragte sie nach ihrer Familie und tröstete sie, als sie überstürzt von den schrecklichen Verhältnissen in Wien sprach. Dann räusperte er sich und fuhr fort: »Ich fürchte, ich muss dir etwas Unangenehmes sagen.« Er sprach so leise, dass sie ihn im Bahnhofslärm kaum verstand. »Wir müssen nämlich hinaus aufs Land ziehen. Meine Frau hat gerade ein Kind bekommen, deshalb müssen wir aus London weg, und, na ja, wir ziehen in eine Einraumwohnung, siehst du. Da gibt's einfach keinen Platz. Wir können dich nicht aufnehmen. Es tut uns so leid.« Das Gesicht des Mannes lief schamrot an. Lisa verschlug es die Sprache. Das also waren ihre Verwandten, ihre Vettern, die einzigen Menschenseelen in ganz England, die sie kannten. Als Sid den panischen Schrecken auf ihrem Gesicht sah, stotterte er: »Bitte – hab keine Angst. Ich habe persönlich mit den Leuten in Bloomsbury House gesprochen und dafür gesorgt, dass du gut unterkommen wirst … Hauptsache, du bist hier in England.«

Nur halb begriff Lisa, was er sagte. Wieder packte sie die Angst. »Und Sonia, was wird mit ihr?« Lisas Stimme brach fast. Sie hatte sich eingeredet, sie könnte die Danzigers dazu bewegen, auch ihre kleine Schwester aufzunehmen.

»Wir werden unsere Freunde fragen und unser Bestes tun. Wir sind keine reichen Leute. Tut mir leid.«

Lisa stählte sich gegen die Enttäuschung. Mama hätte gewollt, dass sie die Höflichkeitsformen wahrte. »Danke, dass Sie gekommen sind, um für mich zu unterschreiben«, sagte sie.

»Das ist das Mindeste, was ich tun konnte«, erwiderte Sid traurig und ging fort.

Auf der Fahrt vom Bahnhof zum Bloomsbury House schwieg Lisa. Eingeklemmt saß sie im Bus zwischen Dutzenden von anderen Kindern, die niemand abgeholt hatte. Aus dem Fenster starrte sie ins Londoner Straßengewühl, ein Stadttrubel, wie sie ihn nicht kannte. Hupen tönten. Schwarze Taxis drängten sich zwischen Doppeldeckerbusse. Welch ein Gegensatz zu dem gemächlichen Lebenstempo in Wien.

Bloomsbury House, von dem ihr Vater so viel gesprochen hatte, war ein massiver Steinbau im West End. Beim Aussteigen aus dem Bus sah Lisa Engländer in Nadelstreifanzügen und Bowlerhüten, ganz wie auf den Bildern in ihrem Schulbuch. Sie stieg die imponierende Eingangstreppe hinauf und setzte sich mit den anderen auf Bänke im Korridor. Überall waren Kinder. Telefone schrillten, und Menschen redeten in Sprachen durcheinander, die sie nicht verstand. Gelegentlich rief jemand etwas auf Jiddisch oder Deutsch, dann lächelte sie. Meist aber schwirrten nur fremde Laute durcheinander. Es erinnerte sie an den Turmbau zu Babel, von dem der alte Geschichtenerzähler, der sie immer am Sabbat besucht hatte, gesprochen hatte – vom Hochmut der Menschen, die einen Turm bauen wollten, der bis an den Himmel reichte, und von der Strafe, die Gott geschickt hatte: der großen Sprachverwirrung unter den Menschen. Ja, jemand bestraft uns, dachte Lisa. Sie wünschte nur, sie könnte verstehen, warum.

Namen wurden aufgerufen, und eines nach dem anderen gingen die Kinder in ein Büro zur Aufnahme. Frauen gingen umher mit Tabletts voller belegter Brote, die auf Englisch Sandwich hießen.

Komisch, dachte Lisa, dass man ein Brot mit Gurken belegt und das Fleisch vergisst. Es schmeckte ihr aber gut.

»Jura. Lisa Jura«, rief endlich eine Stimme, und man winkte sie höflich in ein kleines Büro. Der große, halb kahlköpfige Mann hinter dem Schreibtisch blinzelte über seine Brille und bedeutete ihr, Platz zu nehmen. Hohe Papierstapel, augenscheinlich ungeordnet, bedeckten den Schreibtisch. Einige Blätter waren zu Boden gefallen.

»Ich bin Alfred Hardisty. Nett, dich kennenzulernen.«

Lisa lächelte höflich.

»Wie geht es dir?«

»Very well«, sagte sie in ihrer besten englischen Aussprache.

»Das freut mich. Hat man dich über Bloomsbury House informiert?« Als er sah, dass sie den Kopf schüttelte, fuhr er fort. »Wir sind eine Organisation, die sich um Kinder kümmert, denen wir in diesen schwierigen Zeiten die Einreise nach England ermöglicht haben, und wenn du dich einverstanden erklärst damit, ein bisschen zu arbeiten, kannst du neben Kost und Logis sogar auch noch Geld verdienen. Interessiert dich das?«

»Oh ja, ja.«

»Gut. Was kannst du denn so? Irgendwelche Spezialfähigkeiten?«

»Ich spiele Klavier«, sagte Lisa stolz.

»Na, das ist ja toll. Du spielst sicher ganz wunderbar, aber ich dachte eher an etwas Handfestes, Praktisches. Kannst du nähen?«

»Ja, ich nähe.«

»Gut.« Mr. Hardisty kreuzte in dem Formular, das vor ihm lag, ein Kästchen an. Ehe sie sich versah, wurde sie aus dem Büro geführt und das nächste Kind hereingebeten. Auf halbem Weg die Treppe hinunter fiel ihr ein, dass sie gar nicht nach Sonia gefragt hatte. Ohne anzuklopfen marschierte sie in das Büro zurück.

»Ich habe eine Schwester … in Wien.« Mr. Hardisty blickte

hinaus auf die lange Schlange wartender Kinder, dann auf das Mädchen mit dem dunkelroten Haar, das vor ihm stand.

»Alles zu seiner Zeit, Miss Jura«, sagte er seufzend und kam quer durchs Zimmer, um die beharrliche Besucherin zur Tür zu geleiten.

Als Lisa im Durchgangslager Dovercourt in Essex eintraf, drei Stunden südlich von London, war sie todmüde und hatte geschwollene Füße. Ein Kinderferiencamp war in aller Hast zum Durchgangslager »dienstverpflichtet« worden für Hunderte junge Flüchtlinge, die noch keine bleibende Heimstatt hatten. Lisa blickte sich um und erkannte wieder kein vertrautes Gesicht. Mela und das andere Mädchen aus dem Zug waren sicher bei reichen Verwandten untergekommen und schliefen jetzt in weichen Betten. Und Michael pirschte wohl durch London auf den Spuren von Sherlock Holmes. Schweigend, abseits der anderen Kinder, setzte sich Lisa in dem großen kasernenähnlichen Speisesaal an einen Tisch. Zum Frühstück gab es Porridge, Eier, Toast und – sehr englisch – *kippers* (geräucherte, gesalzene Heringe). Warum sich die Mühe machen, sich mit jemandem anzufreunden, wo man sie doch sowieso bald alle auseinanderreißen würde?

Als die Nacht kam, schliefen die Kinder auf Feldbetten in zugigen Baracken. Lisa zog ihren Pullover und ihren Mantel an und kuschelte sich in der klammen Dezemberkälte unter der Wolldecke zusammen. Sie wollte weinen, schämte sich aber vor den anderen Mädchen. Alle schliefen. Sie zwang sich, an Chopins Prélude Nr. 4 zu denken, das Stück, das sie mit ihrer Mutter oft gespielt hatte, und bewegte die Finger lautlos über der Bettdecke. Ehe sie stumm den letzten Akkord anschlagen konnte, war sie eingeschlafen.

Am nächsten Tag besuchte sie den improvisierten Englischunterricht und sah durchs Fenster Fahrzeugkolonnen vor dem Hauptbau vorfahren. Männer und Frauen unterschiedlichster

Aufmachung kamen und gingen, musterten Listen, studierten die Lebensgeschichten von Kindern. Hinten im Klassenzimmer tauchten wie Gespenster stumme Menschengruppen auf und deuteten auf einzelne Kinder, mit denen sie sprechen wollten. Lisa sorgte sich, dass ihre Nase nicht gerade genug, dass ihr Haar zu rot war. Jeden Eintretenden musterte sie – war das vielleicht jemand, der sie haben wollte?

Zuerst gingen die älteren Mädchen weg, da sie arbeiten und ihren Lebensunterhalt verdienen konnten. Kleine Kinder wanderten in die Obhut kinderloser Paare und kamen hinaus aufs Land. Die übrigen warteten darauf, in Kinder- und Waisenheime eingewiesen zu werden, die überall in England von Quäkern, jüdischen Gruppen, Kirchengemeinden und sonstigen freundlichen Seelen eingerichtet worden waren. Am dritten Tag im Durchgangslager, als Lisa an einer Gasmaskenübung teilnahm, legte sich eine Hand auf ihre Schulter, und sie wurde ins Büro gerufen.

»Miss Jura?«, begann eine stämmige Engländerin in sportlichen Schuhen. »Wir hören, dass Sie nähen können, was vorzüglich ist, aber wir möchten auch wissen, ob Sie mit – äh – kleineren Kindern zurechtkommen.«

»Ich habe eine jüngere Schwester. Ich suche jemanden, der mir hilft, sie aus Wien herauszubringen. Könnten Sie helfen? Kennen Sie vielleicht jemanden, der …«

»Eins nach dem anderen, meine Liebe. Zuerst wollen wir Sie mal unterbringen. Es gibt da einen hohen Militäroffizier, der sein Herrenhaus in eine Zentrale für den Zivilschutz umwandelt, da werden helfende Hände gebraucht. Die Dame des Hauses hat gerade ein Kind bekommen. Was halten Sie davon, Liebes?«

Der Gedanke, in einen wohlhabenden Haushalt zu kommen, entzückte Lisa. Sie würde die Herzen im Sturm nehmen, und dann würde man ihr helfen.

»Ich liebe Babys!«

»Dann ist das geklärt, junge Dame. Jemand wird Sie morgen am Bahnhof Brighton in Empfang nehmen.«

Zum ersten Mal seit ihrer Ankunft schöpfte Lisa Hoffnung. Federnden Schritts ging sie in ihre Baracke zurück. Sie setzte sich aufs Bett, zog das Foto ihrer Mutter hervor und legte es vor sich hin. Sie entfaltete ein Blatt Papier, das sie aus ihrer Englischfibel herausgerissen hatte, und begann zu schreiben: »Liebe Mama, lieber Papa …«

Sie füllte den Brief mit positiven Gedanken und englischen Wendungen, mit denen sie Eindruck machen wollte: »Ich bin entschlossen, hier nicht mehr als *foreigner*, als Ausländer, zu gelten. Solange ich hier bin, werde ich mein Bestes tun, um ein *real English girl* zu sein.« Und dann unterschrieb sie. An Briefmarken hatte die wohlmeinende, aber überarbeitete Lagerleitung nicht gedacht. Nach dem Mittagessen trat Lisa deshalb mit gewinnendem Lächeln an einen derb wirkenden Geschirrspüler heran. »Wenn ich Ihnen beim Abwasch helfe, kaufen Sie mir dann eine Briefmarke?«

»Aber klar, junge Lady. Unter der Spüle liegt ein Schwamm.«

Lisa packte einen Teller und begann ihn zu putzen.

6

Brighton war als sommerliches Seebad und Familienparadies berühmt. Im Winter präsentierte es sich eher ungemütlich. Der Bahnhof war riesig, kalt und leer. Mit Erleichterung sah Lisa einen untersetzten Mann, der unter dreißig Jahre alt war, mit einem handgeschriebenen Schild mit ihrem Namen auf dem Bahnsteig stehen. Er trug eine frisch gebügelte dunkelblaue Uniform mit passender Mütze.

»Ich bin Monty«, begrüßte er sie und schüttelte ihr englisch herzhaft die Hand. Einen Augenblick lang dachte Lisa, er hätte ihr die Fingerknochen zerquetscht, und schüttelte hinter dem Rücken heimlich die Hand aus. Er nahm ihr das Köfferchen ab und führte sie zu einer eleganten schwarzen Limousine. Mit Chauffeur ins neue Zuhause! Wenn Mutter mich jetzt sehen könnte! Sie fuhren durch eine braune Landschaft, die brachliegenden Felder gesäumt von Bäumen, deren kahle Äste wie umgedrehte Besen zum Himmel starrten. Bei einer Steinsäule bog der Wagen von der Hauptstraße ab. Ein Schild huschte vorbei: *Peacock Manor*. Am Ende einer langen Zufahrt erhob sich ein massives ländliches Herrenhaus – drei Stockwerke hoch, mit Ziertürmchen an beiden Ecken. Es sah genauso aus wie ein Schloss aus Lisas Tagträumen.

Monty lenkte die Limousine über die elegante Wagenauffahrt, dann ums Haus herum zum Dienstboteneingang auf der Rückseite. Die Köchin, drei Dienstmädchen und ein Butler traten aus der Tür. »Willkommen in Peacock Manor«, sagte eine streng dreinblickende Dame. »Ich bin Gladys. Das hier sind Lola, Betsy und Carrie. Und dieser feine Mann hier ist Mr. Piedmont, unser Butler. Die übrigen werden Sie später kennenlernen. Kommen Sie herein, und nehmen Sie ein heißes Bad, dann trinken wir Tee.«

Während Lisa darum rang, etwas Höfliches zu sagen, fügte Gladys hinzu: »Wir haben alles über Sie gehört, also nur keine Bange. Wir werden uns gut um Sie kümmern.«

Lisa fühlte sich ärmlich in ihrem alten Wollmantel, ihrem langen Kleid und ihren Kniestrümpfen. Sie wusste, dass alle Augen auf ihr ruhten, und kam sich wie ein Habenichts vor. Sie staubte sich ab und versuchte ein Lächeln. Gladys führte sie in ein kleines, aber gemütliches Zimmer im Dienstbotentrakt und gab ihr eine gestärkte weiße Hausmädchenuniform. Präsentabel angezogen, wurde sie durch die prächtige Eingangshalle geführt, vorbei an einem Speisezimmer mit einem funkelnden Kronleuchter, dann durch einen langen Korridor, an dessen Wänden Ölgemälde hingen. Mit raschen Kopfbewegungen ließ Lisa die Augen rechts und links schweifen. Man wies sie in ein Arbeitszimmer, wo ihr Bürge, Captain Richmond, und der Butler Ölgemälde, Staffeleien und halb fertige Leinwände in Pappkartons verpackten. Der Captain war ein Mann in den Sechzigern. Zwei weiße Haarreste reckten sich rechts und links an seinem rosigen kahlen Kopf. Im Mundwinkel baumelte eine Pfeife, aus der wohlriechender Duft stieg.

»Da sind Sie ja, Missy.« Er streckte die Hand hin. Lisa ergriff sie vorsichtig, doch diesmal war der Händedruck gelinder. »Gut, dass Sie hier sind. Dass Gladys Sie auch ja nett behandelt!« Verschmitzt zwinkerte er der Chefhaushälterin zu.

»Vielen Dank«, sagte Lisa.

»Meine Frau freut sich darauf, Sie kennenzulernen. Sie treibt sich in Paris herum – nächste Woche ist sie wieder da. Entschuldigen Sie die Unordnung hier. Hab' mein Maleratelier gerade dem Zivilschutz zur Verfügung gestellt. Wir hoffen ja nicht, dass ein Krieg kommt, Chamberlain hat mein volles Vertrauen … aber man weiß ja nie. Besser, man ist vorbereitet.«

Lisa war so überwältigt, dass sie dankbar war, als Gladys ihr einen Staubwedel in die Hand drückte und sie eine breite Treppe hinauf in den Hauptsalon führte. »Ich kann Ihnen nicht alles im Einzelnen erklären, also richten Sie sich einfach nach uns und halten Sie die Augen offen.«

Rasch fügte sich Lisa in den herrschaftlichen Haushalt ein. Sie hatte einen guten Blick für verlegte Gegenstände und Staub, der sich in Ecken sammelte, und am Ende der ersten Woche zeigte sich Gladys gebührend beeindruckt.

»Es könnte gut klappen mit Ihnen«, bemerkte sie am Dienstbotenesstisch vor versammelter Mannschaft.

»Von dem alten Drachen ist das ein riesiges Kompliment«,

lachte Monty. Gladys schlug ihm strafend auf die Schulter, Lisa sah jedoch, wie ihre Augen dabei leuchteten. Er lehnte sich herüber und drückte ihr einen Kuss auf die Wange. Es war eine Geste, die Lisa plötzlich an ihren Vater und ihre Mutter erinnerte. Heimweh durchschoss sie, und Tränen stiegen ihr in die Augen. Sie bat um Verzeihung und stand vom Tisch auf.

An diesem Abend schrieb Lisa einen Brief an ihre Eltern. Sie schilderte das vornehme Mobiliar und die Eleganz des Hauses, in der Hoffnung, die Mutter werde stolz auf sie sein. Beim Schreiben wurde sie sich bewusst, wie froh sie war, nach Wochen der Ungewissheit endlich untergebracht zu sein, und nahm sich vor, keinen Trübsinn und keine Trägheit aufkommen zu lassen. In aller Frühe schlüpfte sie in ihre frische weiße Uniform und schlug im Nacken den gestärkten Kragen hoch, um salonfähiger auszusehen. Schon bei Sonnenaufgang war sie am Werk, schrubbte Fußböden, trug Kohle und entstaubte in allen Zimmern die Möbel. Oft war ihr Arbeitstag erst abends vorbei. Nur einem Ziel diente die Plackerei – das Geld zu verdienen, das die Eltern brauchten, um Sonia nachzuschicken.

Am nächsten Tag ging sie auf eine Besichtigungstour und schwenkte als Alibi ihren Staubwedel. In Schlafzimmern und Korridoren stöberte sie herum, bis sie fand, was sie suchte: ein Klavier. In einem Herrenhaus, das etwas auf sich hielt, durfte es nicht fehlen. Es stand im Oberstock, in einem Salon, der von einem Gästezimmer abging – ein gediegener Stutzflügel. Vorsichtig öffnete sie den Tastendeckel und ließ die Finger über die Klaviatur laufen. Verstimmt, ja, aber wenigstens klemmten die Tasten nicht. Sie begann eine einfache Nocturne. Sofort klapperten laute Schritte durch die Halle, und Gladys erschien in der Tür, außer Atem und wütend.

»Was fällt Ihnen ein!«

»Ich, ich …«

»Der Captain hält seinen Mittagsschlaf! Wenn Sie ihn wecken, gibt es ein heiliges Donnerwetter.« Sie klappte den Flügel zu und stieß Lisa aus dem Zimmer. »Gehen Sie jetzt in den Keller, und helfen Sie die Zwiebeln sortieren. Lola braucht Hilfe bei der Suppe – und lassen Sie die Hände von Dingen, die Ihnen nicht gehören.«

»Aber in Wien habe ich Klavier gespielt!«

»Na, das ist ja großartig«, spottete Gladys.

»Ja, es ist großartig!«, gab Lisa zurück. Auf dem Weg durch die Halle biss sie sich auf die Zunge, wie um die Antwort zu unterdrücken: »Wenn du eine Ahnung von Musik hättest, dann wüsstest du, wie großartig es ist!«

Am Kinderweinen, das durch die Korridore tönte, erkannte Lisa, dass die Frau des Captains aus Paris zurückgekehrt war. Bald wurde sie der fünfundzwanzigjährigen Dame des Hauses vorgestellt, die ein cremefarbenes Chanelkostüm mit passendem Hut trug. Die Eleganz verfehlte nicht ihren Eindruck auf Lisa. Sie bekam den Zusatzjob einer »Kindermädchenhelferin«. Als solche musste sie Babysachen waschen, zum Trocknen aufhängen und säuberlich gefaltet in die Wäscheschränke räumen – und leider auch die schmutzigen Windeln waschen oder, wie sie bald entdeckte, auskochen. Eines Tages, als sie müde war, ließ sie den Blick über die Stapel sauberer Windeln schweifen und sagte sich: Niemand merkt's, wenn ich mal eine schmutzige in den Müll werfe. Diese Lösung war so einfach, dass sie fortan jedes Mal, wenn eine Windel besonders verunreinigt war, das anrüchige Stück im Müll verschwinden ließ. Im Schrank warteten ja Hunderte weitere. Einige Tage später stellte Gladys sie mit einem übel riechenden Sack zur Rede: »Und was haben wir hier, wenn ich fragen darf?« Monty hatte ihr Geheimnis in der Mülltonne gefunden und herausgefischt. »Ich habe die Windeln gezählt. Sie haben einfach welche weggeworfen, nicht wahr?«

»Nein«, hörte Lisa sich sagen. Sie log sonst nicht, hatte jedoch Angst, weggeschickt zu werden. »Nein, ich war's nicht.« Stundenlang peinigten sie Bauchschmerzen, Angst und Gewissensbisse, dann ging sie zu Gladys und gestand ihr alles. »Natürlich habe ich gewusst, dass Sie es gewesen sein mussten. Ich bin nicht von gestern, müssen Sie wissen. Die Herrin will Sie sehen.« Lisa rührte sich nicht. »Jetzt – sofort!«, rief Gladys, und Lisa rannte treppauf.

Verschüchtert stand sie an der Tür zum herrschaftlichen Schlafzimmer und machte sich auf das Schlimmste gefasst, doch die Dame des Hauses lachte, als sie die Tür öffnete. »Vermutlich würde mein Mann Ihnen einen Vortrag über Sparsamkeit halten – er ist die Knauserigkeit in Person. Also sagen wir ihm lieber nichts über die Windeln, oder?«

»Danke, Madam«, sagte Lisa. Mit den Augen verschlang sie die Garderobe, die Parfümflaschen, die satinbezogenen Stühle.

»Aber ich habe Sie nicht hergerufen, um über Windeln zu sprechen. Ich möchte Sie zu meiner Kammerzofe machen.«

Lisa blieb der Mund offen.

»Mein Mädchen ist schwanger und nimmt ihren Abschied. Zum Windelwaschen werde ich jemand anderen finden. Morgen wird sie Ihnen alles beibringen, was Sie wissen müssen. Aber meine Unterwäsche werfen Sie bitte nicht weg!« Sie lachte laut und winkte mit drei Fingern zum Abschied und wandte sich wieder ihrem Schminktisch zu.

Jeden Freitag bekam Lisa ihren Lohn und verwahrte ihn stolz in einem abgegriffenen Kuvert im Nachtschränkchen, wo sie das Bild ihrer Mutter und die Noten von »Clair de Lune« aufbewahrte. An Samstagen begleitete sie Gladys und Monty ins Dorf zum Einkaufen. Mit einem alten Lieferwagen ratterten sie hin – Gladys und Monty vorn, Lisa auf der Ladefläche. Hin und wieder sah sie, wie die beiden sich verstohlen einen Kuss gaben. Der Ausblick in die weite englische Parklandschaft gefiel Lisa. Er bot Abwechslung von der Tagesarbeit. Eines Samstags gab es einen untypischen Verkehrsstau. Lisa blickte nach vorne. Auf der Landstraße bewegte sich ein langer grüner Konvoi von britischen Armee-Lkw und Panzern im Schneckentempo voran. Panzer hatte Lisa seit Hitlers Einmarsch in Wien vor mehr als einem Jahr nicht mehr gesehen. »Sind wir im Krieg?«, fragte sie erschrocken.

»Nur 'n kleiner Probelauf, für den Fall der Fälle«, erwiderte Gladys und bemerkte dann Montys Blick, der dem Konvoi sehnsüchtig folgte. »Monty, schlag dir das aus dem Kopf!«

Während die anderen Lebensmittel einkauften, schlenderte Lisa über die High Street. Im Fenster eines Gebrauchthandels sah sie ein altes rotes Fahrrad. Ein Fahrrad hatte sie nie besessen. In Wien waren das wertvolle Verkehrsmittel für Erwachsene gewesen, keine Spielzeuge für Kinder. Von dem Tag, da sie endlich eins bekommen sollte, hatte sie immer geträumt. Sie starrte auf die Speichen der Räder – Räder, die einen an Orte bringen konnten, zu denen man vielleicht eines Tages wollte. Ein kurzer Hupton riss sie aus ihren Gedanken. Sie blickte auf und sah, dass Monty sie heranwinkte. Sie kletterte auf die Ladefläche, und zurück ging's nach Peacock Manor.

An besonderen Abenden zog man das alte Grammophon auf, und die Dienstboten sangen zu krächzenden Aufnahmen von *Daisy, Daisy* und *Under the Spreading Chestnut Tree*. Die einfachen, sentimentalen Melodien gruben sich in Lisas Gedächtnis, und sie wünschte, sie könnte sie auf dem Klavier ausprobieren. Zuweilen summte sie »Clair de Lune« und stellte sich flimmerndes Mondlicht auf der Donau vor. Wenn sie die Augen fest genug schloss, sah sie Mutter und Vater vor sich, mit Sonia und Rosie, bei einem Spaziergang am Donauufer. Doch jedes Mal, wenn sie die Augen aufschlug, schien Wien in weitere Ferne zu rücken.

Als Kammerzofe arbeitete Lisa liebend gern. Sorgsam inspizierte sie Röcke auf ausgefranste Säume und Blusen auf fehlende

Knöpfe und nähte lockere Schulterpolster wieder fest. Bald verließ sich die Dame des Hauses in der Auswahl der zu den Schuhen passenden Handtasche ganz auf Lisas Geschmack und scherzte, Lisa habe ein besseres Stilgefühl als sie! Einmal fasste sich Lisa ein Herz und zeigte der Lady im Modemagazin einen neumodischen Schuh.

»Sie haben meine Zeitschriften gestohlen?«, fragte die Lady mit emporgezogener Augenbraue.

Lisa blickte niedergeschlagen.

»War nur ein Scherz, Lisa. Sie müssen die Dinge nicht immer so ernst nehmen.«

Aber Lisa nahm alles ernst. Sie musste es tun. Bange Wochen vergingen, ohne dass Post von den Eltern kam. Eines Tages reichte Monty ihr einen abgegriffenen blauen Luftpostbrief mit deutscher Marke. Überglücklich sah sie, dass der Absender »Franzensbrückenstraße 13« lautete. Der Poststempel nannte ein Datum, das einen Monat zurücklag. Der Brief war kurz. Er schloss mit dem lapidaren Satz der Mutter: »Mache uns stolz auf Dich! Du fehlst uns jeden Tag.« Monty legte den Arm um sie, als ihr die Tränen kamen.

Nach dem Abendessen pflegte sich das Personal am Rundfunkgerät zu versammeln und BBC zu hören. Beunruhigende Nachrichten kamen vom Kontinent. Vor fast einem Jahr hatte Hitler Österreich annektiert, vor sechs Monaten das Sudetenland besetzt. In den drei Monaten, die Lisa nun in England war, hatte sie nichts gehört, das ihre Sorgen hätte beschwichtigen können. Gerade machte sie im neuen Büro des Zivilschutzes (das sich im Billardraum einquartiert hatte) sauber, da hörte sie laute Stimmen aus dem Arbeitszimmer des Captains nebenan.

»Ich hab' ja gesagt, dass es so kommen würde!«, brüllte eine Männerstimme.

»Was hätten wir denn tun sollen?«

»Den Hundesohn aufhalten! Was sonst?«

Als der Wortwechsel verstummte, hörte Lisa eine Stimme, die ihr Schauer über den Rücken jagte, die Stimme Hitlers. »Ein Volk, ein Reich, ein Führer!« schrie sie durch das englische Herrenhaus. Lisa trat näher an den Raum heran, in dem die Männer versammelt waren. Sie stand im Korridor, in Schrecken versetzt durch die Stimme des Mannes, den sie so hasste. Polternd meldete sich wieder der Captain zu Wort: »Ist das zu glauben, dass der Wahnsinnige gerade in die Tschechoslowakei einmarschiert ist, ohne dass ein Schuss gefallen ist?«

Mit zornigem Gefuchtel trat er in den Gang und erblickte Lisa. »Ah! Kommen Sie rein. Wir brauchen Sie.« Behutsam fasste er sie am Arm und zog sie in das Zimmer, in dem fünf Uniformierte auf Stühlen vor dem Radio saßen. »Übersetzen Sie mal – was sagt der Verrückte gerade?«

»Ausrottung, es ist nichts unmöglich!«, tönte der Apparat. Lisa übersetzte es ins Englische, langsam, bei jedem Wort tiefer erschreckend. Ein Offizier sah ihre Not und rief: »Habt Erbarmen! Das arme Mädchen sollte sich das nicht anhören müssen.«

»Gut, meine Liebe, das reicht. Ich danke Ihnen«, sagte der Captain.

Ein junges Mädchen sollte sich das nicht anhören?, fragte sich Lisa. Ich habe es doch erlebt. Ich habe es doch gesehen! Sie dachte an die Pogromnacht, sah ihren Vater auf der Erde liegen, nackt, gedemütigt, ein Bild, das sie nicht aus ihren Gedanken vertreiben konnte. Plötzlich überwältigte sie die Sehnsucht, mit ihresgleichen zusammen zu sein. Ja, Monty war freundlich, Gladys meinte es gut, und auch die Lady war großherzig. Sie hatte genug zu essen, sie war in Sicherheit. Das sollte genügen, sagte sie sich. Aber es genügte nicht.

Es war schwer, zur Arbeitsroutine zurückzukehren. Pflichtgetreu legte Lisa die Kleider der Hausherrin aus, die Schuhe passend zur

Handtasche, den Rock passend zur Jacke. Wie immer war die Lady sehr zufrieden.

»Hervorragend gewählt, Lisa.«

»Danke, Madam«, sagte Lisa. Schuldgefühle drückten sie. Eine entscheidende Frage, die sie immer wieder aufgeschoben hatte, lag ihr auf der Zunge. »Madam, darf ich Sie etwas fragen?«

»Natürlich. Was denn?«

»Ich habe eine Schwester in Wien. Sie ist sehr süß, und sie könnte in der Küche arbeiten. Wir brauchen unbedingt jemanden, der für sie bürgt, damit sie auf den Kindertransport kommt, und wenn es …«

Die Lady blickte sie an und unterbrach sie: »Wie alt ist sie?«

»Zwölf.«

Die Lady runzelte die Stirn.

»In einer Woche wird sie dreizehn«, übertrieb Lisa ein bisschen. »Ich würde mich in meiner Freizeit um sie kümmern. Sie würde Ihnen nicht zur Last fallen. Sie ist sehr wohlerzogen …«

Die Hausherrin lächelte sie traurig an. »Ich wünschte, ich könnte solche Entscheidungen selbstständig treffen, aber ich verspreche Ihnen, ich werde meinen Mann fragen. Sie haben Courage. Das gefällt mir.«

Am Sonntagmorgen kam Gladys wie immer in Lisas Zimmer. »Kann ich Sie denn wirklich nicht überreden, mit in die Kirche zu gehen? Da gibt's jede Menge Jungs! Da kriegen Sie Spaß. Und Sie kommen mal aus dem Haus.«

»Nein, danke«, erwiderte Lisa. Mit dem Gedanken eines Kirchgangs konnte sie sich nicht anfreunden. Sie hörte Gladys' und Montys Lachen in der Halle, während sie hinausgingen und den Lieferwagen bestiegen. Sie legte sich aufs Bett und lauschte dem Wind, der draußen in den Bäumen raschelte. Heimweh nach der Familie stieg in ihr auf. Wenn sie die Augen schloss, malte sie sich die Porzellanfigur des Schneiders aus Dresden auf dem Buffet des

Wohnzimmers und die Bilder an der Wand aus. Das war ihr Ritual: Sie war fest entschlossen, nichts zu vergessen. Sogar die Stimmen ihrer Eltern hörte sie. Sie sprachen Deutsch, ihre Muttersprache. Wie ihre Stimmen ihr fehlten …

Der Wind erinnerte sie an den letzten Satz der Sonate in h-Moll von Chopin. Leise stand sie auf und schlich zu dem fernen Raum, in dem das Klavier stand. Sie setzte sich auf den Hocker, öffnete den Deckel und legte die Finger auf die Tasten. Das Haus war menschenleer, dennoch hatte sie Angst und spielte deshalb stumm, ohne Ton. Die Finger flogen die vertrauten Bahnen, und einen Herzschlag lang spürte sie große Freude. Sie war verbunden mit ihrer Musik und ihrer Familie, wenn auch nur im Geiste. Dies war es, was ihre Mutter ihr ans Herz gelegt hatte. Deshalb spielte sie für ihre Mutter und für sich selbst, sie erspielte sich Freude, bis sie das Geräusch zurückkehrender Schritte hörte. Verstohlen schlich sie zurück auf ihr Zimmer.

Am nächsten Tag polierte Lisa im begehbaren Kleiderschrank der Hausherrin gerade die zweifarbigen zehenfreien Pumps, da rief die Lady – die sich heute über vieles aufgeregt hatte, über die Kolik des Babys, über den Zigarrenrauch der Zivilschutzmänner, über das Parfüm, das sie verschüttet hatte, über den Tag überhaupt – Lisa in ihr Boudoir, wo sie vor dem Spiegel saß.

»Ich habe mit dem Captain gesprochen«, sagte sie. »Leider können wir keine weitere Person mehr aufnehmen. Es tut mir leid.«

Die Worte machten Lisa das Herz schwer und schienen auch der Lady schwerzufallen. »Sehen Sie, er hat sein halbes Haus schon dem Staat zur Verfügung gestellt und glaubt, dass er damit seine Schuldigkeit getan hat.«

»Danke, dass Sie gefragt haben«, sagte Lisa leise.

Die Frau puderte weiter ihr Gesicht, und Lisa schickte sich an zu gehen.

»Lisa, wie alt sind Sie?«

»Ich werde fünfzehn.«

»Ein wunderbares Alter. Ich wünschte, ich wäre auch wieder fünfzehn.« Die Stimme der Frau klang unglücklich. Lisa wusste nicht, was sie erwidern sollte. »Als ich fünfzehn war, meinte ich, mir stünden Himmel und Erde offen. Ich wollte etwas aus meinem Leben machen …« Sie schaute Lisa in die Augen. »Es tut mir leid.«

Immer leiser wurde die Stimme der Lady. »Legen Sie mir doch die grüne Jacke heraus, bitte …«

»Mach etwas aus dir.« Die Worte kreisten durch Lisas Gedanken, während sie die Jacken und Hemden bügelte und die Schuhe wienerte. Immer wieder, leise, ruhig, die Stimme ihrer Mutter – ein beschwörendes Bitten, das sich in ihr Denken drängte. An wen sollte sie sich halten, wenn nicht an ihre Mutter? In dieser Nacht schlief sie unruhig und warf sich hin und her, während auf das schräge Dach dicht über ihrem Kopf Sommerregen trommelte. Hartes Türklopfen riss sie morgens aus dem Schlaf.

»Kommen Sie oder nicht, Schlafmützchen?«, rief Gladys.

Eilig zog sie sich an, öffnete die Schublade, zog das Kuvert mit dem angesparten Lohngeld heraus und steckte es in die Tasche. Diesmal herrschte auf der Fahrt in die Stadt nicht die unbefangene Fröhlichkeit wie sonst. Gladys und Monty wirkten unglücklich. Sie saßen nahe beieinander, sagten aber nichts. Streiterei unter Verliebten, dachte Lisa. Sie hatte nie einen Freund gehabt, alles schien so geheimnisvoll. Sie sah, wie Gladys den Kopf auf Montys Schulter lehnte. Tränen standen ihr in den Augen. Lisa half Gladys dabei, die Pastinaken und Selleriestangen auszusuchen, während Monty zielsicher mit festem Schritt die Hauptstraße ansteuerte.

»Da macht er die letzten Schritte als freier Mann«, seufzte Gladys und blickte ihm nach. »Der Lümmel mustert heute bei der Kriegsmarine an.«

»Bei der Kriegsmarine?«, staunte Lisa.

»Man munkelt, dass jede Minute die Mobilmachung verkündet wird. Er wollte der Ankündigung zuvorkommen.«

Erschrocken blickte Lisa Monty nach. Untypisch zärtlich legte Gladys den Arm um Lisa. »Er wird's den Deutschen schon zeigen. Du wirst sehen … alles wird gut.« Gladys begann zu weinen. »Tut mir leid, Liebes. Da flenne ich wie 'ne alte Heulsuse.«

Sie beendeten den Einkauf, und Lisa trug die Lebensmittel zum Wagen.

»Darf ich eben mal eine eigene Besorgung machen?«

»Aber natürlich. Gehen Sie.«

Lisa rannte um die Ecke und fand den Gebrauchtwarenhandel. Sie nahm all ihren Mut zusammen und trat ein.

»Ich möchte das Fahrrad kaufen«, sagte sie, wobei ihr trotz besten Bemühens die englischen Silben nicht so leicht von den Lippen gingen, wie gewünscht. Immer noch hatte sie einen starken ausländischen Akzent.

»Ach, Sie müssen das Flüchtlingsmädchen sein, von dem wir gehört haben. Meine Frau sagte mir, wir hätten so eines in nächster Nachbarschaft.«

»Ja«, sagte Lisa beklommen.

»Und Sie möchten ein Fahrrad?«

»Ja … ich habe Geld.«

Der Mann ging zu dem Rad, auf das Lisa deutete, und sah auf das Preisschild. »Vier Pfund zwei Schilling … ein bisschen teuer für das alte Schätzchen. Klingen zwei Pfund besser?«, fragte er augenzwinkernd.

Lisa fischte zwei Pfundnoten aus ihrem Kuvert und gab sie dem Mann. Sie drängte ein Schuldgefühl zurück: Eigentlich war das Geld für Sonia bestimmt, aber bald würde sie ja wieder verdienen.

»Können Sie es für mich aufbewahren, bis ich es abhole?«

»Aber ja. Du kannst es jederzeit holen.«

7

Nach der nächsten Lohnauszahlung wartete Lisa noch einen Tag. Dann stand sie vor Morgengrauen auf und packte. Bei Sonnenaufgang schlich sie sich in die Küche und öffnete die Speisekammer. Vom Käse, der unter einem feuchten Tuch lag, schnitt sie einen Keil ab und aß hastig, den Hunger fürchtend, den sie in den letzten Monaten in Wien so oft erlitten hatte. Auch ein Stück Trockenfleisch schnitt sie ab, wickelte es in Zeitungspapier und stopfte es sich in die Tasche. Kalte Morgenluft begrüßte sie, als sie die Hintertür öffnete. Einen langen Augenblick stand sie auf der Schwelle, dann trat sie zurück in die Wärme der Küche, angezogen von der Freundlichkeit, die sie in diesem Hause gespürt hatte. Mit dem Bleistift, den Gladys für die Einkaufsliste benutzte, schrieb sie in Schönschrift: »Thank you. I'm sorry. Lisa Jura.«

Die zwei Meilen ins Dorf ging sie zu Fuß. Als das Gebrauchtwarengeschäft öffnete, holte sie ihr rotes Rad ab, schnallte das Köfferchen auf und fuhr los. Bei der Ausfahrt aus dem Dorf brach gerade die Sonne durch den Morgennebel. Ein Wegweiser: *Brighton – 45 Meilen*. Der Rhythmus der Pedale erinnerte sie an eine Toccata von Bach. Sie begann das Musikstück zu summen, während sie durch die Felder flog, vorbei an Kühen auf der Weide und Vögeln auf den Telegrafendrähten. Dann sang sie die Melodie aus vollem Hals und tappte den Staccato-Takt mit den Füßen. Sie war glücklich. Sie war frei! Sie wollte nach London. Sie wollte ins Bloomsbury House und hoffte, dass man für sie eine Möglichkeit fand, in der Großstadt unterzukommen.

Stunden vergingen, die Meilen zogen sich, eine Welle der Unentschlossenheit überkam Lisa. War es schrecklich, dass sie das Haus verlassen hatte, in dem mitfühlende Menschen ihr ein Obdach und Essen geboten hatten? Die Frau des Captains musste sie jetzt hassen. Gladys und Monty würden sich ihren Teil über die Undankbarkeit der Flüchtlinge denken. Würde sie bis nach London durchkommen? Sie trat weiter in die Pedale und begann, laut vor sich hin zu singen: »Auf geht's nach London. Auf geht's nach London.« Mit reiner Willenskraft und mit jedem Meter, den sie zwischen sich und das Herrenhaus legte, ließ sie ihre Unschlüssigkeit hinter sich. Sie wartete, so lange sie konnte, dann stoppte sie am Straßenrand, lehnte das Rad an eine Hecke und zog das kostbare Fleischstück hervor, das sie aus der Speisekammer genommen hatte. Sie knabberte nur ein bisschen daran herum, weil sie sich etwas für später aufheben wollte. Still lag die Landschaft da, auf den Heufeldern waren die Bienen am Werk. Im hohen Gras kühlte sie sich die Beine. Und im Nu war sie eingeschlafen und träumte von der Franzensbrückenstraße. Leute hasteten herum, und ihre Mutter rief: »Sucht Papa, sucht Papa!« Sie rannte durch ein Meer von Glasscherben und hielt Ausschau nach ihrem Vater. Immer tiefer wurde das Scherbenmeer, immer schärfer schnitt es in ihre Füße. Mit einem Ruck erwachte sie und sah eine Gestalt, die sich über sie beugte – ein Gesicht, nahe an ihrem, eine kalte Hand auf ihrem Bein. Sie schrie und sprang auf, wobei sie den Mann zur Seite stieß.

»Langsam, langsam, meine Hübsche. Du wirst doch nicht einfach so abhauen.« Der Mann war mittleren Alters, schlecht rasiert und sah aus, als hätte er auf dem Feld gearbeitet. Er ging zu Lisas Fahrrad und legte besitzergreifend die Hände auf den Lenker.

»Hier wird nicht einfach so abgehauen!«

Lisas Herz schlug heftig. »Geben Sie mir mein Rad!«

Aber der Mann rührte sich nicht und lächelte nur drohend. Rasch trat Lisa auf die Straße und blickte sich nach allen Seiten um, doch es kam weder ein Fahrzeug noch ein Fußgänger. Als sie hinter sich blickte, sah sie, dass der Man ihr Rad hinter die Hecke schob.

»Ich zeig dir jetzt mal was, meine Hübsche«, sagte er und schob das Rad immer weiter ins Feld hinein. Lisa zwang sich, einen klaren Kopf zu behalten. Sie erwog davonzurennen, aber alles, was sie an irdischen Besitztümern hatte, befand sich in dem Koffer auf dem Gepäckträger. Sie musste Zeit gewinnen, bis ein Auto vorbeikam.

»Warten Sie! Ich kann nicht laufen. Ich hab' mir den Fuß verletzt«, sagte sie und ließ sich am Straßenrand zu Boden fallen. »Ich glaube, der Fuß ist gebrochen.«

Der Mann sah sie misstrauisch an, schob aber dann das Fahrrad dorthin zurück, wo sie saß.

»Kommen Sie, reden wir ein bisschen«, lächelte Lisa kokett, »arbeiten Sie hier in der Nähe?« Der Mann nickte und kam heran und lehnte sich an die Hecke. Er zog eine selbst gedrehte Zigarette hervor und zündete sie an.

»Ich arbeite auch hier in der Nähe«, flirtete Lisa weiter. »Vielleicht könnten wir uns für den Nachmittag verabreden.« Wie Ewigkeiten dehnten sich die Sekunden, sie bezwang jedoch ihre Angst und machte ein falsches Versprechen nach dem anderen. Zum Glück war der Mann leichtgläubig und blasiert. Er nickte mit dem Kopf und lächelte. Schließlich – zehn martervolle Minuten später – hörte sie das Geräusch eines Autos herannahen. Als es näher kam, sprang sie auf, rannte auf die Straße und fuchtelte wild mit den Armen. Ein Militärjeep hielt vor ihr.

»Sorry, Miss, keine Anhalter, Regierungsbefehl.«

Ehe Lisa erklären konnte, was es mit dem zudringlichen Mann auf sich hatte, war dieser schon über das Feld ausgebüxt. Zitternd dankte sie dem Soldaten, stieg aufs Rad und trat nach Leibeskräften in die Pedale. Gegen Abend erreichte sie den Stadtrand von Brighton und folgte den Wegweisern zum Bahnhof. Ihre Beine zitterten, als sie vom Rad stieg. Humpelnd ging sie zum Fahrkartenschalter.

»Der nächste Zug nach London?«, fragte sie.

»Erst morgen Früh, sechs Uhr achtzehn, Gleis vier.«

Sie fischte das Geld aus der Tasche und bekam eine Fahrkarte.

»Ist das Ihr Rad?«

Lisa nickte.

»Dann müssen Sie bis zum Nachmittagszug warten. Keine Fahrradbeförderung im Pendlerzug.«

»Sind Sie sicher?«

»Vorschrift ist Vorschrift.«

Mit hängendem Kopf schob Lisa ihr Rad durch den Bahnhof und fand irgendwann die Damentoilette. Dankbar entdeckte sie darin eine kleine Holzbank. Sie legte sich darauf und bettete den Kopf auf den Koffer. Zum Träumen war sie zu müde.

Das Rauschen der Toilettenspülung weckte sie. Zwei kichernde Halbwüchsige legten Lippenstift auf und lachten, ohne auf Lisa zu achten. »Beeil dich!«, rief die eine der anderen zu, »sonst verpasst du den Zug.«

Auch Lisa beeilte sich. Sie raffte ihre Sachen zusammen und stürzte auf den Bahnsteig. Ihrem roten Rad warf sie einen Abschiedsblick zu, dann stieg sie ein. Das Abteil war voll, sie fand jedoch einen Sitzplatz in der Nähe einer Gruppe von jungen Männern mit grünen Marschtaschen. Es handelte sich wohl um Eingezogene, die zur nächsten Erfassungsstelle fuhren. Weich und jung waren ihre Gesichter, teils noch mit Pickeln übersät. Lisa glaubte nicht, dass sie eine Chance hatten gegen die stahlgesichtigen Nazisoldaten, die sie daheim gesehen hatte. Eine dunkle Sorge beschlich sie. Sie versuchte sich abzulenken und ließ den Blick über die grüne Landschaft fliegen. Allmählich gewann Vorfreude die Oberhand, Vorfreude auf die Großstadt, in die sie fuhr.

Der Bahnhof Waterloo wimmelte von Reisenden. Ganze Familien zogen um, und Gepäckträger schoben Karren, hoch beladen mit Koffern. Warmer Duft aus einem Bäckerladen ließ Lisas Magen schmerzen. Sie ging hin und kaufte sich ein heißes Rosinenbrötchen. Sie zwang sich dazu, langsam zu essen, damit sie mehr davon hatte. Es schmeckte wie das köstlichste Rosinenbrötchen auf Erden. Müde wanderte sie, den Wegweisungen hilfsbereiter Fußgänger folgend, über die Themse ins West End zum Bloomsbury House.

8

Wie zuvor war Bloomsbury House ein summender Bienenstock aus ehrenamtlichen Mitarbeitern, ankommenden Kindern, Aktenschränken. Mit Gewissensbissen und bangen Vorahnungen ging Lisa durch das Vestibül und meldete sich bei einer der Sekretärinnen.

»Setzen Sie sich, Liebe. Sie kommen bald dran. Eine Tasse Tee inzwischen?«

Dankbar nickte sie und schaute zu, wie Kisten mit Spenden ausgeräumt und sortiert wurden. England hatte für die Kindertransporte Herz und Hausrat geöffnet: Bestecke, Bettwäsche, Schaukelpferde, Puppen. Ganze Warenhäuser schienen sich vor Lisa in der Halle zu türmen. Die Büros quollen über. Bis in die Korridore und Treppenhäuser stapelten sich Spenden prospektiver Pflegeeltern.

»Ich weiß, dass Sie gesagt haben, Sie könnten nur zwei nehmen, aber es wäre schrecklich, die Familie auseinanderzureißen«, beschwor eine Mitarbeiterin jemanden am Telefon. »Die Kleinen sind so lieb und brav.« Sie blickte auf drei Kinder, die neben ihr standen und sich an den Händen hielten. Die Augen der Frau leuchteten ermutigend, sie nickte mit dem Kopf. Lisa fragte sich, wie sie wohl beschrieben werden würde. Brav – nein, wohl nicht, eher aufmüpfig. Trotzdem: Sie hatte ihre Entscheidung getroffen. Sie wollte nicht mehr zurück. Alles würde besser sein als die Einsamkeit der letzten Monate, sagte sie sich.

Ununterbrochen telefonierten die Mitarbeiter, redeten Leuten gut zu, machten Vorschläge zur Umwandlung von Häusern in Waisenhäuser, berieten Familien mit bettnässenden und aufsässigen Kindern. Lisa akzeptierte ein Plätzchen nach dem anderen.

»Lisa Jura? Mr. Hardisty hat jetzt Zeit für Sie.« Sie trat in sein Büro und erwartete halb, dass Mr. Hardisty bei dem Anblick ihres dunkelroten Haarschopfs aufstöhnen würde.

»Ach, du bist's – Sie sind's!«, sagte er. »Wir waren schon in Sorge. Der Captain hat Sie uns als vermisst gemeldet.« Statt des erwarteten renitenten Energiebündels stand nun aber ein erschöpftes Mädchen mit ungekämmten Haaren und verknitterter Kleidung vor ihm. Übermüdet brachte Lisa kein einziges Wort heraus. Mr. Hardisty nahm eine Akte hoch, auf dem Deckel war ein Foto von Lisa, an der Rückseite mehrere angeheftete Blätter.

»Hat man Sie schlecht behandelt?«

Lisa errötete verlegen. »Nein, Sir.«

»Haben Sie genug zu essen bekommen?«

»Ja, Sir.«

Mr. Hardisty atmete tief durch. Wochen- und monatelange Ermüdung und Frust machten sich bemerkbar. Er lockerte sich den Kragen. Im heißen, windlosen August war er ins Schwitzen gekommen. Lisa zwang sich, die kleine Rede zu beginnen, die sie im Geiste immer wieder geprobt hatte. »Ich möchte nur weiterkommen, etwas aus mir machen. Ich möchte kein Dienstmädchen sein. Ich will etwas lernen. Bitte lassen Sie mich in London bleiben.«

Mr. Hardisty musterte die freimütige junge Frau und atmete wieder tief durch. »Das wird sehr schwierig, fürchte ich. So viele

Leute verlassen London, und ich weiß nicht, ob ich für Sie noch eine Gastfamilie finden kann. Die Kinder- und Jugendheime sind voll.«

»Die Leute verlassen London?«, fragte Lisa, die Augen groß vor Angst.

Mr. Hardisty bemühte sich, weniger ernst dreinzublicken. »Habt ihr denn auf dem Land nichts mitgekriegt? Man rechnet jetzt ernsthaft mit Krieg. Sieht so aus, als käme Warschau als Nächstes dran. Chamberlain ist jetzt drüben und sucht die Wogen zu glätten, aber das führt zu nichts, wenn Sie mich fragen.«

Er sah ihren stolzen, aber verletzlichen Gesichtsausdruck und fügte hinzu: »Wir möchten so viele von Ihnen wie möglich aufs Land schaffen. Die meisten Menschen erwarten, dass London bombardiert wird.«

»Bitte schicken Sie mich nicht zurück. Ich kann in einer Fabrik arbeiten! Ich muss Geld verdienen, um es meinen Eltern zu schicken, damit sie Sonia herüberbringen.«

»Sonia?«, fragte Mr. Hardisty.

»Meine Schwester. Ich hoffe, dass sie bald mit dem Kindertransport kommt.«

»Wie heißt sie noch gleich?«

»Sonia Jura aus Wien.«

Er blätterte lange Zeit in einem Karteikasten und fischte schließlich eine getippte Karte heraus. »Sonia Jura, aha. Ja, aber wir haben für sie noch keinen Bürgen. Ohne einen Bürgen wird sie nicht nach England hereingelassen.«

»Und wenn sich keiner mehr findet?«, drängte Lisa.

»Wir tun unser Bestes, aber es ist im Augenblick sehr schwierig. Da sind so viele, die einen Bürgen brauchen.«

»Bitte lassen Sie mich in London bleiben. Ich werde selbst nach jemandem suchen. Versprochen.«

Mr. Hardisty seufzte. »Na, dann will ich mal schauen, ob ich was auftreiben kann, und sei's nur vorübergehend.« Er fuhr mit der Fingerspitze über eine Liste von Telefonnummern, die unter die Glasplatte seines Schreibtischs geschoben war, hob den Hörer ab und wählte. »Man wird mich jetzt böse rüffeln, aber nur kurz, hoffe ich.«

Lisa schaute zu, wie Mr. Hardisty das Gesicht verzog und begann: »Mrs. Cohen? Hier Alfred Hardisty, Bloomsbury House. Wir haben hier eine Ausnahmesituation. Ich weiß, ich habe versprochen, Ihnen niemanden mehr zu schicken, Ihr Haus ist schon voll wie eine Sardinenbüchse, aber hier ist eine reizende junge Dame, die nur für einen einzigen Monat ein Plätzchen sucht …«

Er hielt den Hörer weit vom Ohr und Lisa hörte die polternde Stimme einer Frau. Die Hand über die Muschel legend, lehnte sich Mr. Hardisty vor und sagte sotto voce: »Ich glaube, ihr beide werdet euch prima verstehen.«

Um sich etwas Abkühlung zu verschaffen und um die aufgebrachte Mrs. Cohen zu beschwichtigen, begleitete Mr. Hardisty höchstpersönlich Lisa zu ihrem neuen Zuhause: dem Kinder- und Jugendheim in der Willesden Lane Nr. 243, zwanzig Minuten Taxifahrt vom Bloomsbury House entfernt. Es lag in einem älteren Stadtteil aus großen Backsteinhäusern. Kleine Ladengeschäfte belebten das Viertel – ein Fleischer, ein Drogist, eine Wäscherei, ein Bäcker. Nur ein einziges Schaufenster war mit Brettern vernagelt und trug die Aufschrift: »Lang lebe England! Gott segne euch alle!« In der Willesden Lane hatten die Häuser gepflegte Rasenvorgärten. Als das Taxi die Fahrt verlangsamte, bemerkte Lisa ein Gebäude mit einem eingemeißelten Kreuz im steinernen Türsturz. Drei Nonnen arbeiteten im Vorgarten und gossen die Pflanzen. Vor dem Nachbarhaus, einem weitläufigen dreistöckigen Bau, von dessen Fensterläden und Türen die Farbe abblätterte, dessen Rasen aber gemäht und getrimmt war, hielt der Wagen. Die beiden stiegen aus und gingen zur Haustür. Mr. Hardisty klopfte. Während er wartete, rückte er die Bronzeziffern 2 - 4 - 3, die sich verschoben hatten, wieder zurecht.

Eine imponierende Frau mittleren Alters in dunkelrotem Kleid öffnete. Kerzengerade hielt sie sich, das Kinn hochgereckt, ein Hauch von Oberklassenhochmut. Sie schaute Lisa an, als balanciere sie den großen, eng gewickelten Dutt kastanienbraunen Haars lose auf dem Kopf und müsse verhindern, dass er herunterfalle.

»Bitte kommen Sie herein.« Sie musterte Lisa und sah den kleinen Koffer. »Ist das alles, was Sie haben?«

»Ja, Madam.«

»Na, dann hereinspaziert! Nicht hier herumstehen und Fliegenschwärme ins Haus lassen.«

Mr. Hardisty nahm Lisas Köfferchen und legte ihr den Arm um die Schultern und führte sie ins Haus. Lisa betrat eine dunkel getäfelte Diele, die zu einem wohnlichen Salon führte, in dem zwei Sofas und mehrere Tisch- und Stuhlgruppen standen. Auf einem Kartentisch warteten zwei abgewetzte Schachbretter. Eine elegante Treppe führte in den ersten Stock, auf der anderen Seite der Diele war ein Speisezimmer sichtbar. Lisa ging durch den Salon und sah den großen Kamin und das Erkerfenster mit Blick auf das benachbarte Nonnenkloster. In der Ecke neben dem Fenster zeigte sich unter einem handgehäkelten Überwurf ein vertrauter Umriss. Lisas Herz schlug höher. Ein Klavier!

»Wir sind überbelegt, müssen Sie wissen. Wir können Sie nur vorübergehend unterbringen«, sagte Mrs. Cohen, die Lisas Staunen nicht zu bemerken schien. »Eines der Mädchen wird Ihnen unsere Hausordnung erklären.«

Festen Schritts ging Mrs. Cohen zur Treppe. »Gina Kampf, bitte herunterkommen!«, rief sie mit Stentorstimme. Sie hat einen noch stärkeren deutschen Akzent als ich, dachte Lisa lächelnd. Sie fühlte sich bereits zu Hause.

Als jugendliche Schritte die Treppe hinunterstürmten, wandte sich Mrs. Cohen an Mr. Hardisty. »Während Sie hier sind, Alfred, möchte ich einige Quittungen mit Ihnen durchgehen.«

Mr. Hardisty wandte sich an Lisa und gab ihr die Hand. »Also, Sie werden schön auf Mrs. Cohen hören. Sie hat mit euch Mädchen alle Hände voll zu tun, und dass mir keine Dummheiten mehr zu Ohren kommen, unerlaubtes Ausbüxen und so weiter!« Lisa wusste, dass er sie als Unruhestifterin betrachtete, aber sie wollte ihn eines Besseren belehren. Sie wollte etwas aus sich machen, dann würde er sie verstehen.

»Hallo, ich heiße Gina!« Eine hübsche Schwarzhaarige mit funkelnden Augen kam die Treppe heruntergesprungen. »Du musst die Neue sein.«

»Ja, ich bin Lisa Jura.«

»Hocherfreut«, sagte sie mit übertriebener Verbeugung. »Ist mein Englisch nicht fabelhaft? Mrs. Cohen sagt, ich sei die beste Englischsprecherin im ganzen Haus. Oh, übrigens, das ist die erste Regel. Im Erdgeschoss wird nur Englisch gesprochen. Es gibt Millionen Regeln. Aber keine Angst, ich erklär dir alles.«

Gina sprang zurück auf die Treppe. »Komm, ich zeige dir dein Zimmer. Du wirst bei mir, Ruth, Edith und Ingrid wohnen. Ich bin so froh, dass du da bist. Edith und Ingrid sind ein bisschen langweilig, weißt du.«

Lisa betrat ein Schlafzimmer mit zwei Etagenbetten und einem kleinen Feldbett, das sich an die Wand quetschte. Es gab kaum Platz zum Stehen und Gehen. Gina zog eine große Schublade auf und räumte etwas Wäsche beiseite.

»Hier, die Schublade kannst du dir mit Edith teilen. Sie hat nichts dagegen.«

Die Betten waren tadellos gemacht, alles im Raum war an seinem Platz.

»Wo sind denn alle?«, fragte Lisa.

»Arbeiten. Wir haben alle einen Job. Auch du wirst dir einen besorgen müssen. Ich bin nur hier, weil ich Mrs. Cohen freitags bei der Buchführung helfe – weil mein Englisch so gut ist. Die Hausmutter spricht schrecklich, aber das ist ihr egal. Sie ist alt und braucht keinen mehr zu beeindrucken.«

Lisa stellte den Koffer ab und ging zum Fenster. Sie blickte hinab auf eine weite Rasenfläche, auf der zwei zehnjährige Jungen Fußball spielten. »Das sind Arnold und Shepsel. Sie sind zu jung zum Arbeiten, deshalb dürfen sie den ganzen Tag spielen, die Faulenzer«, erklärte ihre quirlige Zimmergenossin. Gina lief aus dem Zimmer. »Komm! Komm, ich zeig dir das Klo. Es gibt nur ein einziges für siebzehn Mädchen und das Jungenklo ein Stockwerk höher dürfen wir nur benutzen, wenn wir im Sterben liegen oder so.« Lisa schaute sich das winzige Bad mit der blendend weißen Wanne an und versuchte sich vorzustellen, wie Siebzehnjährige um den einzigen Platz vor dem Spiegel kämpften.

Die Besichtigung ging weiter. Lisa wurde im zweiten Stock herumgeführt, wo die Jungen schliefen. Sie lernte die Köchin kennen, eine blonde Tschechin namens Mrs. Glazer, und bekam so viele Regeln gesagt, dass ihr der Kopf schwirrte. Sperrstunde war um zehn; um halb elf wurde das Licht ausgemacht; im Schlafzimmer durfte nicht gegessen werden (um keine Mäuse anzulocken); einmal in der Woche ein heißes Bad (um Kohle zu sparen); Telefongespräche höchstens eine Minute (per Sanduhr neben dem Telefon gemessen); samstags Hausputz; sonntags ein obligatorisches Picknick (zur Hebung der Moral).

Als sie ins Mädchenzimmer zurückgekehrt waren, schwatzte und schnatterte Gina über Gott und die Welt. Lisa versuchte, allem zu folgen, konnte aber kaum noch die Augen offen halten. Sie hörte sich leise »Dankeschön« sagen und fiel aufs Bett, um etwas zu schlummern. Anstrengende vierundzwanzig Stunden lagen hinter ihr.

Als sie erwachte, war das Haus verwandelt vom Stimmengewirr der zweiunddreißig zurückgekehrten Kinder. Deutsch, Jiddisch, Tschechisch und Englisch schwirrten in der Diele durcheinander. Bratengeruch schwebte ins Zimmer. Von unten hörte man Schritte und quietschendes Tisch- und Stühlerücken.

»Auf jetzt! Es ist höchste Zeit. Ich habe dich so lange schlafen lassen, wie es ging!«, rief Gina. »Mrs. Cohen reißt uns den Kopf ab, wenn wir am Sabbat zu spät kommen.«

Sabbat! Lisa hatte vergessen, dass es Freitag war. Sabbat! Sechs Monate lang hatte sie ihn nicht gefeiert. Sie sprang auf, kämmte sich, glättete ihren Rock, so gut es ging, und eilte hinunter.

Die zweiunddreißig Kinder – zehn bis siebzehn Jahre alt – nahmen an zwei langen Tischen im Speiseraum auf einem Sammelsurium unterschiedlich hoher Stühle und Hocker Platz. Diejenigen, die auf Hockern saßen, bekamen die Beine nicht unter den Tisch. Es war so eng im Raum, dass manche Kinder unter dem Tisch hindurchkriechen mussten, um die Stühle auf der anderen Seite zu erreichen. Für Lisa, die als Letzte kam, hatte Gina liebenswürdigerweise den Stuhl neben sich freigehalten. Ein Gedränge wie auf einem Kinderkarussell, dachte Lisa. Schweigen senkte sich über den Raum, und alle Augen wandten sich zu Mrs. Cohen, die der Köchin ein Zeichen gab. Mrs. Glazer entzündete daraufhin die beiden Kerzen und sprach mit den charakteristischen, kreisförmigen Armbewegungen das Segensgebet Beracha: »Gesegnet seiest Du, König der Welten, der Du uns gebietest, die Sabbatkerzen anzuzünden.«

Lisa rezitierte das Gebet mit den anderen. Eine tiefe Gefühlsaufwallung trieb ihr Tränen in die Augen. Dies war das erste Mal, dass nicht ihre Mutter, sondern eine fremde Frau die Sabbatkerzen anzündete. Dann wurde das Challa-Brot gesegnet und am Tisch herumgereicht. Jedes Kind brach sich ein Stück davon ab und aß. Auch das Gebet beim Wein wurde wieder von Mrs. Glazer angestimmt. Gina lehnte sich herüber und flüsterte Lisa verschwörerisch zu: »Mrs. Glazer muss es tun, weil Mrs. Cohen die Worte nicht kennt. Jemand hat gesagt, sie gäbe nicht gern zu, dass sie Jüdin sei!«

Nach den Gebeten stürzten sich die Kinder auf die Servierplatten mit dem Essen und schaufelten sich Huhn, Klöße und grüne Bohnen auf die Teller. Die Mädchen, die Küchendienst hatten, standen auf und holten Nachschub aus der Küche. Nach einiger Zeit klopfte Mrs. Cohen mit der Gabel an ihr Wasserglas und räusperte sich: »Wir haben heute Abend eine Neue – Lisa Jura. Sie ist aus Wien. Ich möchte, dass Sie sich alle nach dem Essen Zeit nehmen und sich ihr höflich vorstellen.«

Nach Mrs. Cohens letztem Wort klapperten sofort wieder die Messer und Gabeln, als sei nichts gewesen. Das Desinteresse kränkte Lisa ein wenig, doch Gina flüsterte ihr erklärend ins Ohr: »Immerzu kommen und gehen hier welche – nach dem Essen stelle ich dich den interessanten Leuten hier vor, keine Bange.«

Die Kinder aßen so rasch wie möglich, weil sie wussten, dass das Sabbatessen immer besonders schnell verschwand. Je schneller man schlang, desto mehr bekam man ab. Durch Ermahnen der schlimmsten Fresser suchte Mrs. Cohen einen Rest an Tischsitten zu wahren: »Nathan! Leg die Gabel weg und zähle bis zwanzig. Gib anderen bitte auch von den Klößen ab.«

Als das Essen vertilgt war, klopfte Mrs. Cohen wieder ans Glas, diesmal an ihr Weinglas. »Hat irgendjemand Neuigkeiten, über die er sprechen möchte?«

Stille senkte sich über den Raum.

»Hab' gehört, Sie haben heute einen Brief gekriegt, Paul.« Sie wandte sich an einen blonden Sechzehnjährigen mit gewelltem Haar. »Möchten Sie vielleicht etwas dazu sagen?«

Paul fühlte, wie sich ihm alle Blicke zuwandten. Er wischte sich mit der Serviette den Mund ab und faltete sie sauber zusammen.

»Meine Eltern schreiben mir, dass sie nicht mehr in Berlin sind. Ihre Wohnung ist ihnen weggenommen worden.«

Aufmerksam lauschte die Tischrunde, als Paul die schweren Worte sagte. »Sie sind zu Bekannten nach München gezogen, wo sie aber wohl auch nicht lange bleiben können. Sie versuchen, Visa nach Schanghai zu bekommen. Ich hoffe, dass mein Bruder bald mit dem Transport kommt.«

Jedes Kind dachte dabei an seine eigenen Eltern, seinen eigenen Albtraum, seine eigene Hoffnung. Lisa dachte an ihre Eltern und fragte sich, ob sie wohl in ihrer Wohnung hatten bleiben dürfen. Sie blickte sich am Tisch um und sah ihre Traurigkeit in vielen Gesichtern gespiegelt. Eine schreckliche Furcht saß allen in der Seele. Seltsam, dachte sie, dass Gemeinschaft mit Schicksalsgenossen die eigene Angst erträglicher macht. Auf einmal verlor die würgende Einsamkeit, die sie seit der Ankunft in England gespürt hatte, einen Teil ihres Schreckens. Vielleicht konnte sie jetzt die lange Wartezeit ertragen, bis sie ihren Vater und ihre Mutter wiedersah.

Nach dem Essen rannten die kleineren Jungen in den Salon und drängten sich um die Spielbretter. Zwei dunkelhaarige Jungen setzten sich ans Schachbrett und nahmen ihr Spiel wieder auf. Mehrere Mädchen zogen ihr Strickzeug hervor, bald klapperten die Nadeln. Weil es Sabbat war, schwieg das große Radio in der Ecke. Gina nahm Lisas Arm und zog sie neben sich aufs Sofa, entschlossen, sie einzuweihen ins »Who is who« des Heims.

»Siehst du die Jungs, die Schach spielen? Der mit dem Gesicht zu uns ist Günter. Er ist in mich verschossen, aber ich weiß noch nicht so recht. Der andere ist eigentlich mein Schwarm, aber er hat eine Freundin, der Schuft. Ach übrigens, was immer du tust, störe nie Mrs. Cohen nach dem Abendessen. Siehst du die Tür da?«

Lisa wandte sich um und sah eine geschlossene Tür am Ende der Diele.

»Das ist ihr Zimmer. Man munkelt, sie habe Gold und Juwelen darin gehortet. Aber es ist, glaube ich, noch nie jemand drin gewesen.«

Die Haustür ging auf, und ein Siebzehnjähriger mit Lederjacke stolzierte herein. Lisas Augen weiteten sich: ein so selbstsicherer, gut aussehender Kerl! Gina winkte ihm zu.

»Aaron, komm doch mal einen Augenblick her«, sagte Gina. »Darf ich dir die Neue vorstellen, Lisa?«

»Hallo, ich bin Aaron«, erwiderte der Junge lässig mit einem strahlenden Lächeln.

»Hallo«, sagte Lisa, fasziniert von den Bartstoppeln an seinem Kinn.

»Hoffentlich glaubst du nicht alles, was Gina dir erzählt. Davon stimmt kein Wort«, grinste er.

»Aaron! So was Gemeines!«, flötete Gina mit allem Charme, zu dem sie fähig war.

»Kleiner Witz«, sagte er augenzwinkernd und machte sich zur Küche auf.

»Warum kommt er so spät?«, fragte Lisa, die hinter sein Geheimnis kommen wollte.

»Er ist der große Unbekannte. Ist das nicht fabelhaft?«

In den restlichen Stunden zog eine Phalanx netter Gesichter an Lisa vorbei und sprach freundliche Worte. Nur einer hielt sich fern – ein sehr großer, stämmiger Junge, der den ganzen Abend in ein Notizbuch kritzelte. Er war gewiss 1,90 m groß, und seine Unterarme und sein Bizeps waren gigantisch.

»Wer ist das?«, fragte Lisa.

»Das ist Johnny, auch genannt Johnny King Kong«, flüsterte Gina.

»Johnny … wie?«, fragte Lisa.

»Hast du den Film nicht gesehen? Den mit dem Riesenaffen? King Kong, nach ihm nennen wir Johnny.«

»Das ist aber nicht sehr nett.«

»Ist doch nur ein Spitzname, Dummerchen.«

Trotzdem hielt Lisa das für eine Beleidigung und beschloss, zu dem athletischen Jungen mit dem ernsten Gesicht nett zu sein. »Was schreibt er denn?«

»Woher soll ich das wissen? Er zeigt es niemandem«, erwiderte Gina.

Um halb elf erlosch das Licht. Durch Lisas Gedanken zogen jede Menge höflicher *Nice-to-meet-Yous*, die sie heute gehört hatte. An die Namen konnte sie sich größtenteils nicht mehr erinnern.

Gina schwatzte noch immer, als Lisa im Bett neben ihr einschlief.

9

Gina erzählte Lisa, dass sie in einer Kleiderfabrik im East End arbeitete und dort gewiss noch weitere Mädchen fürs Fließband gesucht würden. Fast alle Kinder aus der Willesden Lane Nr. 243 hatten Arbeit. Drei Viertel des Lohns gingen für Kost und Logis an das Heim. Lisa löcherte Gina, mit ihr den Bus zu nehmen. Die großen roten Doppeldecker faszinierten sie. Was sie für sich behielt, war, dass ihr die U-Bahn, die sie nur vom Hörensagen kannte, Angst einjagte. Sie wollte nicht, dass Gina sie für einen Hasenfuß hielt. Die beiden neuen Freundinnen spazierten über die Willesden Lane zur Kilburn High Road, wo ein Dutzend Menschen diszipliniert Schlange stand. Ein paar Minuten später rollte der Bus heran, sie stiegen ein und rannten über die Wendeltreppe sofort aufs Oberdeck. Der Ausblick von hier oben war fantastisch. Lisa machte große Augen, als sie die Edgware Road hinunterfuhren bis zum Marble Arch, wo der grüne Teppich des Hydeparks begann. Elegante Frauen schoben Kinderwagen aus Korbgeflecht, und gehorsame Möpse, Corgis und Spaniels wurden an kurzen Leinen gehalten. Gottlob war London hochurban und zivilisiert, eine willkommene Abwechslung nach der verschlafenen Provinz bei Brighton.

Gina erzählte Lisa einige ihrer Abenteuer. Auch sie hatte nach ihrer Ankunft erst einmal als Dienstmädchen arbeiten müssen, in einem Herrenhaus in Sussex, und auch sie hatte einen Weg gefunden, da herauszukommen. Ein weiterer Umstand, der sie verband, war, dass sie beide aus Wien stammten.

»Hast du die Oper nicht geliebt?«, fragte Gina. »Ist das nicht der schönste Ort der Welt?«

»Oh ja, klar«, flunkerte Lisa. Nie hatte sie die Wiener Staatsoper von innen gesehen, sie hatte sie immer nur aus der Ferne bewundert. Nur Reiche konnten sich die Oper leisten, und schon bald, wenn ihre Freundin von Pelzmänteln und Ölgemälden, Silberbesteck und Dienstboten erzählte, merkte Lisa, dass zwischen ihrer Herkunft Welten lagen. Gemeinsam war ihnen freilich die Sorge um das Schicksal ihrer Eltern. Gina sprach von Briefen ihrer Eltern, sprach davon, dass sie gezwungen worden waren, den gelben Stern zu tragen und ein großes J in den Pass stempeln zu lassen. Lisa war entsetzt. Sie starrte hinab auf die Straße, auf die Werbeplakate für die Royal Air Force und auf die gestapelten Sandsäcke. Auch England machte sich Sorgen wegen Hitler. Erst Österreich, dann das Sudentenland, dann die Tschechoslowakei. Wer kam als Nächstes an die Reihe? Würden die Nazis in England einmarschieren? In Riesenlettern verkündete die Schlagzeile des *Evening Standard*: *Polen zittert*.

»Schau! Da! Da wohnen der König und die Königin«, rief Gina, den Lärm des Busses übertönend. Sie waren nach links abgebogen und fuhren am goldverzierten Gittertor des Buckingham Palace vorbei.

Lisa hielt Ausschau nach »Royals«, sah aber nur die Palastwachen in ihren hohen Bärenfellmützen.

»Die Prinzessin ist genauso alt wie ich«, verkündete Gina stolz.

»Welche Prinzessin?«

»Na, Elisabeth! Sie ist fünfzehn!«

Wie spannend, etwas so Aufregendem, so Königlichem so nah zu sein. Lisa fing an, England zu lieben. Und ich bin gerade im richtigen Prinzessinnenalter, dachte sie. Der Bus zwängte sich durch das belebte Bankenviertel und fuhr auf der Tower Bridge über die Themse. Weite Ausblicke auf Docks und Lagerhäuser öffneten sich, Kräne säumten die Kais, Transportkästen und Maschinen wurden in Binnenschiffe geladen.

Die Kleiderfabrik lag im überwiegend jüdischen Bezirk des East End, einer echten »Cockney«-Gegend, und bestand aus einem dreistöckigen Ziegelbau mit lagerhausähnlichen Schiebetoren, auf denen in verblichener Schrift *Platz & Sons* stand. Drinnen surrten lange Reihen von Nähmaschinen, an ihnen saßen Frauen in Kopftüchern vornübergebeugt. Höllischer Lärm erfüllte die Räume, die Luft war stickig und staubig.

Auf Lisas überraschten Gesichtsausdruck hin lachte Gina und sagte: »Daran gewöhnst du dich.« Sie stellte Lisa dem Vorarbeiter, einem Mr. Dimble, vor. Sie gab ihrer Freundin einen Abschiedskuss und ging an ihren Arbeitsplatz. Mr. Dimble winkte Lisa in ein kleines, überfülltes Büro. »Schon mal an der Nähmaschine gesessen?«, fragte er, auf alle Förmlichkeit verzichtend.

»Ja, mein Vater ist Schneider.«

»Na, dann lassen Sie mich mal sehen«, sagte er und führte sie in den Saal zurück. »Mabel, stehen Sie doch mal einen Moment auf, bitteschön!«

Eine Frau in den Vierzigern mit dicker Brille stand auf. Vom Boden hob Mr. Dimble zwei marineblaue Stoffstücke auf, legte sie aneinander und gab sie Lisa. »Bitte!«

Zuversichtlich setzte sich Lisa an die Maschine, hob den Nähfuß an, schob die beiden Stoffstücke hinein und drückte das Pedal mit dem Fuß. Sie erzielte eine kerzengerade Naht.

»Sie sind eingestellt«, sagte Mr. Dimble. »Kommen Sie morgen zur Frühschicht – um acht Uhr dreißig –, dann weisen wir Sie ein. Gehen wir jetzt ins Personalbüro – wegen der Papiere.«

Dort überreichte Lisa ihm ihren Ausländer-Meldepass, den er abstempelte und zurückgab. Mit vielen Dankesbezeigungen verabschiedete sie sich und blickte, Gina suchend, an der Reihe der Nähmaschinen entlang, doch Stoffballen und Kleiderpuppen versperrten ihr die Sicht. Sie winkte aufs Geratewohl, und mehrere nette Damen winkten zurück. Der Vormann hatte ihr erklärt, am besten führe sie mit der U-Bahn nach Nordwest-London zurück. Der nächste Bahnhof läge nur einen Häuserblock entfernt. Im Hochgefühl, dass sie die Stelle bekommen hatte, beschloss sie, der U-Bahn eine Chance zu geben. War's wirklich so beängstigend da unten im Bauch der Erde?

Die Station Whitechapel trug ein großes Schild: *London Underground.* Lisa reihte sich in den Strom von Menschen ein, der durch die Sperre ging. Ehe sie sich versah, trat sie auf eine lange hölzerne Rolltreppe und fuhr abwärts, abwärts, abwärts. Tief hinab führten die tunnelförmigen Gänge. Wer hat dieses Labyrinth nur gegraben, staunte Lisa. Am Ende der Rolltreppe floss der Menschenstrom durch einen weiß gekachelten Gang und hinaus auf einen Bahnsteig. Ein Zug platzte aus der schwarzen Öffnung und bremste kreischend. Mit einem großen Schritt überwand Lisa den Spalt zwischen Bahnsteigkante und Wagen und landete im Abteil, stolz auf ihren Mut. Den Anweisungen folgend gelangte sie bis zur Station Willesden Green, stieg aus und ging die Walm Lane hinunter. An der Ecke drang aus einem Imbiss der verführerische Duft von Fish & Chips. Durch die Fensterscheibe sah Lisa einen großen Mann in Arbeitsstiefeln, der Essig auf die Köstlichkeit träufelte, die vor ihm auf dem Tisch stand. Ihr Magen knurrte, aber sie hatte nur noch zwei Pence in der Tasche. Vielleicht hatte Mrs. Glazer irgendetwas Leckeres auf dem Herd.

Auf dem Weg durch die Walm Lane erblickte Lisa eine Frau, die im Vorgarten eines bescheidenen Reihenhauses arbeitete. Sie war mittleren Alters und trug ein einfaches schwarzes Kleid, ihr Haar war in einem strengen Knoten zurückgebunden. Die Frau hob den Kopf und starrte Lisa durchdringend an. Lisa gruselte es ein bisschen, jedoch sie erinnerte sich daran, dass ihr ihre Mutter ans Herz gelegt hatte, immer freundlich zu Nachbarn zu sein. Trotz des Hungers und der Erschöpfung tat sie, was die innere Stimme verlangte.

»Guten Tag! Ich bin eine neue Nachbarin von unten aus der Straße«, grüßte Lisa.

Die unheimliche Frau nickte kurz und wandte sich dann wieder ihrem Gemüsebeet zu. Lisa fröstelte, und sie ging weiter. Von neun bis vier Uhr dreißig, während die meisten Kinder bei der Arbeit waren, blieb die Haustür des Heims geschlossen. Lisa klingelte und wurde von Mrs. Glazer hereingelassen.

»Glück gehabt?«, fragte die Köchin in mitfühlendem Ton.

»Ja, ich fange morgen an«, erwiderte Lisa. »Ist noch was vom Mittagessen da?«, fragte sie und versuchte, nicht zu hungrig zu klingen.

»Klar. Wir treiben Ihnen was auf.«

Nach dem Essen ruhte sich Lisa auf dem Bett aus und genoss die ungewohnte Stille im Haus. Mrs. Cohen war einkaufen gegangen, und die beiden Jüngsten waren in der nahen Synagoge zum Hebräischunterricht. Vor Lisas innerem Auge erschien der Salon mit dem kostbaren Schatz, den er enthielt. Jetzt oder nie, dachte sie. Sie stand auf, ging hinunter und trat ans Klavier. Behutsam zog sie den Überwurf herunter. Schuldbewusste Blicke um sich werfend, hob sie den Tastendeckel: ein Bechstein. Der

Professor hatte ihr gesagt, das seien sehr gute Klaviere. Sie setzte sich und streckte die Finger stumm über den Tasten aus. Seit fast neun Monaten hatte sie nicht mehr gespielt. Ob sie es noch konnte? Langsam ließ sie das Eingangsthema des Klavierkonzerts in a-Moll von Grieg erklingen. Mit entzücktem Schauer griff sie dann beherzt in die Tasten. Ein merkwürdiges Gefühl überkam sie – als spielte jemand anderer und sie sei nur Zaungast. Alles um sie versank. Sie merkte nicht, dass die Nonnen draußen aufgehört hatten, die Hyazinthen zu gießen, und dass Mrs. Glazer aus der Küche herübergekommen war und vom Foyer aus zuhörte. Schließlich, während einer leisen lyrischen Passage, drangen Schritte in Lisas Tagtraum. Sie wandte sich um und erblickte Paul, den Blonden, der gerade die Haustür so leise wie möglich zu schließen versuchte, damit sie nicht gestört wurde.

»Bitte nicht aufhören! Es klingt so wunderbar«, sagte er lächelnd.

Lisa spielte weiter, während ein Kind nach dem anderen heimkehrte. Schon draußen im Garten hörten sie die Musik, hypnotisch und herrlich. Ohne ein Wort zu sagen, versammelten sie sich im Wohnzimmer, auf der Treppe – überall, wo sie lauschen konnten. Edith setzte sich lautlos an den Buffettisch, zog ihr Strickzeug hervor und machte es sich für das Konzert bequem. Irgendwann beim donnernden Schlusssatz kam Mrs. Cohen mit einem Karton voller Lebensmittel durch die Tür und blieb wie angewurzelt stehen. Lisa sah sie und hörte sofort auf zu spielen.

»Jetzt hören Sie sich nur Lisa an!«, sagte Edith stolz zu Mrs. Cohen. »Sie kann Klavier spielen!«

Mrs. Cohen antwortete mit einem leichten Nicken und ging weiter ins Hinterhaus.

»Nicht aufhören!«, flehte Edith.

»Oh, bitte noch etwas anderes!«, bat Günter und trat zu ihr ans Klavier.

Lisa begann Beethovens 32 Variationen in c-Moll. Sie hoffte, dass sie den Notentext noch parat hatte. Auch Paul trat näher und sah staunend zu, wie ihre hurtigen Finger über die Tasten flogen.

Begeistert von so viel Zuwendung, ließ Lisa ihr Lieblingsstück »Clair de Lune« ertönen, gerade als Gina durch die Tür kam, gefolgt von Aaron. Als Gina sie am Klavier sah, umlagert von allen Jungen, traute sie ihren Augen nicht.

»Gina, komm, hör zu!«, sagte Günter.

Trotz der sofort aufwallenden Eifersucht trat Gina heran, gebannt von der Musik.

»Du klingst wie Myra Hess«, sagte Aaron ehrfürchtig.

»Wer ist Myra Hess?«, fragte Gina, die unbedingt zur Gruppe gehören wollte.

»Eine berühmte Pianistin, Dummchen.«

»Schande über mein Haupt«, sagte Gina.

»Ich hab' sie in der Royal Albert Hall gehört«, protzte Aaron.

»Hast du nicht!«, riefen Paul und Günter einstimmig.

»Vielleicht hab' ich sie gehört, vielleicht auch nicht. Vielleicht kriege ich Karten zu ihrem nächsten Konzert«, sagte Aaron mit entwaffnendem Charme. Lisa spielte nun den Debussy zu Ende. Stille senkte sich über den Raum. Die Schönheit der Musik schlug alle in ihren Bann.

Lisa war der Star des Abendessens. Sie kam kaum dazu, einen Bissen zu sich zu nehmen. Jeder wollte hören, wo sie so gut spielen gelernt und wie sie studiert hatte. Gina saß am anderen Tischende, unglücklich, vom Popularitätsthron gestoßen worden zu sein, machte aber gute Miene. Vom Tischkopf schaute Mrs. Cohen schweigend zu. Nach dem Mahl schaltete die Heimmutter das große hölzerne Radio im Salon an, und alle versammelten sich, um BBC zu hören. Ein Reporter berichtete Einzelheiten von einer Gruppe britischer Unterhändler, die nach

Russland fuhr, um mit den Sowjets ein Abkommen zur Verhinderung des erwarteten Einfalls Hitlers in Polen zu treffen. Es war August 1939. Als die Sendung vorbei war, nahmen die Kinder ihre Schachspiele und Gespräche wieder auf. Im Stimmengewirr des allabendlichen Gruppentreffs bat Mrs. Cohen in ihrem amtlichen Verlautbarungsstil: »Lisa, kommen Sie mal mit auf mein Zimmer?«

Alle schauten überrascht auf. Gina blickte Lisa mit einem Gesichtsausdruck an, der zu erkennen gab, dass sie das Schlimmste befürchtete. Bang folgte Lisa der stattlichen Frau.

»So, Sie haben also Klavier studiert«, sagte Mrs. Cohen und zog die Tür hinter sich zu.

»Ja, Madam«, sagte Lisa und ließ die Augen rasch durch Mrs. Cohens kleines Zimmer schweifen. Es hatte eine alteuropäische Gemütlichkeit, die sie an das Schlafzimmer ihrer Eltern in Wien erinnerte. Da war ein Himmelbett mit schweren Kissen und Decken, daneben ein wunderschöner Mahagonitoilettentisch mit Fotos in Silberrähmchen, Porzellanfiguren und ein Grammophon mit einem hohen Stapel 78er-Platten.

»Und Sie würden gern üben, solange Sie hier sind?«

Lisa wusste nicht, ob dies eine Fangfrage war und welche Antwort von ihr erwartet wurde, deshalb entschloss sie sich zu Offenheit.

»Ja, das würde ich sehr gern, wenn Sie …«

»Mein Sohn spielt Klavier«, unterbrach Mrs. Cohen.

Dass es einen Sohn gab, hatte Lisa nicht gewusst. Sie hatte nicht den Mut zu fragen, wo er war, ob er vielleicht in den Fallstricken des Nazi-Albtraums festsaß.

»Er ist in London auf einer Spezialschule, aber er kommt bald hierher«, erklärte Mrs. Cohen sachlich-nüchtern. »Nach der Heimkehr von der Arbeit dürfen Sie eine Stunde üben, dann müssen Sie die anderen den Salon benutzen lassen. Wenn Sie wollen, können Sie sonntags populäre Lieder für uns spielen.«

»Danke, Madam.«

»Bitte schließen Sie beim Hinausgehen die Tür«, sagte Mrs. Cohen, und Lisa verabschiedete sich.

Draußen warteten Aaron, Günter und Gina. »Nun, was ist?«, fragte Gina und starb fast vor Neugier. Lisa mimte hochnäsigsten Snobismus und streckte ihnen die Hand wie zum Handkuss hin. »Ich trete im Hauptsalon jeden Tag eine Stunde auf. Ihr dürft zuhören, wenn ihr wollt.«

»Oh!«, stöhnte Gina in gespieltem Zorn und jagte sie die Treppe hinauf.

10

Morgens herrschten Zeitnot und Gedränge. Gina und Lisa gewöhnten es sich an, einander den Platz in der Badezimmerschlange freizuhalten, dann gemeinsam hineinzuschlüpfen und so viel Zeit wie möglich vor dem Spiegel zu verbringen, bis die anderen Mädchen an die Tür hämmerten. Gina zeigte Lisa, wie man die modischen Löckchen hinkriegte, die unter den Kopftüchern und Haarnetzen in der Fabrik nicht die Form verloren.

Zum Frühstück tranken sie Tee und warme Milch und schlangen Brot und Marmelade hinunter. Auf dem Tisch lagen schon die Lunchportionen, und Mrs. Glazer half, sie in Papiertüten zu verstauen. An Glückstagen gab es kleine Süßigkeiten dazu, Plätzchen oder Shortbread.

Platz & Sons war nach Stockwerken organisiert – Frauenkleidung im zweiten, Männerkleidung im ersten Stock, Büro und Verwaltung im Parterre. Lisa kam in die Abteilung »Männerhosen«, in die man die Anfängerinnen gern steckte. Das Arbeitstempo überraschte sie, war sie doch an die pedantische Gründlichkeit ihres Vaters gewöhnt – mit Doppelstich und eingefassten Nähten. Ganz offenkundig hieß das Motto bei Platz & Sons: Masse, nicht Klasse. Lisa bekam die Maschine neben Mrs. McRae, einer stillen Frau, die sie in die Feinheiten der Arbeit einführte. Zu ihrer Linken warteten hohe Stapel von zugeschnittenen Stoffstücken, und sie musste sie exakt 19 mm vom Rand entfernt zusammennähen. Jedes Stück hatte exakt dieselbe Größe und exakt dieselbe Farbe. Arbeitete sie zu langsam, geriet die ganze Produktion ins Stocken.

Wie Mrs. McRae es ausdrückte: »Dann steht Mr. Dimble neben dir, ehe du bis drei zählen kannst, und dann gibt's ein Donnerwetter.«

Am Ende des Tages hatte Lisa Muskelkater und Fingerschmerzen, war jedoch dankbar, dass die schwierige Arbeit ihre ganze Aufmerksamkeit verlangte. So hatte sie keine Zeit, über das Schicksal ihrer Familie nachzudenken und auch nicht darüber, ob ein Bürge für Sonia gefunden worden war. Später in der Woche beschloss Lisa, noch einmal ins Bloomsbury House im West End zu gehen. Gina schloss sich ihr zu einem Schaufensterbummel auf der Oxford Street an. Ihr Lieblingsgeschäft war Harvey Nichols, in dessen Fenstern elegante Kleiderpuppen mit Zigarettenspitzen hochnäsig zu den Passanten hinausblickten.

Lisa liebte die Hüte. »Der da, den möchte ich unbedingt«, schnurrte sie und beäugte ein Glanzstück aus weichem Filz mit ausladender Krempe, die über die Stirn der Puppe ragte. Ein Hutband, farblich passend, schloss das Kunstwerk hinten ab. Der Inbegriff der Eleganz! Von der Karte am Boden las Lisa laut ab, dass der Hut »Margo« hieß und in »Amethyst, Eau-de-Nil und Dawn« lieferbar sei.

»Was heißt denn das?«, fragte Lisa.

»Purpurrot, Nilblau und Braun, Dummerchen.«

»Und warum sagen sie's dann nicht einfach?«

»So ist nun mal die Modewelt. Du hast keine Ahnung!«, feixte Gina, glücklich, einmal wieder die Oberhand zu haben.

Im Bloomsbury House regierte nach wie vor das Chaos. Zweimal wöchentlich trafen neue Kinder mit Transporten ein. Mehr als zehntausend waren schon im Land. Jungen in Tweedjacke und Krawatte und Mädchen mit Puppen in der Hand wanderten durch die Hallen. Wieder versicherte man Lisa, Sonia stehe auf der Liste, aber noch immer sei kein Bürge aufgetrieben worden. Mr. Hardistys Sekretärin übergab ihr einen Brief, der gerade aus Wien gekommen war. Die Briefmarke zeigte ein Hitlerbild. Ungeduldig riss Lisa den Umschlag auf, einmal, um rasch an den ersehnten Brief zu kommen, und andererseits, um das verhasste Konterfei zu vernichten.

»Liebes Lisele«, las sie in der vertrauten Handschrift ihrer Mutter, »ich fürchte, ich habe keine guten Neuigkeiten, außer dass wir uns, abgesehen von deines Vaters Arthritis, bei guter Gesundheit befinden. Sonia brennt darauf, bald zu dir hinüberzukommen, und mit großer Schwierigkeit zügeln wir unsere Ungeduld, wann wir denn nun endlich beim Transport an der Reihe sind. Auch Rosie und Leo schmieden Pläne, zu dir zu stoßen. Meine Gebete gehen zum Himmel, dass sie Erfolg haben. Ich hoffe, dass du deine Musik pflegst. Ich schicke dir herzliche Grüße von daheim, damit du uns nicht vergisst. In Liebe, deine Mutter.«

Tränen rannen über Lisas Wangen. Vergessen! Wie konnte sie sie vergessen? Sie hing an ihnen mit allen Fasern der Seele.

Am Abend saß Lisa beim Essen neben Günter und Gina. Beiden fiel auf, wie unglücklich und niedergeschlagen sie aussah.

»Alles in Ordnung bei dir?«, fragte Günter.

»Ich muss fortwährend daran denken, dass ich meiner Schwester helfen muss, einen Bürgen zu finden, aber ich weiß nicht, wie ich's anstellen soll.«

»Wo ist sie?«, fragte Günter.

»Immer noch in Wien.« Eigentlich hatte sie nicht viel über ihre Probleme sprechen wollen, weil sie wusste, dass jeder hier schreckliche Probleme hatte und ähnliche Sorgen wie sie. »Sie hat einen Platz im Zug, aber es fehlt noch ein Bürge.«

»Du solltest tun, was Paul getan hat«, sagte Günter. »Paul, komm doch mal her!«, rief er über den Tisch. Der Blonde eilte herbei und quetschte sich zwischen sie. »Erzähl Lisa von deiner Idee.« Günter wandte sich Lisa zu und erklärte: »Pauls Bruder ist immer noch in München.«

»Ich habe das Telefonbuch nach Leuten mit meinem Nachnamen durchgekämmt und habe sie dann angerufen.«

»Wozu?«, fragte Lisa verständnislos.

»Um ihnen zu sagen, dass sie eventuell mit mir verwandt seien. Weiß Gott, vielleicht lande ich ein paar Treffer.«

Lisas Augen leuchteten. Was für ein guter Einfall! Sie wollte es sofort versuchen. Nach dem Essen beugten sich Günter, Gina, Paul und Lisa über das Londoner Telefonbuch, Abschnitt Nordwest.

»Müller«, sagte Paul, das Buch durchblätternd. »Den Umlaut kennen sie hier natürlich nicht, deshalb habe ich's erst unter Mueller, dann unter Muller versucht.« Er zeigte Lisa die zwanzig Einträge, die er unterstrichen hatte. »Ich habe sie alle angerufen. Am Sonntag habe ich zwei Besuchstermine.«

»Aber was hast du ihnen gesagt?«

»Ich habe ihnen gesagt, ich hielte sie für Vettern dritten Grades!«

»Sind sie doch gar nicht«, warf Gina ein.

»Natürlich nicht, aber ich werd' sie besuchen, und vielleicht schinde ich Eindruck und gefalle ihnen.«

Rasch blätterte Lisa bis zu den Js. Jura. Mit dem Finger über die Seite gleitend, fand sie einen Juracek, aber Juras gab es in diesem Teil Londons nicht. Aaron kam ins Zimmer, beugte sich mit ihnen über das Telefonbuch und hörte einen Augenblick zu. »Versucht es mit Y. Leute verändern manchmal die Schreibweise ihres Namens.«

Lisa schlug die letzte Seite auf. Zwischen Young und Yusef war nichts.

»Vielleicht sollten wir eine Bürgschaftserklärung fälschen«, sagte Aaron leichthin.

»Wo hast du denn das gelernt?«, fragte Gina misstrauisch.

»Man muss nicht alles ausplaudern«, antwortete er mit einem Gesichtsausdruck, der sich Nachfragen verbat.

Fälschen – das ließ Lisa plötzlich an Michael denken, den Jungen aus dem Zug, der so viel über Sherlock Holmes gesprochen hatte. Die beiden riesigen Pelzmäntel fielen ihr ein, die ihn auf dem Bahnhof »verschlungen« hatten. Reiche Bürgen also – wie hatte Michael geheißen? Ihr Gedächtnis streikte. Dann plötzlich sah sie ihren armen Vetter Sid auf dem Bahnsteig vor sich, und ein heller Schein ging über ihr Gesicht.

»Wartet mal! Danziger! Der Vetter meines Vaters! Wir könnten den Namen des Vetters suchen!«

Danzigers fanden sich im Telefonbuch in großer Zahl, besonders im nahen Stadtteil Golders Green, wo viele Juden lebten.

»Ich helfe dir«, erbot sich Aaron ritterlich.

»Ich mache auch mit«, sagte Gina.

»Ich auch«, fiel Günter ein.

»Morgen ruft jeder von uns vier dieser Nummern an«, schlug Gina vor.

»Und am Sonntag geht Günter mit Paul, falls er Hilfe braucht, klar?«

Lisa schrieb die Telefonnummern heraus und verteilte sie. Sie entschloss sich, die vier nächstgelegenen Danzigers persönlich aufzusuchen, da sie ihrem Englisch am Telefon nicht traute.

»Gemeinsam geht doch alles besser!«, strahlte sie begeistert.

»Wir nennen uns das ›Komitee zur Lösung aller Übel‹«, verkündete Aaron.

Er legte seine Hand mitten auf den Tisch, und Paul, Günter und Lisa legten ihre Hände auf die seine.

»Ein Hoch auf das Komitee!«

»Lang lebe das Komitee!«

Von Mrs. Cohen bekam Lisa Erlaubnis, ihr Üben auf die Stunde nach dem Abendessen zu verschieben, damit sie nach der Arbeit die Nachbarschaft abgrasen konnte. Sie freute sich, dass sie einen Plan hatte, und beschloss, nichts unversucht zu lassen. Sie wollte Sonia herausholen, auf Biegen und Brechen. Das Klinkenputzen erwies sich jedoch als anstrengender, als sie gedacht hatte. Keiner der Danzigers sagte Ja. Auf und ab in Golders Green pilgerte die zierliche, entschlossene Mädchengestalt und klopfte an jede Tür, die sich ihr bot, die Antwort war jedoch stets die gleiche: »Wir würden ja gerne helfen, aber …« Schon viele Male hatte man an diese Türen geklopft, merkte Lisa. Viele Flüchtlinge waren vor ihr da gewesen.

Es lag nicht nur daran, dass Familien kein zusätzliches Kind aufnehmen wollten. Es lag auch daran, dass die Kinder von London insgesamt zur Evakuierung vorbereitet wurden. Häuser wurden mit Brettern vernagelt, Kleinkinder aufs Land verschickt.

Manchmal, wenn Lisa mit charakteristischem Klappern das Tor eine Zauns öffnete, sah sie im Oberstock jemanden hinter der Gardine hervorlugen. Dann wurde das Rollo gezogen und aufs Klingeln nicht geöffnet. Man wusste im Voraus, was das hübsche junge Mädchen fragen würde, und konnte es nicht ertragen, zum x-ten Mal Nein zu sagen. Auf den Straßen riefen die Zeitungsjungen die neuesten Nachrichten aus, die sich immer um Hitler oder Polen drehten. Vor den Schaufenstern türmten sich Mauern aus Sandsäcken. Es roch nach Gefahr.

Auch bei ihren Arbeitskolleginnen hatte Lisa schon nachgefragt, aber die waren alle ebenso arm wie sie. Sie klopfte an Ladengeschäfte im Umkreis der Fabrik. Aufgeben kam für sie nicht infrage. Sie nahm sich nun vor, die Suche systematischer anzugehen. Jeden einzelnen Danziger in London wollte sie auftreiben, falls nötig.

Wenn Lisas Magen ihr sagte, dass es Zeit fürs Abendessen war, suchte sie sich die nächste U-Bahn-Station und fuhr zurück nach Willesden Green. Am Fish & Chips-Imbiss ging sie immer schnell vorbei, um nicht in Versuchung zu kommen, ihre letzten Schillinge auszugeben. Nach dem Essen pflegte sie ans Klavier zu gehen, froh, sich in der Musik verlieren zu können. Lang und warm waren die Sommerabende, und die großen Erkerfenster zum Vorgarten blieben offen. Nachbarn und Passanten erlebten ein Konzert klassischer Kultur aus Wien, der Musikstadt.

Später am Abend hielten die fünf Freunde – Paul, Günter, Aaron, Lisa und Gina – immer eine »Komiteesitzung« ab. Paul berichtete, er habe einen Bürgen für seinen kleinen Bruder gefunden, aber auf dem Kindertransport aus Berlin seien bisher keine Plätze frei gewesen. Zu viele Familien kämpften um die Chance, ihre Kinder zu retten. Lisa hatte das umgekehrte Problem – eine Zugfahrkarte, aber keinen Bürgen.

Am Ende eines weiteren ergebnislosen Nachmittags wanderte Lisa mit hängendem Kopf über die Riffel Road zum Kinderheim zurück. Eine Stimme ließ sie innehalten. »Junge Dame, komm doch einmal her, bitte.«

Es war die seltsame Nachbarin in Schwarz. Sie stützte sich auf einen großen Rechen mit Holzgriff. Mit ihrem langen Kleid und ihren Knöpfstiefeln wirkte sie wie eine Hexe aus Grimms Märchen.

»Ich habe diese Woche zu viele Gurken und Tomaten. Würdest du welche für Mrs. Cohen mitnehmen?«

Sie sprach ein merkwürdiges, altertümliches Englisch mit *thee* und *thou* statt *you*, das heißt, sie duzte jedermann.

»Natürlich«, sagte Lisa höflich.

»Ich hol dir eine Tasche. Bitte, fang doch hier vorne an«, sagte sie und deutete auf eine dunkelgrüne Pflanze. Zögernd hob Lisa die großen Blätter und fand mit Erstaunen ein halbes Dutzend Gurken, die auf sie warteten. Sie pflückte sie ab und legte sie auf den Rasen neben einen Stapel bereits gepflückter Tomaten. Die Frau war noch nicht zurückgekommen. Lisa wartete. Eine saftig rote Tomate führte sie in Versuchung. Lisa biss hinein und warmer Saft spritzte explosionsartig über Lisas Kinn und Bluse, gerade als die Frau aus der Tür trat.

»Ach Gott! Wie siehst du denn aus?«

Es war nur eine überreife Tomate, doch nach einem Tag voller Enttäuschungen und Mühen und fehlgeschlagener Versuche konnte Lisa sich nicht beherrschen und brach in Tränen aus.

»Nun mach dir mal keine Gedanken. Ich hole dir ein Tuch.«

Als die Frau zurückkehrte, weinte Lisa immer noch. Sie schämte sich ihrer Tränen vor dieser Fremden, doch wie viel Mühe sie sich auch gab, sie konnte nicht aufhören zu schluchzen.

»Du armes Ding, es muss für euch alle so schwierig … so schwierig sein«, sagte die Frau freundlich, was Lisas Tränenstrom nur weiter fließen ließ. Die Frau gab ihr ein einfaches weißes Taschentuch, und allmählich beruhigte sich Lisa.

»Nun sag mir mal, was bedrückt dich denn so?«, fragte die Dame mitfühlend.

Lisa schwieg eine Zeit lang, weil sie nicht wieder nasse Augen bekommen wollte, dann fand sie ihre Stimme. »Meine Schwester ist noch in Wien. Kennen Sie jemanden, der für sie bürgen könnte?«

Die Frau hieß Mrs. Canfield. Und sie verlor bei näherer Bekanntschaft alles Unheimliche. Sie war Quäkerin, Mitglied der »Gesellschaft der Freunde«. Aufmerksam hörte sie sich Lisas Flehen an, dann versprach sie, alles zu tun, was sie konnte. Sie erklärte Lisa ein paar Grundsätze der Quäker, fand aber bei dem erschöpften Mädchen kein Gehör mehr. Das Taschentuch als Geschenk akzeptierend, trug Lisa das Gemüse nach Hause, einen Hoffnungsschimmer im Herzen.

Zwei Tage später rief Mr. Hardisty an und hinterließ Nachricht, eine Quäkerfamilie aus Nordengland habe sich bereit erklärt, für Sonia zu bürgen, und man werde das Jüdische Flüchtlingswerk in Wien davon in Kenntnis setzen. Binnen einer Woche schon konnte Sonia ausreisen. Lisa wurde fast verrückt vor Freude.

Der nächste Tag war Freitag, der 1. September 1939. Zum Sabbat kam Lisa frühzeitig nach Hause. Nach dem Anzünden der Kerzen las Mrs. Glazer aus der Luftschutzbroschüre vor, die das Heim am Nachmittag erhalten hatte. Für London war Totalverdunklung angeordnet worden. In Erwartung der Bombenangriffe sollten schwarze Tuchbahnen zu Vorhängen vernäht und an die Fenster gehängt werden, damit kein Licht hindurchschiene. Bisher im Keller gelagerte Gasmasken sollten auf jedem Nachttisch in Griffweite bereitliegen.

Als die Sonne an diesem Abend unterging, blieben die Straßenlaternen dunkel. Jedermann versammelte sich vor dem Radio, das Mrs. Cohen ungeachtet des Sabbats einschaltete. Erschrocken und stumm lauschten die Kinder der BBC-Meldung: Eine Million deutscher Soldaten war in den letzten vierundzwanzig Stunden in Polen einmarschiert und drang im Eiltempo auf Warschau vor. Ein neues Wort ging aus der deutschen Sprache in die englische ein – Blitzkrieg.

Schwer bedrückt von Sorgen ging Lisa zu Bett und lag wach, während in anderen Schlafzimmern mehrere Kinder weinten. Ein einziger Gedanke beherrschte sie: Würde Sonia es schaffen?

Am nächsten Morgen gingen die Luftschutzvorbereitungen weiter. Lisa säumte gerade im Wohnzimmer die Vorhänge, da klingelte es. Edith und Gina öffneten. Auf der Schwelle standen drei Nonnen aus dem Kloster, Kartons mit Konserven im Arm.

»Wir räumen die Speisekammer aus. Der Bischof hat die Evakuierung angeordnet«, erklärte eine der drei, »obwohl wir viel lieber hierblieben.«

»Unser Dank dem Kloster«, sagte Mrs. Cohen, die hinter den Mädchen herangekommen war.

»Wir würden ja lieber hierbleiben, aber der Bischof hat es nun mal so bestimmt. Wir bieten Ihnen an, unseren Keller zu benutzen, wenn Sie möchten. Der Luftschutzwart sagt, er sei der beste Luftschutzkeller weit und breit. Oh, und wenn jemand von Ihnen die Freundlichkeit besäße, hin und wieder die Hyazinthen zu gießen, wäre Schwester Agnes sehr dankbar.«

Mrs. Cohen dankte den Schwestern überschwänglich, während Lisa die Sardinen- und Fleischkonserven zu Mrs. Glazer hinübertrug, die die Etiketten auf nichtkoschere Zutaten durchlas. Als sie in die Diele zurückkam, gingen die Nonnen gerade. Eine drehte sich noch einmal um und sagte zu Lisa: »Wir möchten Ihnen für die wunderschöne Musik danken. Sie wird uns fehlen.«

»Danke,«, sagte Lisa errötend.

»Miss Jura, kommen Sie bitte mal auf mein Zimmer«, sagte Mrs. Cohen und schloss die Haustür. Als sie das Zimmer betraten, bemerkte Lisa, dass die Porzellanfiguren und gerahmten Fotos säuberlich verpackt und in Kisten verstaut waren, damit sie bei Bombardierungen keinen Schaden nahmen.

»Ich habe gehört, dass Ihre Schwester heute eintreffen soll«, sagte Mrs. Cohen.

»Ja, Madam.«

»Mr. Hardisty hat mich angerufen, um mit mir zu besprechen, wohin wir sie schicken können. Ich habe gehört, dass Mrs. Canfield Freunde hat, die Sonia aufnehmen wollen. Sie werden es allerdings kaum schaffen, auch Sie aufzunehmen.«

Im Gefühlsaufruhr der letzten Tage hatte Lisa gar nicht mehr an die eigene Zukunft gedacht. Die Dinge hatten sich derart überstürzt, dass sie sich den Luxus privater Pläne und Erwartungen gar nicht mehr leisten konnte. Fast hatte sie vergessen, dass sie in der Willesden Lane ja nur auf Zeit unterkommen sollte.

Mrs. Cohen fuhr fort. »Ich habe Mr. Hardisty gesagt, dass wir Sie gerne dabehielten, auch wenn wir nur für dreißig Personen Lebensmittelkarten kriegen und Sie die zweiunddreißigste wären. Wir wären bereit, den Gürtel ein bisschen enger zu schnallen, wenn Sie bleiben möchten.«

Lisa senkte den Kopf – vor Dankbarkeit und um die Tränen zu verbergen, die schon zu häufig flossen. Sie nickte ein Ja. »Und vielen, vielen Dank.«

»Dann ist das geklärt. Bitte schließen Sie beim Hinausgehen die Tür.«

Lisa wandte sich zum Gehen, doch die Heimmutter rief sie noch einmal zurück. Sie zog eine Schublade des Mahagonitischs auf und hob einen dicken Stapel Noten heraus. »Möchten Sie das hier ausborgen?«

Lisas Augen weiteten sich. Chopin, Schubert, Tschaikowski! Auf dem Deckblatt von jedem Heft stand in Schönschrift ein Name: Hans Cohen.

»Danke, Madam.« Lisa weinte.

Ankommen sollte Sonia um 15:22 Uhr an der Liverpool Street. Der Bahnhof war ein Tollhaus. Wie es das Schicksal wollte, wurden an genau diesem Wochenende die Kinder Londons evakuiert, und lange Reihen englischer Kleinkinder, beaufsichtigt von Eltern und Ehrenamtlichen, waren angetreten. Jedes trug ein Rucksäckchen und im Knopfloch, an starker Schnur befestigt, eine Kennmarke aus weißem Papier.

Draußen am Bahnhof hing ein Schild: »Sonderankündigung der Southern Railways: Am 1., 2. und 3. September sind folgende Personenzüge für Kinderbeförderung reserviert und können von normalen Reisenden nicht benutzt werden: 9:30 Uhr, 11:30 Uhr und so weiter, das gesamte Wochenende hindurch.«

Lisa erkannte die Mitarbeiter aus dem Bloomsbury House, und sie halfen ihr, Mr. und Mrs. Bates aus Norwich zu finden, die ebenfalls das merkwürdige Englisch mit *thee* und *thou* sprachen. Sie erzählten Tröstendes von ihrer Farm und ihrer Tochter, die etwa so alt war wie Sonia. Zusammen gingen sie zum Gleis 16 und schauten zu, wie der Sonderzug einlief.

Qualvoll dehnten sich die Minuten für Lisa, doch dann gingen endlich die Türen auf, und die Kinder stiegen aus. Die Jungen trugen, wie Lisa es in Erinnerung hatte, ihre besten wollenen Anzüge und kleine Krawatten, die Mädchen Wollkleider. Gegen die fröhlichen englischen Kinder vor dem Bahnhof (denen man einen Ferienausflug aufs Land versprochen hatte) sahen sie erschöpft und verängstigt aus.

Sonia trug ihren schweren braunen Mantel, obschon das Wetter warm war. Als Lisa die schmale und ernste Dreizehnjährige das Trittbrett hinabsteigen sah, glaubte sie, die Gefühlsaufwallung nicht zu überleben. Sie riss sich von dem Ehepaar los und rannte ihr entgegen, umschlang sie leidenschaftlich und rief immer wieder: »Sonia, Sonia, du bist da, Sonia!« Wieder schluchzte sie und brachte keines der Worte hervor, die sie sich zurechtgelegt hatte.

Einen endlosen Augenblick hielten sie einander fest, und fast schien es Lisa, als wären sie wieder in Wien. Lisa hatte sich vorgenommen, stark und optimistisch zu sein, ihrer Schwester zu zeigen, dass nun alles gut würde, und drängte deshalb die Tränen zurück. Mr. und Mrs. Bates hatten Fahrkarten für den Zug zurück nach Nordengland, der in zwei Stunden von Paddington abging. Sie hatten Glück gehabt, überhaupt noch Sitzreservierungen zu bekommen. Dreißig Minuten hatten die Mädchen füreinander Zeit. Sie wollte jede Sekunde nutzen. Eng umschlungen gingen die Schwestern zum Café erster Klasse im Oberstock des Bahnhofs, wo sie ihr Wiedersehen unter vier Augen feiern konnten. Die Hand der blassen Schwester auf dem weißen Tischtuch ergreifend, rief Lisa den Kellner und bestellte in ihrem besten Englisch Tee und Sandwiches. Höflich knabberte Sonia an den ungewohnten Speisen, während Lisa ein Paket öffnete, das die Jüngere aus Wien mitgebracht hatte. Ihr Herz machte einen Sprung. Sie erblickte eine Silberlamétasche, die Malkas Großmutter gehört hatte, und ein Notenheft mit Préludes von Chopin – darunter auch das Stück, das sie mit ihrer Mutter eingeübt hatte. Emotionen überwältigten sie. Ein Brief von Mutter lag dabei. Lisa öffnete ihn. »Es tröstet deinen Vater und mich grenzenlos, dass nun ihr beiden endlich in England und in Sicherheit seid, weit weg von der schrecklichen Stätte, zu der eure Heimat geworden ist. Wir setzen jetzt alle Hebel in Bewegung, um auch Rosie hinauszubringen. Kümmere dich gut um unseren jüngsten Schatz, und lass dir sagen: All unsere Gebete gelten dem Tag, da wir wieder vereint sind.«

Im Kuvert lag auch ein Foto von Abraham. Lisa war für das Bild unendlich dankbar, denn in letzter Zeit war es für sie immer schwieriger geworden, sich an alle Einzelheiten des geliebten Gesichts zu erinnern. Erschrocken starrte sie das Foto an: Abrahams Haar war schneeweiß geworden.

Wie ein einziger Atemzug vergingen die dreißig Minuten. Mr. und Mrs. Bates kehrten zurück. Widerstrebend stand Lisa auf, umarmte die Schwester und suchte das zitternde Kind zu beruhigen.

»Sobald die Bombardierungen vorbei sind, kommst du zu mir nach London zurück. Versprochen.«

Sonia war zu verängstigt und von Gefühlen überwältigt, um Worte zu finden. Stumm klammerte sie sich an die Hand der älteren Schwester, während Lisa die Trennungswogen zu glätten suchte, Sonias Koffer nahm und ihn Mr. Bates reichte.

»Es tut mir leid, aber wir dürfen den Zug nicht verpassen«, sagte Mr. Bates und nahm Sonia bei der Hand.

»Versprochen, Sonia!«, rief Lisa ihr nach, als die drei fortgingen. Sie sah sie verschwinden, dann brach sie zusammen. In so jungem Alter immer wieder Tapferkeit zeigen zu müssen wie ein Erwachsener – sie konnte einfach nicht mehr.

Am nächsten Vormittag um Viertel nach elf ließen die Bewohner des Hauses Willesden Lane Nr. 243 die Hausarbeit ruhen und versammelten sich am Rundfunkgerät. Premier Chamberlain verkündete offiziell, was jeder seit Langem erwartete: England erklärte Deutschland den Krieg. »Es sind böse Dinge, gegen die wir kämpfen – brutale Gewalt, Lug und Trug, Ungerechtigkeit, Unterdrückung und Verfolgung. Gegen all das wird das Recht den Sieg davontragen, dessen bin ich mir sicher.«

Lisa saß auf der Couch neben Johnny, ermutigt vom Gewicht seiner starken, großen Präsenz, wünschte sich allerdings, sie könnte ebenso überzeugt sein wie die Stimme im Rundfunk, dass »das Recht den Sieg davontragen« werde. Dem Kriegsausbruch sah Lisa mit gemischten Gefühlen entgegen. Hoffentlich würden die Nazis gestürzt und ihr dadurch die Heimkehr ermöglicht. Aber wann würde das sein? Und was würde in der Zwischenzeit mit ihrer Familie geschehen? Ein Blick auf die besorgten Gesichter im Raum zeigte, dass jedermann ähnlich dachte und dass in den Herzen die dunkle Furcht nagte, dass alles zunächst noch schlimmer werden würde, ehe es besser werden konnte.

Die verbleibenden Stunden des Tages nutzte man, um im leeren Keller des Klosters nebenan einen Luftschutzraum einzurichten. Jeder packte mit an, schleppte Sandsäcke und Eimer mit Erde zum Feuerlöschen und verteilte Verbandskästen im Keller – mit

Salben für Verbrennungen, Pflastern und Bandagen. Zum Schluss schleppten die Kinder ihre Matratzen hinunter und richteten Schlafecken ein. Als zweiten Eingang zum Kloster legten die Jungen ein paar Meter Zaun nieder, wobei sie darauf achteten, die Hyazinthen nicht zu zertrampeln, die Schwester Agnes so liebte. Um sechs versammelte sich wieder alles am Radio. Diesmal sprach König George: »Es ist undenkbar, dass wir uns dieser Herausforderung nicht stellen … zu diesem hohen Vorhaben rufe ich nun meine Landsleute zu Hause und in Übersee auf. Ich rufe sie auf, in dieser Zeit der Prüfungen Stärke und Einigkeit zu zeigen.« Seine Stimme wirkte beruhigender als diejenige Chamberlains, und Lisa fragte sich insgeheim, wo die Prinzessin wohl war und was sie gerade machte.

Nach den Rundfunksendungen sprach Mrs. Cohen selten, heute aber stellte sie den Apparat ab und erhob sich zögernd. »Bitte, hört mir einen Augenblick zu, Kinder. Ich weiß, dass ihr wahrscheinlich Angst habt, aber jetzt ist es wichtiger denn je, dass ihr Mut zeigt. Ihr müsst nach Kräften versuchen, den anderen hier in Großbritannien ein Vorbild zu sein. Sprechen wir ein Dankgebet für die guten Menschen, die uns in ihr Land geholt haben, und helfen wir ihnen, wo wir können – insbesondere dadurch, dass wir folgsam und höflich sind. Wir führen unsere tägliche Arbeit weiter wie gewohnt. Ihr geht an eure Arbeitsplätze wie zuvor, und wir werden unser Vertrauen in Gott setzen.«

Lisa blickte zu Paul hinüber, dessen Gesicht abgespannt und leblos war. Er hatte am Nachmittag erfahren, dass aus »Großdeutschland« keine weiteren Transporte herausgelassen wurden. Bis zum Kriegsende würde es keine weiteren Geschwisterzusammenführungen mehr geben. Lisa hatte Glück gehabt. Sonia war mit dem allerletzten Zug herausgekommen.

11

England rüstete sich für den deutschen Angriff. In der U-Bahn hingen überall Plakate, manche mit schneidigen Air-Force-Piloten in Lederjacken, andere mit deutschen Fallschirmspringern – »Wie man den Feind erkennt«, mit Beschreibung der deutschen Adlerflügelinsignien. Auf der Straße hielten die Londoner die Augen zum Himmel gerichtet, überzeugt, dass die Nazis jeden Augenblick kommen würden.

Der Londoner Zoo schloss die Freigehege und zwängte die Boas und Geparden in enge Käfige. Im Hydepark wurden Flakgeschütze aufgestellt, und in einem absurden Versuch, den Gegner zu verwirren, wurden in ganz London die Straßenschilder abgeschraubt. Lisa war froh, dass sie sich auch schon ohne Schilder gut auskannte. Bei Platz & Sons wurde die gesamte Produktion sofort auf Uniformen umgestellt, und Lisas Stockwerk schnitt und nähte jetzt Hosen für die Kriegsmarine. Matrosenhosen flogen am Fließband aus ihrer Maschine. Bei der Arbeit dachte Lisa an die tapferen Midshipmen, die sie bald tragen würden. Vielleicht kriegte sogar Monty eine.

Eines Tages wirkte Mrs. McRae, die Vorarbeiterin, noch einsilbiger als sonst, und beim Lunch hörte Lisa die anderen Mädchen die Neuigkeit durchhecheln.

»Mr. McRae ist bereits nach Frankreich eingeschifft worden! Schon gehört? Gestern Abend, Knall auf Fall, ohne Ankündigung. Gott im Himmel, nehmen sie denn auf Ehefrauen überhaupt keine Rücksicht?«

»Wie soll das denn mit der Geheimhaltung klappen, wenn wir's schon wissen? Die deutschen U-Boote schnappen sie sich, ehe ihr bis zehn zählen könnt.«

»Wirst recht haben. Aber sie werden den verdammten Sauerkrauts eins auf die Mütze hauen, dann ist bis Ostern alles vorbei.«

Lisa lauschte ihren Gesprächen, hatte aber keine Lust, sich daran zu beteiligen. Sie redeten so schnell in ihrem Cockney-Akzent, da verstand sie kaum die Hälfte. Sie stellte sich die dunkle Weite des Englischen Kanals vor, den grauen Himmel, den sie vor fast einem Jahr gesehen hatte, und die Männer, die zur See gingen. Sie war so dankbar, dass sie gingen. Eine Million Uniformen wollte sie für sie nähen, wenn es notwendig war.

Nun, da sie zur ständigen Heimbewohnerin geworden war, bekam Lisa eine eigene Schublade in der Kommode. Sie füllte sie mit ihren Noten, den Haarnetzen, die sie für die Fabrik brauchte, und mehreren neuen Kopftüchern, die sie für sich in der Mittagspause genäht hatte. Die Kopftücher bestanden aus Reststücken, die sie aus Kisten mit Kleiderspenden gefischt hatte, gaben ihr aber ein modisches Flair und ließen sie an ihre Schwester Rosie denken. Rosie! Wo ihre schöne ältere Schwester jetzt wohl war? War sie in Sicherheit?

In der Stunde von sechs bis sieben liebte es jedermann, sich im Salon zu versammeln und Lisa beim Üben zuzuhören. Seit Mrs. Cohens Notengeschenk musste sie nicht mehr nur die Stücke spielen, die sie auswendig konnte. Einen Teil jeder Stunde verbrachte sie damit, sich abenteuerlich durch schwierige neue Stücke zu kämpfen, und sie sehnte sich nach der Anleitung ihrer Mutter. Wurde es für ihre bereits müden Finger zu anstrengend, sich Neues zu erarbeiten, ging sie aufatmend zu ihrem Lieblingsstück über, dem Klavierkonzert von Grieg. Auf die unvergesslichen Einleitungstakte *Dum dum, da dum dum* antwortete stets jemand aus dem »Komitee« mit dem musikalischen Echo: *Dum dum dum da dum*. Die heroischen wie auch die lyrischen Passagen des Konzerts waren jedermann vertraut, das Echomotiv der Einleitung war zum Waffenruf für eine Komiteesitzung geworden. Aaron hatte es als Erster benutzt, und so hatte es sich eingebürgert.

Manchmal setzte sich Günter mit auf die Klavierbank, um der schönen Musik näher zu sein. Seine runde Hornbrille verlieh ihm eine entfernte Ähnlichkeit mit Professor Lenz. Nach und nach hatte Lisa Günters warmherzige, nette Art lieben gelernt. Er war in Köln aufgewachsen, wo sein Vater ein Geschäft für Haushaltswaren betrieben hatte, und er liebte Schach. Lisa hatte ihn gern um sich und erklärte ihm manchmal die Bildersprache der Musik, die ihre Mutter ihr vermittelt hatte.

»Hörst du? So klingt das tiefe Blau der Fjorde.«

Günter lächelte.

»Grieg war aus Norwegen, deshalb stelle ich mir hier die Mittsommernacht vor, wenn die Sonne nie untergeht. Kannst du sie sehen? Ganz tief am Himmel.« Sie spielte das Ende des eleganten, langsamen Satzes, atmete dann rasch durch und stürzte sich in einen Staccato-Tanz. »*Ta ta ti da, ta ta ti da*«, summte sie mit. »Das ist ein Bauerntanz.«

»Da verrenkt man sich ja die Füße«, sagte Günter und brachte sie zum Lachen.

Punkt sieben rief Mrs. Glazer zum Abendessen, und die Kinder rannten ins Speisezimmer. Während Lisa die Noten wegräumte, bemerkte sie, dass Johnny »King Kong« immer noch in der Ecke saß. Sie blickte zu ihm hinüber, worauf er das Notizbuch schloss und applaudierte. Sie lächelte zurück und beeilte sich, zu den anderen zu stoßen.

Ginas und Lisas Betten standen nebeneinander, und nach dem »Licht aus« flüsterten die beiden sich noch Vertraulichkeiten ins Ohr. Eines Abends fragte Gina: »Hast du schon mal 'nen Freund gehabt?«

»Natürlich nicht«, antwortete Lisa ehrlich.

»Ich schon«, flüsterte Gina verschwörerisch.

»In Wien?«

»Ja.«

»Wie hieß er denn?«, fragte Lisa hingerissen.

»Walter.«

»Hat er auch fliehen können?«

»Brauchte er nicht. Er war kein Jude.«

»Du hattest einen nichtjüdischen Freund?«, fragte Lisa entrüstet.

»Warum denn nicht?«

Lisa schwieg. Manchmal sagte Gina so verwirrende Dinge. Gina setzte ihre Geschichte fort. »Er kam an den Zug, um mir Lebewohl zu sagen, und hat mir eine Blume mitgebracht.«

Plötzlich sprang Gina aus dem Bett und wühlte im Finstern in einer Schublade. Mit einer süß duftenden Schachtel kam sie zurück. Lisa strengte im Dunkel die Augen an und erkannte den Umriss einer getrockneten Blume.

»Ich sehe ihn immer noch vor mir, als ich abfuhr. Seine Hosenbeine waren so weit und flatterten im Wind – sie machten richtig Lärm.«

»Fehlt er dir?«, fragte Lisa.

»Nö, kaum. Ich weiß nicht mal mehr genau, wie er wirklich aussah«, kam die beiläufige Antwort. Verflogen war die oberflächlich-klatschsüchtige Art Ginas, die Lisa am Anfang gestört hatte. Jetzt standen sie sich näher denn je. Sie hatte eine Busenfreundin gefunden, jemanden, der die Kluft, die sich durch den Verlust der Schwestern aufgetan hatte, auszufüllen half.

»Gefällt dir Günter?«, wagte sich Lisa vor.

»Ich weiß nicht. Er ist mir 'n bisschen zu weich.«

»Vielleicht ist das ja gut. Ich wette, er wird später jede Menge Geld verdienen.«

»Glaubst du?«

Während die Mädchen flüsterten, hörten sie von draußen, vom Fuß der Treppe, ein Summen. Es war unverkennbar.

»*Dum dum, da dum dum.*« Die ersten Takte des Grieg!

Bibbernd vor Vorfreude sprangen sie aus dem Bett, zogen vorsichtig – um Edith nicht zu wecken – Mäntel über ihre Nachthemden und schlüpften mit nackten Füßen in die Schuhe. Wieder ertönte das Summen, danach ein kurzer Pfiff. Auf Zehenspitzen schlichen sie in die dunkle Diele hinunter und sahen, dass die Haustür offenstand. Draußen auf der Veranda standen Günter und Aaron und starrten mit Ferngläsern zum Himmel.

»Was macht ihr denn da?«, fragte Gina aufgeregt.

»Wir halten Ausschau nach deutschen Flugzeugen«, sagte Günter wichtigtuerisch.

»Uns nach! Schnell!«, winkte Aaron und steckte eine Streichholzschachtel in die Tür, damit sie nicht zufiel und sie ausschloss.

»Es ist schon Sperrstunde«, flüsterte Lisa.

»Wir sind offizielle Flugmelder, kommt, macht schon.«

»Woher habt ihr die Ferngläser?«, fragte Lisa misstrauisch.

»Das darf ich nicht ausplaudern.«

»Oh, sag so was nicht, das macht mich nervös.«

»Vom Luftschutzwart haben wir sie. Wir haben ihn nächtelang bekniet, und da hat er uns endlich zu offiziellen Flugmeldern gemacht«, sagte Günter.

Die Mädchen wurden zur unverschlossenen Vordertür des Klosters und zwei Treppen hoch bis unters Dach geführt. An einer offenen Luke lag eine Leiter bereit. Sie kletterten hinaus auf einen ausgedehnten, flachen Teil des Schieferdachs.

»Mein Gott im Himmel!«, entfuhr es Lisa auf Deutsch. Durch die Verdunklung hatte sich das nächtliche Bild von London vollkommen geändert. Es bot sich ein wundersames Himmelspanorama, das mit dem besten Planetarium mithalten konnte. Der Mond war noch nicht aufgegangen. Das weiße Band der Milchstraße schien zum Greifen nah. Wie Feenstaub blinkten die hellsten Sterne.

Stolz ging Aaron an die Arbeit. Auf dem Dach lagen schon mehrere Decken bereit. Aaron rollte eine aus, legte sich hin und setzte das Feldglas an die Augen.

»Wir suchen nach zwei Bombertypen, der Dornier Do 17 und der Heinkel He 111«, erklärte er und suchte das Firmament ab.

»Nun hört euch den schlauen Herrn an«, sagte Gina.

»Die Dornier sieht wie ein Bleistift aus. Die Heinkel ist runder.«

Günter breitete eine zweite Decke aus, und sie legten sich alle vier Seite an Seite, mit senkrechtem Blick zum Himmel.

Nichts regte sich. Sie schauten und schauten.

»Was passiert, wenn man was sieht?«, fragte Gina.

»Man bläst diese Pfeife hier und der Luftschutzwart des Blocks hört einen.«

Gina und Lisa tauschten einen beeindruckten Blick.

»Lass mich mal gucken«, bat Lisa.

Aaron reichte ihr seinen Feldstecher und zeigte ihr die Scharfeinstellung. Sie setzte ihn an und fuchtelte unprofessionell damit herum.

»Willst du Mücken totschlagen?«

Lisa schwenkte das Glas langsamer, und ihr Auge blieb an einem Menschengesicht in Großaufnahme hängen. Sie stieß einen Schrei aus und ließ das Glas fallen. Alle starrten in die Richtung ihres Blicks. Ein Nachbar, drei Häuser weiter, stand auf dem Dach und winkte ihnen zu. Ganz London spielte mit. Von da an tagte das »Komitee« jeden Dienstag und Donnerstag auf dem Dach. Manchmal war auch Paul dabei, oft aber nicht. Er war stiller geworden, seit er erfahren hatte, dass sein Bruder die Ausreise aus Deutschland nicht mehr geschafft hatte. Lisa machte sich Sorgen um ihn.

»Geh zurück und hole Paul«, drängte sie Aaron beim Gang durch den Garten.

»Ach, lass ihn schlafen«, sagte Aaron.

»Nein! Ich will, dass du ihn holst.«

»Ich hole ihn«, erbot sich Günter, der Gentleman.

Eines Nachts war es kälter als üblich, und die fünf kuschelten sich eng unter die Decken. Der Abendschwatz wurde meist von Gina organisiert, die entweder Klatsch aus der Fabrik erzählte, Kommentare zur Königsfamilie abgab oder eine Aufgabe stellte, wie heute Abend wieder.

»Jeder soll heute mal etwas Peinliches erzählen.«

Günter stöhnte. »Dann du zuerst.«

»Ja, gern.« Gina erzählte eine weitschweifige Geschichte aus ihrer Dienstmädchenzeit von irgendeinem geheimnisvollen Fauxpas, den sie sich geleistet und den niemand verstanden hatte. Die Pointe ihrer Geschichten war immer die, dass ihre Familie sehr reich war und dass sie von Silberbesteck im Besonderen und von Kultur im Allgemeinen mehr verstand als die englische Oberschicht.

»Das ist nicht peinlich«, wandte Lisa ein.

»Dann erzähl du was«, konterte Gina.

»In dem Herrenhaus – ihr wisst schon, da, wo ich gearbeitet habe – hat man mich erwischt, wie ich Schmutzwindeln weggeworfen habe, weil sie so ekelhaft waren, dass ich fast gekotzt hätte.«

»Das hast du schon mal erzählt, das gilt nicht«, sagte Gina.

Aaron drehte sich auf den Rücken und starrte in den Himmel.

»Als ich nach England kam, hat man mich in ein Dörfchen an die schottische Grenze geschickt, wo ich im Stall arbeiten sollte. Meine Bürgin hatte, wie es sich herausstellte, einen Bauernhof für Milchwirtschaft. Es war die ganze Zeit eisig kalt dort. Ich musste in der Scheune auf einem Feldbett schlafen, aber ich türmte ringsum Stroh auf, damit es nicht ganz so schlimm war. Bei der großen Mobilmachung ging der Mann der Bäuerin zur Armee – noch am selben Tag bat sie mich, ins Haus umzuziehen.«

Aaron hielt inne, als ob er unsicher sei, ob er fortfahren solle.

»Und?«, fragte Paul.

»Das Feldbett durfte ich aber nicht mitbringen. Sie wollte, dass ich in ihrem Bett schlafe.«

Lisa erschrak ein wenig bei diesen Worten. Sie wusste nicht, warum, aber sie wollte die Fortsetzung nicht hören. Aaron spürte die Stimmung der Gruppe und schwieg.

»Hast du mit ihr geschlafen?«, bohrte Paul.

Lange Zeit schwieg Aaron, als wünschte er, er könne alles zurücknehmen. »Was denkt ihr denn?«, sagte er schließlich mehrdeutig, aber die Freunde brauchten den gut aussehenden, überheblichen Jungen nur anzuschauen und wussten die Antwort.

Lisa wusste nicht, ob ihr dieser Aaron noch sympathisch war. Warum hatte er das ausgeplaudert? Beklommenheit überkam sie.

Günter hatte schweigend zugehört. In seinen Augen standen Tränen.

»Günter, was ist mit dir?«, fragte Gina leise.

»Ich habe daran gedacht, wie mich mein Vater aufklären wollte.« Seine Stimme versagte fast.

»Und?«, fragte Gina.

Günter schwieg.

»Bitte erzähl es uns doch«, schmeichelte sie.

»Es war an dem Tag, als ich Köln verlassen sollte. Der Transport ging um Mitternacht, deshalb blieb abends nach dem Essen noch eine Menge Zeit, und Mutter verlangte es von ihm – aus heiterem Himmel. ›Nimm deinen Sohn und sag ihm, was Väter Söhnen sagen.‹ So gingen wir aus dem Haus und machten einen Spaziergang ums Eck. Seit der Entscheidung, mich auf den Kindertransport zu schicken, hatte Vater nicht mehr viel gesprochen. Er hatte im Weltkrieg das Eiserne Kreuz bekommen, er hatte für Deutschland gekämpft, und nun hatten sie seinen Laden kaputtgeschlagen, und ich musste ausreisen.«

Günter fing an zu weinen.

»Was hat er gesagt?«, wollte Gina wissen.

»Nichts. Gar nichts. Weil er die ganze Zeit weinen musste.«

Gina ergriff seine Hand und drückte sie fest.

Als die Wochen vergingen und keine Spur von Deutschen zu sehen war, machte die Winterkälte das Dachabenteuer weniger attraktiv. Am Ende gaben die Heimjungen die Ferngläser wieder an den Luftschutzwart zurück. Monate verstrichen, nicht ein einziger deutscher Bomber erschien über London, und viele Briten gelangten zu der Überzeugung, das Ganze sei blinder Alarm gewesen. Die Hälfte der 800 000 Eltern mit Kleinkindern kehrte aus der Provinz zurück. England ging in Wartestellung. Auch die 150 000 Mann des Britischen Expeditionskorps, die man über den Kanal geschickt hatte, warteten, einquartiert in schmutzigen Scheunen in Belgien und Frankreich.

Eines Tages gab Mrs. Cohen Order, das Bettzeug aus dem Klosterkeller in die Schlafzimmer zurückzuschaffen, und das normale Heimleben kehrte wieder ein – wenn man es denn überhaupt normal nennen konnte.

Auch Lisa befand sich im Wartezustand. Chanukka kam, doch ein Besuch Sonias wurde abgesagt. Trotz der momentanen Ruhe galt eine Visite in London immer noch für zu gefährlich.

12

Am Neujahrstag wurde die Lebensmittelrationierung bekanntgegeben. 1940 war angebrochen. Mrs. Cohen sortierte die Lebensmittelkarten auf dem Küchentisch und murmelte Mrs. Glazer zu: »Nur 120 Gramm Fleisch pro Nase und Woche? Gütiger Gott! Das sind heranwachsende Jungen und Mädchen.«

Zweimal wöchentlich kaufte sie in den Läden der Walm Lane mit den Marken die mageren Rationen. Gottlob hielt der koschere Fleischer auf der Theke eine Sammelbüchse mit der Aufschrift *Für unsere hungrigen Flüchtlinge* bereit. Mit den Spenden ließ sich der Speisezettel des Heims etwas aufbessern. Auch der Gemüsehändler wog manchmal sehr großzügig ab. Alles in allem: Man kam hin.

Zum größten Teil bestanden die Einkäufe aus Pastinaken, Kartoffeln und Mehl. Abwechselnd wurden die Kinder eingeteilt, die schweren Taschen heimzuschleppen, seufzend, dass Bonbons und Schokolade aus ihrem Leben verschwunden waren. Die Rationen waren minimal bemessen. Oft knurrte Lisa der Magen vor Hunger.

Eines Samstags, als Lisa und Gina an der Reihe waren, färbte ein seltener Schneesturm das ganze sonst graue Viertel blendend weiß. Nach der Synagoge trennten sich die Mädchen vom Rest der Gruppe und gingen die Lebensmittel holen. Die Taschen wurden auf wackligen Ziehwägelchen verstaut. Zur Abwechslung schien einmal die Sonne, und Lisa fielen Dinge in ihrer Nachbarschaft auf, die sie zuvor nicht bemerkt hatte. An die Verdunklungsvorhänge des Eisenwarenladens waren bunte, spiegelnde Streifen in Gestalt von Schraubschlüsseln und Hämmern aufgeklebt. Am Nippesladen prangte ein handgemaltes Wandbild, das einen Raum voll Antiquitäten zeigte. Die Laternenmasten trugen ein neues Zebrastreifenmuster, um den Autounfällen vorzubeugen, die sich seit der Verdunklung häuften. Das alles versetzte sie in fröhliche Stimmung. Lachend liefen die beiden Mädchen über den vereisten Bürgersteig und gerieten auf der Willesden Lane ins Kreuzfeuer einer heftigen Schneeballschlacht.

Das Heim war nach Zimmern in Mannschaften aufgeteilt worden, und die Jungen und Mädchen bewarfen einander gnadenlos. Lisa und Gina wurden sofort Kanonenfutter für die Schneegranaten und mussten sich wehren mit allem, was sie hatten – Rüben und Kartoffeln (das Gemüse flog besser als Schneebälle und war sofort griffbereit) –, und bald schluchzten einige der kleinen Jungen, die Volltreffer abbekommen hatten.

»Tut mir leid, Leo! Das wollte ich nicht«, sagte Lisa zerknirscht, doch der zehnjährige Leo schlug zurück, indem er eine große Handvoll Schnee hinten in Lisas Kragen stopfte.

»Waffenstillstand!«, rief jemand, Johnny trat hervor und tröstete die Kleinen, indem er einen enormen Ball rollte und daraus einen Schneemann formte. Bald machten alle mit. Der Schneemann wuchs zu Lebensgröße. Gina kam auf die Idee, das Gesicht mit einem Büschel Rübengrün zu schmücken. Sie drückte es unter die Nase wie einen Schnurrbart. Die Kinder hielten den Atem an.

»Gestatten, der Führer!«, verkündete sie in unheilschwangerem Ton.

»Umbringen!«, rief jemand.

Die Jüngeren sprangen den Schneemann an, und binnen Sekunden wurde die Figur zu Matsch zerhauen. Die Haustür ging auf. Mit Missfallen musterte Mrs. Cohen die durchweichten Lebensmittel. Rüben und Kartoffeln übersäten den Vorgarten. Allein die Miene der Hausmutter reichte, um alle eilends dazu zu bringen, sie aufzuheben.

»Aaron, Paul? Bitte kommen Sie doch einmal her.«

Mrs. Cohen hielt einen Eimer schwarzen Teer in der Hand und gab ihn ihnen. »Mrs. Knight auf Nr. 156 möchte unsere Hilfe, ihr Dach ist undicht. Ich möchte, dass Sie einen Pinsel auftreiben und ihr helfen.«

Paul nahm ihr den Eimer ab, Aaron zögerte jedoch und sagte dann in die Luft hinein: »Ist es nicht wunderbar bequem, die Flüchtlinge ununterbrochen arbeiten zu lassen?«

Mrs. Cohen hörte es und wandte sich ihm zu. »Aaron, ich habe es satt, dass Sie sich über alles so erhaben fühlen. Und ich habe es auch satt, dass Sie glauben, Sie müssten nicht dieselben Regeln befolgen wie alle anderen. Wenn Sie noch einmal ohne gute Entschuldigung zum Essen zu spät kommen, kriegen Sie nichts mehr, verstanden?«

Aaron tat so, als berührten ihn ihre Worte nicht. Er wandte sich ab und ging mit Paul fort. Mit Sorge sah Lisa ihm nach. Was sie am meisten sorgte, war, dass sie ihn sehr gerne hatte. Er war problematisch, und sie wusste, dass sie sich besser von ihm fernhalten sollte.

Eilends gingen Lisa und Gina wieder an ihre Küchenpflichten und schleppten die durchweichten Taschen mit Lebensmitteln in Mrs. Glazers Küche.

»Nach unten, bitte, aber lassen Sie ein paar Kartoffeln hier«, sagte die Köchin zu Gina und deutete auf die Kellertür. »Hier, Lisa«, sagte sie und gab ihr ein Küchenmesser. »Schälen Sie mir fünfzehn Kartoffeln, bitte!«

Lisa fing gerade damit an, als Mrs. Cohen in die Küche kam. Sie starrte auf Lisas schneegerötete Hand, in der das Messer blitzte.

»Sie darf keine Messer benutzen, Mrs. Glazer«, sagte die Heimleiterin beiläufig und reichte das scharfe Werkzeug an die Köchin zurück. »Bitte kommen Sie einmal mit, Lisa. Ich möchte Sie jemandem vorstellen.«

Vorbei an mehreren Mädchen, die staubsaugten und wischten, ging sie mit Lisa in den Salon. Dort auf dem Sofa saß ein Junge, vielleicht zwölf, dreizehn Jahre alt. Er hatte glatt gekämmtes Haar und trug eine dunkle Brille.

»Das ist mein Sohn Hans. Er hat gehofft, dass Sie vielleicht etwas für ihn spielen.«

»Hallo«, sagte Lisa schüchtern.

»Er wird bei uns im Heim wohnen«, fügte Mrs. Cohen in ihrem üblichen Verlautbarungston hinzu, wandte sich dann um und ging.

»Danke, dass ich deine Noten benutzen durfte«, sagte Lisa. »Du hast doch nichts dagegen?«

»Überhaupt nicht. Ich brauche sie nicht mehr«, meinte der

Junge mit seltsamem Sarkasmus. »Könntest Du vielleicht etwas von Debussy spielen?«

»›Clair de Lune‹?«, bot sie an.

»Wie wär's mit dem ›Mädchen mit dem flachsblonden Haar‹?«

»Kenne ich nicht.«

»Hier liegen die Noten.«

»Beim Vom-Blatt-Spielen bin ich sehr schlecht.«

»Bitte!«

Lisa konnte nicht mehr Nein sagen, blätterte den Notenstapel durch und fand das Stück. Sie hasste das Vom-Blatt-Spielen, weil sie es so schlecht beherrschte, aber zum Glück war das Stück einfach, und sie mauschelte sich durch die erste Seite. Als sie die komplizierte zweite Seite erblickte, hörte sie auf. Ihr Perfektionismus gestattete ihr keine weiteren Fehler mehr. »Ich spiel' lieber ›Clair de Lune‹.« Ohne auf eine Antwort zu warten, schlug sie flugs die ersten Takte an.

»Mutter hatte recht. Du spielst himmlisch. Gibt mir fast das Gefühl, dass doch noch ein paar schöne Sachen auf der Welt übriggeblieben sind«, sagte Hans, als sie fertig war. Eine schwermütige Ergebenheit lag über ihm.

»Spielst du mir jetzt auch etwas vor?«, bat sie.

Er schwieg auffällig lange, ehe er sprach. »Ja, gern, wenn du mich zum Klavier führst.«

Erst da erkannte sie, dass Hans blind war. Sie stand auf, nahm ihn beim Arm und führte ihn zum Klavier.

»Bitte zeig mir das mittlere C.«

Sie legte seinen Daumen auf die Taste. Dann begann er, etwas stockend, das »Mädchen mit dem flachsblonden Haar« zu spielen – mit Wärme und Verve. »Tut mir leid, aber das ist das einzige Stück, das ich noch auswendig kann.«

Tief ergriffen lauschte seine Zuhörerin. Was für ein Glückspilz bin ich doch, dachte sie. Sie hatte sich so viele Sorgen um die schrecklichen Zeitumstände und um ihre Eltern und Rosie gemacht, dass sie gar keine Zeit gehabt hatte, dankbar zu sein – dankbar für Sonias Entkommen, dankbar für ihre eigene Freiheit. Sie wusste, dass Gott ihr eine Begabung geschenkt hatte, und sie schwor sich, diese Begabung voll und ganz zu nutzen. Sie würde üben und üben. Sie würde das Versprechen einlösen, das sie ihrer Mutter gegeben hatte.

13

Seine Tage verbrachte Hans im Salon, las Bücher in Blindenschrift, hörte Radio und prägte sich die Stimme jedes Reporters und jedes Politikers ein, der auf BBC sprach. Höhepunkt des Tages war Lisas Übungsstunde. Jeden Abend nach ihrer Heimkehr setzte er sich glücklich mit ihr auf die Klavierbank, klopfte mit seinem Stock den Rhythmus ihrer Czerny-Etüden und kommentierte und lobte jedes neue Stück, das sie anpackte.

Nach der Übungsstunde ging er zurück zum Rundfunkgerät. Immer düsterer wurden die Nachrichten. Der Frühling hatte dem Warten ein Ende gemacht. In rascher Folge waren die Nazis in Norwegen gelandet, in den Niederlanden einmarschiert, in Belgien, Luxemburg und Nordfrankreich eingefallen. Ein neues deutsches Wort machte die Runde: Sichelschnitt. Wie der Schnitter Tod mähten Hitlers Panzerdivisionen durch Europa.

Am dritten Sonntag im Mai verbreitete Hans die Nachricht, heute Abend laufe eine wichtige Sondersendung mit der ersten Ansprache des neuen Premierministers. Fast geschlossen versammelte sich die dreißigköpfige Heimbelegschaft im Salon, zwängte sich auf die Sofas, saß auf dem Fußboden. Hans schaltete ein.

Kraftvoll und hypnotisch tönte die Stimme Winston Churchills. Alle beugten sich vor, um jedes Wort zu verstehen. »In einer schweren Stunde für unser Land spreche ich zum ersten Mal als Premierminister zu Ihnen … In Frankreich und Flandern tobt eine ungeheure Schlacht. Mittels einer bemerkenswerten Kombination aus Luftbombardement und schweren Panzerkräften haben die Deutschen nördlich der Maginotlinie die französische Abwehr durchbrochen, starke Panzerverbände verwüsten das offene Land … Sie sind tief eingedrungen und verbreiten Schrecken und Verwirrung … Es wäre töricht, den Ernst der Stunde zu leugnen. Noch törichter wäre es aber, den Mut sinken zu lassen … ich selbst habe unerschütterliches Vertrauen in die französische Armee und ihre Führung …«

Beim Zubettgehen an jenem Abend zitterte Lisa vor Angst. Sie zog die Bilder ihrer Mutter und ihres Vaters hervor und drückte sie beim Einschlafen an sich.

Zwei Wochen später bekam Lisa zwei Briefe. Der eine war von Sonia aus Norwich und enthielt ein kleines Schwarz-Weiß-Foto ihrer jüngeren Schwester in einem weiten Wollmantel. Sie stand in einem Garten mit ihrer neuen Familie und dem Haushund. »Ich habe genug zu essen und lerne Englisch sprechen, aber du fehlst mir so sehr und …«

Weitaus beunruhigender war der zweite Brief. Es war ihr eigener Brief an ihre Eltern in Wien, Adresse Franzensbrückenstraße 13. Mit dem gestempelten Vermerk *Unzustellbar* war er zurückgekommen. Verzweifelt berief Lisa eine Komiteesitzung ein. Günter, Gina, Paul, Aaron und Lisa sammelten sich am Esstisch und sprachen miteinander über ihre Sorgen. Niemand hatte in der letzten Zeit Nachricht von seinen Eltern erhalten. Sie kamen überein, am nächsten Tag nach der Arbeit alle im Bloomsbury House vorzusprechen.

Gina und Lisa holten die Jungs am U-Bahnhof Tottenham Court Road ab. Gemeinsam gingen sie ostwärts zum Bloomsbury Way. Das belagerte alte Haus war ihnen inzwischen vertraut. Nach wie vor herrschte großes Gedränge in den Büros der Jewish

Refugee Agency, diesmal nicht mehr von heimatlosen Kindern, sondern von verzweifelten Angehörigen, die Mitarbeiter um Auskunft bestürmten. Die fünf jungen Leute überzeugten die ehrenamtliche Sekretärin, dass sie mit Mr. Hardisty selbst sprechen müssten, doch als sie dann vorgelassen wurden, brachten sie erst einmal keinen Ton heraus.

»Wie geht's denn so in der Willesden Lane?«, fragte Mr. Hardisty, der sie wiedererkannte.

»Mr. Hardisty, wir haben keinerlei Nachricht von unseren Eltern mehr«, sprach Lisa für die Gruppe. »Niemand gibt uns mehr Auskunft.«

»Die Regierung muss doch wissen, was vor sich geht«, rief Aaron. »Irgendjemand muss Bescheid wissen.«

Mr. Hardisty blickte die sichtlich mitgenommenen Jugendlichen an und fuhr sich durchs gelichtete weiße Haar. »Ja, ich weiß auch nicht, was ich Ihnen sagen soll. Glauben Sie mir, wir wissen sehr wenig. Das Rote Kreuz tut sein Bestes, um so viel wie möglich zu erfahren.«

Lisa überreichte Mr. Hardisty eine handgeschriebene Liste mit den Namen ihrer Eltern. »Bitte, können Sie feststellen, wo sie sich aufhalten?«

Er nahm die Liste. »Alles, was wir wissen, ist, dass viele Juden in Umsiedlungslager verbracht werden. Das ist der Grund, warum Sie keine Briefe mehr erhalten.«

»Lager?«, fragte Lisa fassungslos.

»Umsiedlungslager. Wir wissen über sie sehr wenig. Das Rote Kreuz wird versuchen zu helfen, aber ich persönlich weiß gar nichts ... Tut mir leid. Wenn Sie nun noch Fragen bezüglich England haben, die ich beantworten kann, dann will ich gern ...«

Aaron stand abrupt und unhöflich auf, ohne sich zu verabschieden, und strebte zur Tür. Die anderen folgten, doch Lisa hielt einen Augenblick inne. »Vielen Dank, Mr. Hardisty«, brachte sie hervor.

Wütend stiefelte Aaron den Gang hinab. »Klar, wieso soll ihn das interessieren? Er ist ja kein Jude!«

Lisa blickte Aaron in die Augen und erkannte, wie viel Angst er hatte. »Gehen wir im Park spazieren«, versuchte sie ihn zu trösten. Sie war immer der Meinung gewesen, dass er über allem stand. Jetzt war sie sich nicht mehr so sicher.

Im Menschengewimmel der Tottenham Court Road zog Aaron eine Münze aus der Tasche und führte die Gruppe zu einem Fish & Chips-Stand. Dampfender Kabeljau wanderte über die Theke, kriegsmäßig verpackt – in altem Zeitungspapier. Als sie das Papier vom Fisch abzogen, sahen sie, dass Druckerschwärze auf das Fleisch abgefärbt hatte. Aaron las (in Spiegelschrift): »Das Wunder von Dünkirchen.«

»Ein herrliches Wunder«, spottete Günter. »Ich kapiere nicht, warum die Engländer sich so darüber freuen, dass sie Hunderttausende Soldaten wunderbarerweise von den Stränden Frankreichs wegholen konnten. Für mich sieht das verdammt nach Rückzug aus.«

»Aaron, es ist ein Wunder«, hielt Günter dagegen. »Die Nazis hatten uns umzingelt. Ohne die Schiffsrettung hätten sie die halbe britische Armee gefangengenommen!«

Lisa meinte das auch, desgleichen fast ganz England. Eine patriotische Welle erfasste das Land. An allen Türen flatterte die englische Flagge. Es machte Lisa stolz. Sie wünschte nur, sie könnte diesen Anblick mit ihren Angehörigen teilen, um ihnen Hoffnung zu geben. Um die Gruppe aufzuheitern, drängte Lisa darauf, in den Hydepark zu den Schwänen zu gehen. Um die Teiche herum standen Flakgeschütze, die ihre Mündungen erwartungsvoll gen Himmel reckten.

Gina sah sehr mitgenommen aus. Ihr Gang hatte sich zu einem trübseligen Schlurfen verlangsamt. Sie setzte sich auf eine Bank und schlug die Hände vors Gesicht.

»Ich weiß, das klingt jetzt sehr egoistisch, aber ich kann mir meine Mutter nicht in einem Lager vorstellen. Sie, in einem Lager! Was bilden die sich ein, soll das so etwas wie Dovercourt sein? Mit Zelten? Sie hat bisher nicht mal für sich selbst gekocht! Sie hat keine Ahnung vom praktischen Leben! Vielleicht nehmen sie reiche Leute wie sie gar nicht … vielleicht darf sie sich ein Dienstmädchen mitbringen.«

Kaum hatte sie die dummen Worte hervorgestoßen, weinte sie schon wieder, diesmal über die eigene Torheit. »Ich weiß, es klingt blöd, aber was soll ich machen …«

»Nein, es klingt nicht blöd«, sagte Günter und fasste sie bei der Hand. »Komm, gehen wir die Schwäne füttern. Es ist besser, nicht darüber nachzudenken.«

Paul, Lisa und Aaron spazierten durch den Park.

»Wird der Krieg ewig dauern?«, fragte Lisa ängstlich.

»Hängt davon ab, schätze ich, ob die Yankees einsteigen, was?«, antwortete Paul.

»Die werden nicht einsteigen«, meinte Aaron.

»Was wollt ihr Jungs denn mal werden, hinterher?«

Aaron blickte Lisa seltsam an. »Ist doch egal! Jetzt jedenfalls ist Krieg.«

»Ich gehe zur Air Force«, sagte Paul, stolz, eine bessere Antwort zu haben als Aaron.

»Nein, ich meine, was wollt ihr nach dem Krieg werden? Was wollt ihr aus eurem Leben machen?«, beharrte Lisa auf ihrer Frage.

»Ich weiß nicht. Mein Vater war Schuhverkäufer«, gestand Paul etwas verloren.

»Warum ist das denn jetzt so wichtig?«, fragte Aaron. Doch ein Blick auf Lisa sagte ihm sofort, dass das nicht die Antwort war, die sie suchte.

Als Lisa und Gina am nächsten Morgen zur Arbeit gingen, bestätigten Extrablätter das Schlimmste: *Paris von den Nazis überrollt –*

De Gaulle flieht nach England. Lisa nahm Ginas Hand und begann schneller zu gehen, fast zu marschieren, bis sie im Gleichschritt liefen.

»Wir werden es schaffen, wir werden es schaffen«, sangen sie im Takt. Sie sangen gegen ihre Furcht an. In der Fabrik nahm Lisa ihren Platz an der Maschine ein, band ihr Haarnetz fest und ging an einen weiteren ermüdenden Arbeitstag. Sie bemerkte, dass Mrs. McRae, die vor ihr saß, eine schwarze Armbinde trug. In der Mittagespause bestätigten sich ihre schlimmsten Befürchtungen.

»Habt ihr gehört?«

»Mr. McRae ist in Belgien gefallen. Hat's nicht mehr zum Strand geschafft, wo die Schiffe gewartet haben.«

»Hat's erst gestern erfahren, die Arme. Kaum zu glauben, dass sie heute zur Schicht gekommen ist.«

»Ehrlich, das würd' ich auch machen, wenn's mich träfe.«

Rasch verzehrten die Arbeiterinnen ihr Essen. Die Mittagspause war auf fünfzehn Minuten verkürzt worden. Voll Ehrfurcht vor den Briten, denen Weinen fremd schien und die die größten Opfer brachten, ging Lisa an die Maschine zurück. Sie sah Mrs. McRaes Hand zittern, während sie mit gebeugtem Rücken Uniform um Uniform nähte.

»Es tut mir so leid, was passiert ist. Ich hab's gerade erfahren «, sagte Lisa leise und lehnte sich nach vorn. Mrs. McRae nahm ihre Hand und drückte sie fest, schwieg aber. Dann schob sie ein weiteres Hosenbein in ihre Maschine.

An ihrem Revers war eine Aufschrift zu lesen: »Unterstützt unsere kämpfenden Männer.«

Nach Frankreichs Kapitulation stand England ganz allein gegen Hitler, und die Briten wappneten sich gegen eine deutsche Invasion. In England brach eine Art Hysterie aus, was »feindliche Ausländer« *(enemy aliens)* betraf. Hellblonde Frauen waren plötzlich suspekt. Ein Plakat zeigte eine mondäne Blondine, umgeben von Soldaten, die sie anhimmelten, mit der Schlagzeile: »Vorsicht, Feind hört mit!«

Überall hielt man Ausschau nach Spionen. Arbeiter deutscher und österreichischer Herkunft bekamen den Laufpass, fünfzigtausend *aliens* wurden auf Rennbahnen, in Fabriken, auf Inseln wie der Isle of Man hinter Stacheldraht interniert.

Lange nach dem »Licht aus« im Jugendheim ertönte im Korridor vor Lisas Schlafzimmer ein leises Pfeifen: das Motiv aus Griegs Klavierkonzert in a-Moll. Sie schlug die Augen auf, sprang aus dem Bett und schüttelte Gina. Sie zogen sich an und rannten hinab ins Speisezimmer, wo Aaron und Paul im Schlafanzug warteten, eine Kerze in der Hand.

»Günter ist nicht da«, sagte Aaron besorgt.

Es war erst Mitternacht, manche der Heranwachsenden missachteten schon einmal die Sperrstunde, aber Günter kam nie zu spät. Er war die Zuverlässigkeit selbst.

»Was machen wir jetzt?«, fragte Paul.

Aus der Diele drang ein Geräusch, und Hans erschien, sich mit der Hand an der Wand entlangtastend. Er schlief in einem Feldbett an der Küchentür, da er im Falle eines Bombenalarms nicht rasch genug aus dem zweiten Stock hätte herunterkommen können.

»Was ist los?«, fragte er.

»Günter fehlt. Ich glaube, du solltest deine Mutter wecken.«

»Ich? Warum ich? Blind bin ich schon. Ich will nicht auch noch meine Ohren verlieren.« An Hans' beißenden Humor hatten sie sich inzwischen gewöhnt. Die Gruppe blickte Lisa an – mit einem klaren Auftrag. Sie war die Favoritin, deshalb fiel es ihr zu, die Hausmutter zu wecken. Leise klopfte sie an die Tür, doch da keine Antwort kam, musste sie am Ende laut hämmern.

»Was gibt's denn!«, tönte es ungehalten.

»Günter ist nicht nach Hause gekommen.«

»Wer?«

»Günter wird vermisst!«

Eine Minute später erschien Mrs. Cohen im Korridor, das lange graubraune Haar gelöst auf den Schultern, nicht wie sonst als Dutt auf dem Kopf. Sie hob das Telefon in der Wandnische ab und fuhr mit dem Finger über eine Liste von Rufnummern an der Wand.

»Ist dort das Polizeirevier? Hier Mrs. Cohen vom Flüchtlingskinderheim Willesden Lane. Einer meiner Schützlinge wird vermisst.«

Lisa sah Mrs. Cohens Gesicht dunkel werden.

»Feindlicher Ausländer? Soll das ein Witz sein? Er ist ein Knabe«, brüllte sie in den Hörer.

»Ich weiß, dass er sechzehn ist. Ich weiß, dass er Deutscher ist … Was heißt das, er soll interniert werden? Er ist doch Jude!«

Mrs. Cohen knallte den Hörer auf die Gabel und schlug ein dickes handgeschriebenes Buch mit Name und Anschrift sämtlicher Arbeitgeber der Kinder auf. Sie fand die Nummer Mr. Steinbergs, des Mannes, für den Günter arbeitete, wählte ihn an und erklärte die Lage. Dann nickte sie dankbar. »Ich bin Ihnen sehr verbunden.«

»Mr. Steinberg ist Engländer«, sagte sie den besorgten Jugendlichen. »Er geht jetzt gleich zur Polizeiwache und bürgt für Günters Loyalität. Und jetzt alle zurück ins Bett.«

Sie blieben. Sie zündeten weitere Kerzen an, setzten sich an den Esstisch und warteten.

»Sechzehn? Hat Günter Geburtstag gehabt?«, fragte Paul.

»Letzte Woche. Er hat es nur mir gesagt«, gestand Gina.

Aaron wanderte ins dunkle Wohnzimmer und kam mit dem Schachbrett zurück. Er baute die Figuren auf. Hans und er spielten mehrere Partien. Der Blinde schlug den Sehenden fast jedes Mal.

»Machen wir uns Tee«, sagte Lisa.

»Es gibt keinen Tee«, erinnerte Gina sie.

»Nehmen wir Minzeblätter und kochen sie«, schlug Lisa vor, und die beiden Mädchen liefen zur Küche. Im hinteren Hausteil schimmerte ein geisterhaftes Licht. Sie gingen dem Flackern nach und stießen zu ihrer Verblüffung auf Johnny, der auf einem Milchkasten saß und bei Kerzenschein in seinem Notizbuch arbeitete.

»Johnny, was machst du da?«, fragte Lisa.

»Wenn ich nicht schlafen kann, schreibe ich«, sagte er nervös.

»Darf ich mal sehen?«, fragte Lisa und beugte sich vor, Johnny deckte jedoch die Seite mit seinen riesigen Händen zu.

»Oh, nein, nein. Es taugt nichts«, behauptete er.

»Möchtest du ein Minzschleimchen?«

»Wie bitte?«

»Tee, Dummkopf.«

»Nein, danke.«

»Vielleicht zeigst du's mir ein anderes Mal«, lächelte Lisa und lief mit Gina in den Hinterhof.

»Wahrscheinlich schreibt er ein Liebesgedicht auf dich«, neckte Gina.

»Lächerlich! Red keinen Quatsch.«

»Ich seh' doch, welche Augen er dir macht. Aaron übrigens ganz genauso.«

»Stimmt nicht!«, wehrte sich Lisa und wischte die Bemerkung beiseite, fragte sich aber insgeheim, ob Gina vielleicht recht hatte.

Um zwei Uhr morgens spielten Hans und Aaron immer noch ihre endlose Partie und jagten sich gegenseitig den König quer übers Brett. Lisa langweilte sich tödlich.

»Hans«, sagte sie, »darf ich dir eine persönliche Frage stellen?« Behutsam, um ihm nicht wehzutun, fragte sie ihn, was ihr schon so lange auf der Zunge lag. »Bist du von Geburt an blind?«

Er machte einen Schachzug, nachdem er die Stellung von Aarons Bauer ertastet hatte, seufzte dann und suchte ganz besonders schnodderig zu klingen. »Nein. Dieses ganz besondere Geschenk hat mir Gott erst letztes Jahr gemacht.«

»Letztes Jahr?«

»Am Tag nach der Kristallnacht hat mich ein Haufen Rüpel in der Schule zusammengeschlagen. Die medizinische Diagnose lautete, dass ein Stuhlbein meinen Sehnerv getroffen hat. Aber keine Bange. Der Rabbi sagte, es war ein Gottesgeschenk.« Seine Stimme triefte vor Hohn.

Lisa war wie vor den Kopf geschlagen. »Wie konnte er das sagen?«

»Er nannte es Gottesgeschenk, weil mich meine Mutter sonst nie aus Berlin weggebracht hätte. Wir säßen heute noch da. Freiwillig wäre sie nie gegangen. Sie dachte, ihr würde nichts passieren.« Er holte Atem und fuhr fort. »Soll ich dir ein Geheimnis verraten? Sie ist nie im Leben in einer Synagoge gewesen.«

Schweigen senkte sich über den Raum. Dann legte Hans seine Hände wieder auf das Schachbrett und machte seinen Zug.

»Matt!«

Um drei Uhr morgens brach das Komitee die Sitzung ab und ging zu Bett. Als Günter am folgenden Spätnachmittag endlich heimkam, bestürmten ihn die Freunde mit Fragen. »Sag uns, was passiert ist!«, riefen sie unisono.

Auf der Heimfahrt im Doppeldeckerbus von Steinberg & Sons im East End hatte Günter aus dem Fenster die Flakgeschütze betrachtet. Sein Sitznachbar hatte herübergeblickt, Günter einen Brief auf Deutsch schreiben sehen und ihn als Spion bei der Polizei angezeigt. Günter erklärte, er schreibe der Tochter seines Arbeitgebers eine Geburtstagskarte, und er sei Jude. Wie konnte er da Spion sein? Doch er hatte einen deutschen Akzent und einen Anmeldeschein, der ihn als *alien* auswies. So landete er auf dem Revier.

Jude oder Nichtjude: Ausländer über sechzehn wurden interniert. Gottlob tauchte Mr. Steinberg rechtzeitig auf und unterschrieb eine eidesstattliche Erklärung, aus der hervorging, dass Günters Arbeit in der Fabrik »kriegswichtig« sei und dass ohne ihn die Produktion sofort zum Stillstand käme.

Besorgten Blicks wandte sich Lisa zu Paul und Aaron. »Wie alt seid ihr denn?«

»Fünfzehn«, antworteten sie wie aus einem Munde.

»Trotzdem: Seid mal schön vorsichtig.«

Als Lisa und Gina vom Tisch aufstanden, kam Johnny und steckte Lisa ein Papier zu. Dann verschwand er.

»Seht ihr?«, sagte Gina.

Lisa öffnete den Umschlag und las: »Bitte zeige das sonst niemandem.« Sie wandte sich von Gina ab und entfaltete ein Gedicht.

Immer sehe ich die Gesichter
Die Gesichter auf dem Bahnhof
Die Gesichter auf dem Bahnhof
Verschwimmen vor den Augen …

Immer höre ich die Stimmen
Die Stimmen, die rufen
Die rufen, mich rufen
Aber antworten kann ich nicht.

Meine Mutter, mein Vater
Meine Schwester, mein Bruder
Sie sind jetzt hier
Immer
Mein Herz ist bei ihnen.

Sie blickte auf und sah, dass Johnny sie von der anderen Zimmerwand aus musterte. Die einfachen Worte bewegten sie sehr. In ihrer Seele hatte das Gedicht eine Saite angeschlagen, die sonst nur mit Musik mitschwang. Sie zwinkerte ihm zu, er lächelte zurück und hob grüßend seinen Stift. Sie faltete das Papier sauber zusammen und steckte es in die Tasche, wo es vor neugierigen Augen sicher war.

14

Im Sommer 1940 hielt in England der Luftkrieg Einzug. Duelle zwischen der Royal Air Force und der Luftwaffe füllten die Zeitungsschlagzeilen. Zeitungsjungen führten auf Wandtafeln Strichlisten über die Spitfires, Hurricanes und Messerschmitts, die über dem Englischen Kanal abgeschossen worden waren. Erstes Ziel der Deutschen war die Südküste, die dortigen Flugplätze und Radaranlagen. Frauen jeden Alters verliebten sich in das Bild des schmucken RAF-Piloten mit dem Schnauzbart, der jeden Tag tausend Einsätze flog und die Deutschen vom Himmel pustete.

Unverdrossen leistete Lisa in der Fabrik anstrengende Schichtarbeit, schob Stoffstück auf Stoffstück durch die Nähmaschine, bis ihr die Arme schmerzten. Nachmittags stieg ihre Stimmung: Dann zählte sie die Minuten bis zum Arbeitsende und freute sich auf ihr Klavier in der Willesden Lane. Eines Nachmittags blätterte sie Cohens Notenpaket noch einmal methodisch durch und suchte sich Beethovens grandiose »Pathétique« als nächstes Projekt aus. Professor Lenz hatte sie einmal als Pflichtstück bezeichnet. Sie schlug sie auf und runzelte die Stirn.

»Da steht ja mehr schwarz als weiß!«, erschrak Aaron, kam herüber und setzte sich neben sie. »Hat Beethoven da ein Tintenfass über die Seite ausgeschüttet?«, fragte er angesichts des Notengewimmels, das die erste Seite bedeckte.

»Macht nichts. Ich fang' einfach vorne mit dem ersten Akkord an. Und jetzt mach Platz!« Sie gab Aaron einen koketten Schubs, und er ließ sich mit theatralischem Stöhnen von der Bank fallen.

»Keine Bange, Lisa. Du schaffst das«, kam Hans' beruhigende Stimme von der nahen Couch.

Am 7. September fand Lisas geregeltes Übungsprogramm ein jähes Ende. In die einleitenden Fingerübungen, die sie an jenem Samstagnachmittag spielte, schnitt das schrille Heulen der Luftschutzsirenen. Da es schon oft Fehlalarme gegeben hatte, spielte Lisa weiter. Warum, wie so oft, in den Keller laufen und sich dann langweilen, während nichts passierte? Doch dann hörte sie das dumpfe Grummeln der herannahenden Flugzeuge und Fußgetrappel auf der Treppe. Günter packte Lisa am Arm und zog sie hinaus in den Vorgarten. Kurz suchten sie mit den Augen den Himmel ab, dann folgten sie den anderen, die zum Kloster hinüberrannten und riefen: »Beeilt euch! Es wird ernst! Die Deutschen kommen!«

Das Bellen der Flakgeschütze gab den nächsten Hinweis, dass es sich nicht um den üblichen Fehlalarm handelte. Lauter und lauter wurde das Dröhnen der nahenden Bomber. Kleine weiße Rauchbällchen erschienen am Himmel. Aaron schaute, so lange er konnte, dann riss ihn die Heimmutter am Ärmel und zog ihn hinüber in den Keller des Klosters. Die Bombardierung Londons – die in England den Namen »Blitz« bekam – hatte begonnen.

Tapfer versuchten die Jungen, ihre Angst wegzuplappern.

»Das ist sicher ein Deutscher, höre auf das Motorengeräusch!«, sagte Paul, als ein Brummen sich näherte.

»Nein, das sind unsere, die nehmen ihn aufs Korn!«, erwiderte Aaron.

Dann konnte keiner mehr reden: Flakgeschütze hämmerten ohrenbetäubendes Sperrfeuer.

»Jetzt haben sie sie erwischt«, prahlte einer der Kleinen. Aber dann näherte sich ein anderes Geräusch – *Wumm, Wumm, Wumm* – Bomben auf das Herz von London. Wieder *Wumm, Wumm, Wumm*. Weder die RAF noch die Flak konnte ihnen Einhalt gebieten. Lisa kauerte in einer Ecke unter einer Decke und hielt Ginas Hand. Der ohrenbetäubende Lärm rief schreckliche Bilder aus der Kristallnacht in ihr wach.

Mehrere Stunden später erfolgte die Entwarnung, und auf der ganzen Willesden Lane stiegen die Hausbewohner aus Kellern und gartenhausähnlichen metallenen Schutzhütten.

»Hier ist alles in Ordnung. Wie geht's euch?« Besorgte Stimmen fragten und antworteten straßauf, straßab. »Alle wohlbehalten.« »Hier alles klar.« »Bei uns auch.«

Gerade als die Nachbarn sich zu sammeln begannen, schrie jemand: »Schaut euch den Himmel an!«

Ein rotes Glühen war aufgeflammt. Zuerst hielt man es für ein leuchtendes herbstliches Abendrot. Allerdings glühte der Himmel nicht im Westen. Er glühte im Osten. Das East End brannte. Nach kurzer Atempause heulten die Sirenen wieder, und erneut stürzte alles in die Keller und Schutzräume und wartete, verwirrt und verängstigt. Achtundvierzig Stunden lang, Tag und Nacht, ging es derart in die Bunker und wieder heraus. Als das Wochenende um war, waren auf die Häfen und Industrieanlagen im Herzen von London – vor der Haustür von Platz & Sons – zweitausend Tonnen Bomben abgeworfen worden.

Am Montagmorgen, nach Rundfunkaufrufen, das »normale Leben« wiederaufzunehmen, stiegen Gina und Lisa bang, aber tapfer in die U-Bahn hinunter. Als sie in Whitechapel ausstiegen, sahen sie sich umgeben von Feuerwehren, Zivilschutzbrigaden und Familien, die mit Karren und Kinderwagen Habseligkeiten in Sicherheit brachten. Die Brände waren größtenteils gelöscht, aber hier und da schwelten noch Glutnester, und die Straßen

Lisa in der Volksschule in Wien im Jahr 1933/34

Lisa noch in Wien

Die Familie Jura vor dem Krieg

Lisas Mutter Malka

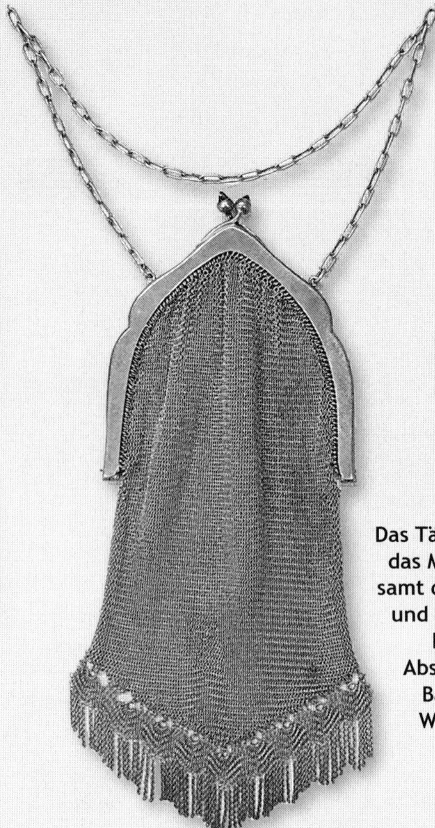

Das Täschchen, das Malka Lisa samt dem Brief und dem Foto bei ihrem Abschied am Bahnhof in Wien gegeben hat

Abraham Jura im Jahr 1939

Das Foto von Malka, das sie ihrer Tochter beim Abschied am Bahnhof in Wien gegeben hat und die Abschiedsworte Malkas an Lisa auf der Rückseite des Fotos

Einige der Kinder aus der Willesden Lane mit Mrs. Cohen in der Mitte

Willesden Lane, Lisa in der zweiten Reihe links, ihre Schwester Sonia links in der ersten Reihe

Eine Innenaufnahme des Hauses in der Willesden Lane

Lisa und Sonia

Eine Klavieraufnahme (»Chopin's Polonaise«), die Lisa während des Zweiten Weltkrieges für ihren Freund Max aufgenommen hat

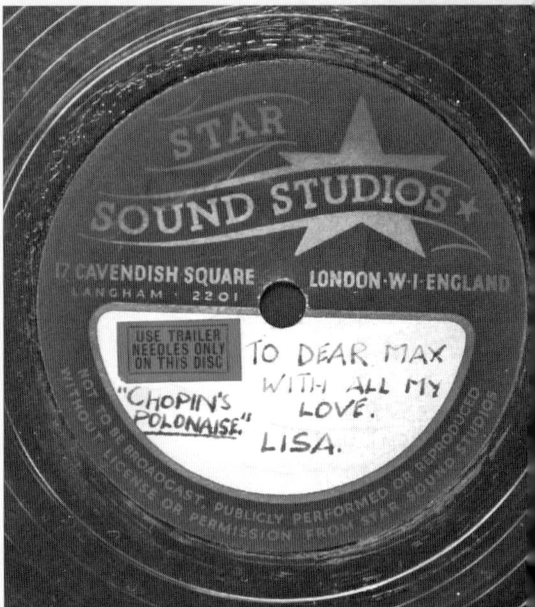

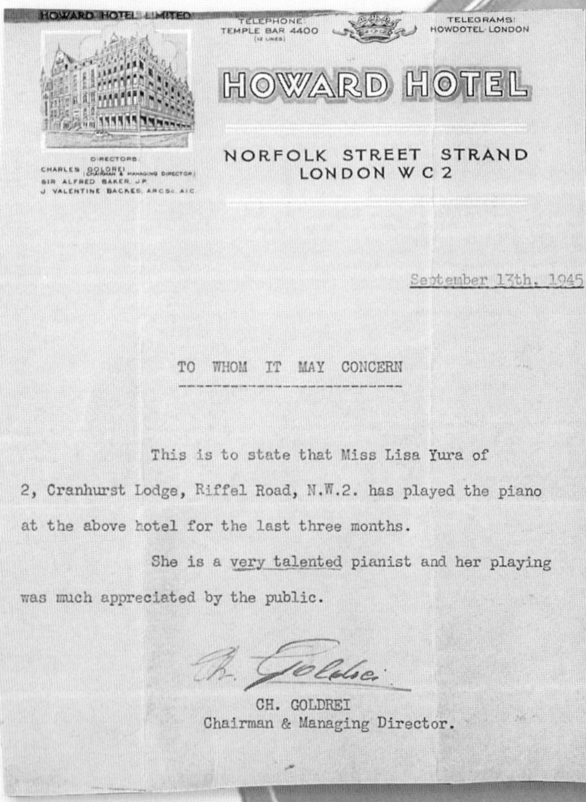

HOWARD HOTEL LIMITED

TELEPHONE: TEMPLE BAR 4400 (12 LINES)

TELEGRAMS: HOWDOTEL LONDON

HOWARD HOTEL

NORFOLK STREET STRAND
LONDON W C 2

DIRECTORS:
CHARLES GOLDREI (CHAIRMAN & MANAGING DIRECTOR)
SIR ALFRED BAKER, J.P.
J. VALENTINE BACKES, ARCSc. AIC.

September 13th, 1945

TO WHOM IT MAY CONCERN

This is to state that Miss Lisa Yura of 2, Cranhurst Lodge, Riffel Road, N.W.2. has played the piano at the above hotel for the last three months.

She is a very talented pianist and her playing was much appreciated by the public.

Ch. Goldrei

CH. GOLDREI
Chairman & Managing Director.

Arbeitsbestätigung Lisas aus dem Howard Hotel aus dem Jahr 1945.

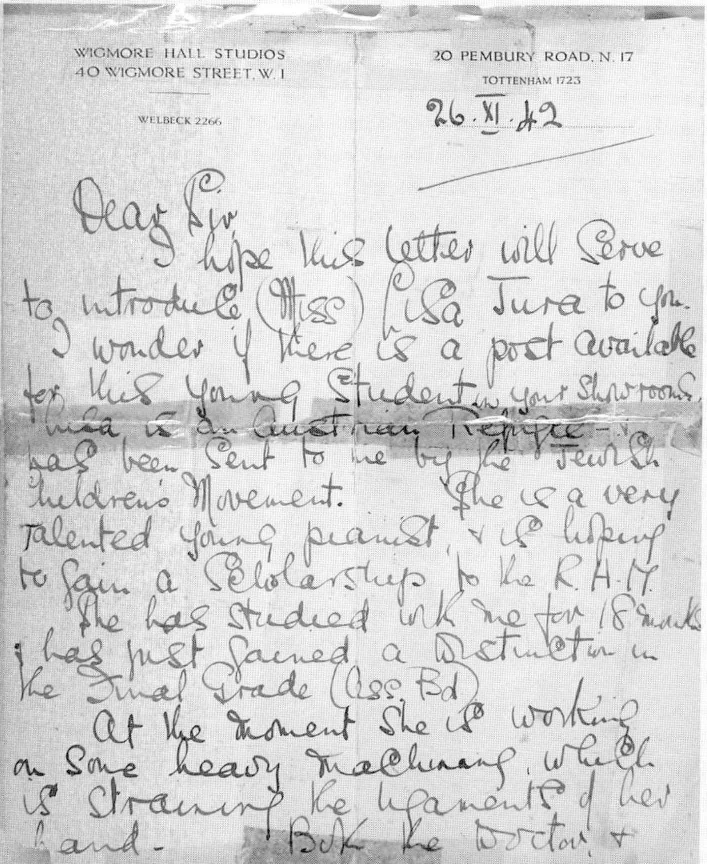

WIGMORE HALL STUDIOS
40 WIGMORE STREET, W. 1

WELBECK 2266

20 PEMBURY ROAD, N. 17
TOTTENHAM 1723

26. XI. 42

Dear Sir
I hope this letter will serve to introduce (Miss) Lisa Jura to you.
I wonder if there is a post available for this young student in your showrooms.
Lisa is an Austrian Refugee – & has been sent to me by the Jewish Children's Movement. She is a very talented young pianist, & is hoping to gain a scholarship to the R.A.M.
She has studied with me for 18 months & has just gained a Distinction in the Final Grade (Ass. Bd)
At the moment she is working on some heavy machinery, which is straining the ligaments of her hand – But the Doctor, &

Ein Brief von Lisas Klavierlehrerin Mabel Floyd, um ihr Arbeit als Pianistin zu verschaffen, aus dem Jahr 1942

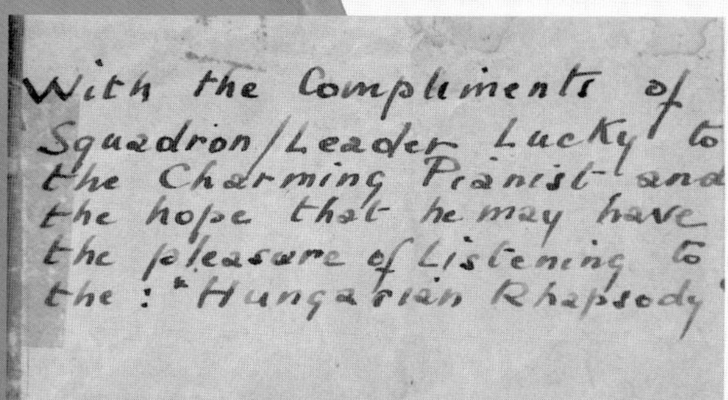

With the Compliments of Squadron/Leader Lucky to the Charming Pianist and the hope that he may have the pleasure of Listening to the: "Hungarian Rhapsody"

Ein anerkennendes Schreiben, das Lisa im Howard Hotel für ihre Performance übermittelt wurde

Lisa

Auszeichnung Lisas
aus dem Jahr 1942

R.A.M. R.C.M.

GLORIA IN EXCELSIS DEO

ET IN TERRA PAX

DIEU ET MON DROIT

The Associated Board of
The Royal Schools of Music, London
(The Royal Academy of Music and The Royal College of Music).

PATRON—HIS MAJESTY THE KING.
PRESIDENT—H.R.H. THE DUKE OF KENT, K.G.

This is to Certify that in 1942

Lisa Jura

Pupil of

Miss Mabel Floyd, Lean

was examined and passed with Distinction

in Pianoforte in Grade VIII (Final)

Stanley Marchant — Principal of the Royal Academy of Music.

G. Dyson — Director of the Royal College of Music.

Lisa und Michel
Golabek

Michel und ein Kollege auf dem Anwesen von Charles De Gaulle. Mdme De Gaulle blickt aus dem Fenster.

Lisa in Paris am Ende des Zweiten Weltkrieges

waren mit Backsteinen übersät. Stühle, Tische, Schränke, Kommoden, Matratzen, die man aus den Ruinen in Sicherheit gebracht hatte, stapelten sich auf den Straßen. Hausfrauen sortierten nasse Kleidung.

Der Eckladen, wo sie immer Süßigkeiten gekauft hatten, besaß weder Fenster noch Tür mehr, doch zwischen zwei Backsteinen steckte ein handgeschriebener Zettel: *Geschäft geöffnet*. Vom Telegrafendraht baumelte eine englische Fahne. In der Ferne sah man Trümmerhaufen. Gina blieb stehen. »Ich glaube, wir sollten umkehren.«

Lisa zögerte, ängstliche Blicke um sich werfend, aber da winkte ihnen eine vorbeigehende Hausfrau zu. »Von so einem bisschen Bomberei lassen wir uns doch nicht einschüchtern, nicht wahr? Wir gehen zur Arbeit!« Sie lachte, so laut sie konnte. In ihrem rußgeschwärzten Gesicht blitzten die Zähne.

»Ja! Wir gehen zur Arbeit!«, rief Lisa zurück und nahm Ginas Hand. Auf dem Weg zur Fabrik mussten die Mädchen immer wieder über Leitern und Wasserschläuche klettern und gaben sich Mühe, ihre Schuhe nicht zu ruinieren. Vor ihnen pumpten zwei Feuerwehrleute Wasser in ein Schlafzimmer im Oberstock. »Zurücktreten, bitte!«, riefen sie den Mädchen zu. »Gleich bricht die Wand zusammen! Vorsicht!« Mit aufgerissenen Augen sahen sie, wie die Männer an einem Seil zogen und ein auf der Kippe stehender Teil des Gebäudes donnernd zusammenbrach und sich in einen Haufen Ziegelsteine verwandelte.

»So, Mädels, jetzt könnt ihr weiter, aber brecht euch nicht die *hübschen Beine*!«

Durch die herabgehagelten Steine suchten sie sich den Weg zu ihrer Textilfabrik, die außer ein paar geborstenen Fensterscheiben gottlob nichts abbekommen hatte. Mr. Platz verbretterte gerade die Fenster höchstpersönlich. »Schönen Tag, guten Morgen, kommen Sie rein, nett, Sie zu sehen«, begrüßte der Besitzer seine Arbeiterinnen.

Als Lisa sich an ihrer Maschine niederließ, sah sie mit Erstaunen, dass es keinen einzigen leeren Platz gab. Jede Frau war zur Arbeit gekommen. Im Rekordtempo flogen die Uniformen vom Fließband. Dankbarkeit wallte in Lisa auf. Diese Menschen zitterten nicht unter den Nazis, wie sie es daheim gesehen hatte. Sie bissen die Zähne zusammen. Wenn sie das schaffen, schaffe ich's auch, sagte sie sich, und zum ersten Mal seit langer Zeit keimte in ihr die Hoffnung: Endlich ein Gegner, der Hitlers Vormarsch vielleicht aufhalten konnte.

Vorerst schien das Hitler jedoch nicht zu beeindrucken. Eine volle Woche ging die Bombardierung weiter, Tag und Nacht, wobei sich die Wut der Angriffe auf die Häfen und Munitionslager des East End konzentrierte. Abend für Abend trotteten die Heiminsassen in den Bunker. Morgens fuhren Lisa und Gina zur Arbeit und wussten beim Aussteigen aus der U-Bahn nie, welche Gebäude noch standen und welche in Trümmer gelegt waren. Sie lernten, Taschentücher mitzuführen, die man ums Gesicht band, um sich vor dem beißenden Qualm brennenden Gummis und Magnesiums aus dem Hafen zu schützen. Manchmal heulten die Sirenen mitten am Tag, und die Arbeiterinnen mussten in den Fabrikkeller eilen. Mrs. McRae ließ es sich nie nehmen, Lisa persönlich an der Hand die Treppen hinabzuziehen. Trotz ihres schrecklichen Verlusts half sie den anderen, dem Schlimmsten mit Humor zu begegnen. Sich bei der Vorangehenden einhakend, sprang sie die Stufen hinab und sang »Here we go round the mulberry bush …«

Eine Dummheit, ein Kinderlied. Aber es tat wohl, zu lächeln.

Wochenlang lud Bomberwelle auf Bomberwelle ihre tödliche Fracht über dem East End ab. In einer schrecklichen Nacht allein gab es eintausend Brände. Die Arbeiterschaft begann zu murren, die Arbeiterviertel müssten stellvertretend für das ganze Land den

Kopf hinhalten. Doch dann traf eine verirrte Bombe den Buckingham Palace, König und Königin wurden in den Trümmern fotografiert, und die Stimmung schlug um ins Patriotische, als die Menschen erkannten, dass auch das Königshaus nicht verschont blieb.

Lisa und Gina und die anderen Arbeiterinnen gewöhnten sich an, früh zu gehen, damit sie heimkamen, ehe die Sirenen wieder heulten. Lisa pflegte zum Heim zu rennen und so viele kostbare Minuten am Klavier herauszuschinden, wie sie konnte, ehe es wieder Alarm gab.

Eines Abends hoben sie nach der Entwarnung Flugblätter auf, die vom Himmel gefallen waren. *Ein letzter Aufruf zur Vernunft* stand darauf. Der Text war von Hitler und drängte die Engländer zur Kapitulation, ehe sie »ausradiert« würden. Jedermann lachte, aber Lisa beschlich das klamme Gefühl, dass es hier noch nicht ausgemacht war, wer als Letzter lachen würde. Langsam gewann England bei Tage die Lufthoheit und schoss deutsche Bomber in immer größerer Zahl ab. Darauf verlegten sich die Deutschen aufs Nachtbombardement. Sie hatten hohes Lehrgeld bezahlt. Dies würde nicht der Blitzsieg werden, mit dem sie gerechnet hatten. Zum ersten Mal seit 1936 schafften sie es nicht, ein Land zu überfallen und es binnen weniger Wochen aufzurollen. In einer Aufwallung von Patriotismus verkündete Johnny, er habe sich zum »Rettungsdienst« gemeldet. Stolz zeigte er seinen Helm vor, auf den ein großes R gemalt war.

»Du bist doch erst fünfzehn, Johnny«, sagte Mrs. Cohen tadelnd.

»Nach meinem Alter hat man mich nicht gefragt, nur nach meinem Gewicht«, grinste Johnny und erntete einen Lacherfolg bei der Gruppe. Mrs. Cohen versuchte, streng dreinzublicken, aber Lisa merkte, dass sie ebenso stolz auf ihn war wie alle anderen. Sie ging hin und gab ihm einen patriotischen Kuss. Der geordnete Mahlzeitablauf in der Willesden Lane war gründlich durcheinandergeraten. Nie wusste Mrs. Glazer, wann die Sirenen heulen würden, und musste mehr als einmal in den Keller rennen, ehe ihre Eintöpfe fertig waren. Oft kamen zerkochtes Gemüse und verbrannte Kartoffeln auf den Tisch, doch niemand klagte. Murren über Notstände galt als unpatriotisch. Über Mangel an Seife, Klopapier oder Zucker zu maulen, das war genauso, als beglückwünschte man Hitler.

Eines Abends, im Bunker zusammengekauert, machte Lisa sich Gedanken, wie sie zu den Kriegsanstrengungen beitragen konnte. Was konnte sie tun? Sie war nicht so stark wie Johnny. Ihre Stärke war die Musik. Und da fiel es ihr ein: Zur Hebung der Moral konnte sie ein Hauskonzert veranstalten, Klassik und populäre Songs, und Flüchtlinge aus einem anderen Heim einladen. Die Heimleiterin gab ihre Zustimmung. Es gab ihnen das Gefühl einer sinnvollen patriotischen Tat.

Lisa bat Mrs. McRae um Anregungen betreffs populärer Lieder; Arbeitskolleginnen spendeten Noten. Ihr Lieblingslied war: »Oh Soldier, Who Is Your Lady Love?«

Hans erklärte sich bereit, seinen Lieblingssong zu spielen, den er aus BBC-Sendungen auswendig gelernt hatte. Er hieß: »When You're Up to Your Neck in Hot Water, Be Like the Kettle and Sing« (Wenn dir das Wasser bis zum Hals steht, mach's wie der Kochkessel und pfeif!)

Gina wollte helfen. »Lass mich den Text singen.«

»Du kannst nicht singen«, sagte Lisa ohne nachzudenken.

»Klar kann ich! Du willst nur nicht, dass irgendeine andere einmal im Rampenlicht steht!«

Mehrere Tage schmollte Gina. Dann merkte Lisa, dass der Abend ohne Ginas Enthusiasmus nie richtig laufen würde, gab klein bei und bat sie zu singen. Alle blieben am Klavier und probten bis zu den letzten Sekunden des jetzt täglichen Sirenengeheuls, worauf sie von der Heimmutter in den Keller gezerrt werden mussten, immer noch singend, so laut sie konnten.

Gnadenlos setzten sich die Bombenangriffe fort – nicht nur im East End, sondern jetzt überall. Die Bezirksverwaltung inspizierte das Heim und verkündete, es sei jetzt zu riskant, dass die Jungen im gefährdeten Oberstock schliefen. So mussten sie abends ins Wohnzimmer und in die Küche umziehen. Dort waren sie dem Luftschutzkeller kostbare Minuten näher. Lisa begriff die Notwendigkeit dieses Schritts, aber es ärgerte sie trotzdem, denn die Kleineren rangelten gern und jagten einander durchs Wohnzimmer und unter die Klavierbank und störten sie beim Üben.

Viel Schlaf bekam niemand mehr. Jede Nacht Sirenengeheul, jede Nacht zwei, drei Stunden im Keller, dann, nach der Entwarnung, zurück ins Bett. Manche der Kinder blieben lieber gleich die ganze Nacht im Keller, handelten sich dafür aber erfrorene Finger und Zehen ein. In schlimmen Bombennächten wurde Johnny gerufen. Stolz zog er ab zur Nachtschicht bei den Feuerwehrleuten. Immer weniger Schlaf fand Lisa. Sorge und Erschöpfung zeichneten ihr Gesicht. Nacht für Nacht kuschelte sie sich angstvoll an die kalte Betonwand und betete darum, dass dies endlich zu Ende gehen möge.

Chanukka nahte, und Lisa registrierte mit Enttäuschung, dass Sonia wieder nicht auf Besuch kommen durfte. Jede Woche hatte Sonia der Schwester geschrieben. Der erste Brief war fast unleserlich gewesen, da er auf Englisch abgefasst war und Sonia erst wenige Wörter ihrer neuen Sprache kannte. Lisa hatte auf Deutsch geantwortet. Sie hatte sich erkundigt, wie es allen ging, und hatte alle Neuigkeiten aus dem Heim erzählt. Wieder kam die Antwort auf Englisch, nur geringfügig verständlicher als der erste Brief. Auf Lisas Bitte, die Schwester möge doch auf Deutsch schreiben, bekam sie eine barsche Abfuhr.

»Die Sprache Hitlers benutze ich nicht mehr, das habe ich mir geschworen«, erwiderte Sonia kategorisch. Offensichtlich war die vierzehnjährige Schwester ebenso dickköpfig wie Lisa. Willenskraft schien in der Familie zu liegen.

Am Neujahrstag 1941 sollte das Hauskonzert stattfinden. Mrs. Glazer hatte Butter gehortet, sodass sie Hackfleischpasteten machen konnte; das andere Heim spendete Zuckermarken für zwei Wochen. Gina war gut bei Stimme und verkündete nur halb im Scherz, vielleicht strebe sie doch noch eine Sängerkarriere an. Günter hatte Kastagnetten aufgetrieben. Edith lieh sich die Oboe eines Nachbarn und lernte die fünf wichtigsten Töne, während Johnny auf seinem Metallhelm den Takt schlug. Nur Aaron zeigte keinerlei Anteilnahme an der Feststimmung. Lisa bat ihn, bei den Proben neben ihr auf der Klavierbank zu sitzen, er wollte jedoch nicht.

»Was ist los, Aaron? Was ist passiert?«

»Was passiert ist? Alles ist passiert, schau dich doch um!«, antwortete er bitter, ging zum Sofa zurück und starrte wieder auf das Schachbrett. Plötzlich erkannte Lisa, dass der Junge, der die Eröffnungstakte von Grieg gepfiffen, das Komitee gegründet und sie so bezaubert hatte, in einer Wolke zorniger Einsamkeit zu verschwinden drohte.

Eine Woche Bombenpause hob jedermanns Stimmung und gestattete den Akteuren, letzte Hand an das Musikprogramm zu legen. Doch am 29. Dezember, mitten in Lisas abendlicher Übungsstunde, heulten die Sirenen wieder. Allgemeines Aufstöhnen, dann packten alle ihre Bücher und Schachbretter und eilten unter die Erde. Nur Lisa nicht. Sie hatte den schrecklichen Bunker satt. Sie musste doch üben! Bei uns schlägt's ja doch nie ein, sagte sie sich. In Willesden Green gab es keine Munitionsdepots. Lauter und lauter hämmerte sie die stürzenden Oktaven der Grieg-Kadenz, um das Dröhnen der Bomber zu übertönen. Sie schlug förmlich auf das Klavier ein, und als das Instrument nicht mehr laut genug schien, sang sie die Melodie mit – um das Dröhnen von oben zu übertönen.

Die gnadenlosen Explosionen bohrten sich in Lisas Hirn und bald, ohne dass sie sich dessen bewusst wurde, focht sie im Alleingang einen Krieg gegen Hitler. Jeden Schlag mit einem Gegenschlag beantwortend, schleuderte sie Akkord auf Akkord zum Himmel, schoss zurück, konterte. Sie spielte wie im Fieber, mit ihren Akkorden als einziger Munition. Sie spielte mit solcher Intensität, dass sie nicht wahrnahm, dass die Einschläge immer näher kamen. Plötzlich ein ohrenbetäubender Knall. Die Wucht der Detonation riss Lisa von der Klavierbank und schleuderte sie an die Zimmerwand. Vom zersplitternden Erkerfenster fegte ein Hagelschauer von Scherben durch den Raum.

Lisa lag auf dem Boden und fragte sich, ob sie tot war. Zuerst blickte sie ihre Hände an. Die Finger ließen sich bewegen, auch die Arme! Sie ließ Muskel auf Muskel spielen und entdeckte: Alles funktionierte. Sie war mit Staub und Scherben bedeckt, es war jedoch kein Blut zu sehen, deshalb stand sie langsam auf. Alle Angst war von ihr abgefallen, sie fühlte sich plötzlich ruhig. Die Bomben können mir nichts anhaben, sagte sie sich. Sie war heil. Das Klavier war heil! Dann flog die Tür auf, und Aaron und Günter stürmten herein.

»Lisa! Alles in Ordnung?«, riefen sie wie aus einem Munde.

»Völlig in Ordnung. Ihr könnt Hitler durchmelden, er hat mich nicht erwischt.«

»Ich werd' Hitler durchmelden, dass du verrückt bist! Und jetzt raus hier!«, rief Aaron wütend. Nie hatte sie ihn so außer Fassung gesehen. Eine weitere Bomberwelle näherte ich. Die Jungen fassten sie rechts und links unter, hoben sie hoch und trugen sie durch die Scherben hinab in den Bunker. Dort griff Mrs. Cohen sofort nach ihr und drückte sie an ihre Brust. Dann schob sie sie von sich weg und musterte ihren Schützling von Kopf bis Fuß. Unverletzt, gottlob! Dann hielt sie ihr eine Standpauke: »Wir sind im Krieg, junge Lady! Jetzt ist nicht die Zeit für riskanten Leichtsinn. Zwei Jungs musste ich Ihnen nachschicken, um Sie zu finden. Sie hätten alle drei ums Leben kommen können! Das tun Sie nie, nie mehr!«

Lisa bat um Verzeihung. Sie war zu erschüttert, als dass sie zu einer Erklärung hätte ansetzen können, und machte sich daran, die jüngeren Kinder zu trösten. Sechs lange Stunden dauerte der Angriff. Erst im Morgengrauen konnten sich die Nachbarn aus den Schutzräumen trauen. Brandgeruch hing in der Luft, dazu Staub und Nebel. Vier Häuser in ihrer Zeile waren getroffen worden, darunter das Heim. Im Haus Nr. 239 suchten die Rettungsmannschaften nach den Bewohnern. Der Garten hatte einen Volltreffer abbekommen, der Bombenunterstand war mit Backsteinen und Trümmern verschüttet. Fieberhaft buddelten sich Feuerwehrleute zum Eingang vor. Alles hielt den Atem an, bis schließlich, staubbedeckt, der Mann und die Frau ans Tageslicht traten und winkten.

Jubelrufe in der Willesden Lane. Man hatte Glück gehabt.

In eine Decke gehüllt, standen Lisa und Gina auf dem Gehsteig und schauten zu, wie die Feuerwehr das Heim inspizierte. Ins Dach war ein Loch geschlagen, und auf der Nordseite waren alle Fenster herausgeflogen. Als die Feuerwehrleute herauskamen und den Daumen nach oben hielten, stürmte Lisa mit einem Dutzend Heimkinder ins Haus.

»Seid vorsichtig, überall liegen Scherben herum!«, rief Mrs. Cohen ihnen nach, aber nichts, was sie sagte, konnte sie aufhalten. Ein einziger Gedanke beherrschte Lisa: Wo waren die Fotos ihrer Mutter und ihres Vaters? Sie rannte ins Schlafzimmer und fand ihr Bett von einer Schicht nassen Mörtels bedeckt. Sie riss ihre Schublade auf und zog die Bilder heraus. Sie waren unversehrt und trocken. Sie drückte sie an sich und las zum millionsten Mal: »Damit du deine Mutter nicht vergisst.«

Was hatte sie nicht alles verloren! Sie starrte auf die niedergeschlagenen Augen ihrer Mutter. »Ich bin in Sicherheit, Mama«, flüsterte sie in der Hoffnung, die Worte würden die Entfernung überbrücken, ganz gleich, wo ihre Mutter jetzt war. Sie wünschte sich, sie hätte Nachricht von ihr. Wo mochte sie sein? Würden überhaupt noch Briefe durchkommen? Bitte, lieber Gott, lass mich einen Brief kriegen, betete sie. Mrs. Cohen zupfte sie sanft am Ärmel und riss sie aus ihren Gedanken. »Bitte beeilen Sie sich, Lisa. Packen Sie. Wir müssen los.«

Sie half den Heimbewohnern beim Packen ihrer Koffer und Taschen, dann führte ein Hauptmann des Zivilschutzes die zweiunddreißig Kinder zu einem Gemeinschaftsbunker, wo sie die Nacht verbringen sollten. Wieder waren sie – amtlich – heimatlos.

15

Niemand wusste genau, wann das Heim wieder bewohnbar sein würde. Nachdem aus dem Vorderzimmer die Scherben weggeräumt waren, wurden die Bewohner zu einer Besprechung ins Haus gerufen. Sie räumten ihre Schubladen restlos leer und wurden dann angewiesen, sich ins Wohnzimmer zu setzen. Günter, Aaron und Johnny rückten das kostbare Klavier vom Fenster weg, durch das es eiskalt zog.

Dann ergriff Mrs. Cohen vor der bedrückten Runde das Wort: »Ruhe, bitte, einen Augenblick!« Als es still wurde, fuhr sie fort. »Mrs. Glazer und ich haben heute mit vielen Nachbarn gesprochen und sie gefragt, ob sie Heimbewohner aufnehmen können, bis unser Haus wieder bewohnbar ist. Wir haben unser Bestes getan, um Ihnen Gastfamilien aus unserer nahen Nachbarschaft zu verschaffen. Dennoch müssen einige von Ihnen leider vorübergehend aus London fort ...«

Unruhiges Murmeln lief durch die Gruppe. »Bitte haben Sie Geduld, hören Sie mir weiter zu!«

Die Aussicht, Kinder fortschicken zu müssen, kam die Heimmutter sichtlich hart an. »Ich weiß, wie wichtig es für Sie ist, miteinander in Kontakt zu bleiben. Wir sind eine Familie geworden. Deshalb verspreche ich Ihnen, alles in meiner Macht Stehende zu tun, damit das Heim rasch instandgesetzt wird. Bitte warten Sie, bis Ihr Name aufgerufen wird, dann gehen Sie so rasch wie möglich zur Haustür.«

Draußen wartete von der Tür bis zum Bürgersteig eine lange Schlange Nachbarn, um ihre Schützlinge abzuholen.

»David Mittelmann, Arnold Vogel … Gertie Sherman«, lauteten die ersten Namen.

»Gina Kampf«, las Mrs. Cohen weiter aus ihrer hastig zusammengestellten Liste. Gina erhob sich, nahm ihren schweren Koffer und winkte dem Komitee verzagt zu. Eine gut gekleidete Frau legte den Arm um sie und führte sie weg. Traurig winkte Lisa ihr nach.

Eine Stunde lang wartete Lisa und sah ihre Hausgenossen und Freunde verschwinden, einen nach dem anderen. Erst Gina, dann Günter, dann Aaron. Immer tiefer sank ihr Mut. Schließlich wurde auch ihr Name, als einer der allerletzten, aufgerufen.

»Lisa Jura«, sagte Mrs. Cohen, und die Quäkerfrau in Schwarz trat in die Diele. Erstaunt blickte Lisa zu ihr auf. Die Frau hatte doch schon so viel für sie getan!

»Hallo, liebe Lisa«, sagte Mrs. Canfield. »Verzeihst du mir, dass ich zu spät gekommen bin? Es tut mir leid. Ich wollte früh hier sein, wurde aber auf einer Sitzung aufgehalten.« Sie nahm Lisas Hand und half ihr die Sachen zusammensuchen. Gemeinsam gingen sie die Willesden Lane hinunter bis zur Riffel Road.

Schüchtern blieb Lisa vor ihrem neuen Zuhause stehen.

»Komm bitte herein. Sieh dieses Haus als dein eigenes an«, sagte Mrs. Canfield, als Lisa eintrat. Das Haus war spartanisch möbliert, die hölzernen Stühle, der Esstisch, alles war sehr einfach. Den plüschigen Komfort des Salons im Jugendheim gab es hier nicht – und es gab kein Klavier.

»Sicher ist es schwierig für dich, dass du von deinen Freunden getrennt bist, aber ich werde mir Mühe geben, dass du dich hier wohl fühlst. Wir sind ja alle noch mal mit dem Schrecken davongekommen, nicht wahr«, meinte Mrs. Canfield freundlich, während sie Lisa die Treppe hinauf in ein kleines Schlafzimmer führte. Auf der Kommode stand ein gerahmtes Foto eines nachdenklich aussehenden jungen Manns in Uniform.

»Das ist mein Sohn John. Er ist irgendwo in Afrika, glaube ich. Er wäre glücklich, wenn er wüsste, dass sein Zimmer jetzt einer so guten Verwendung zugeführt wird.«

»Er ist sehr gut aussehend«, sagte Lisa, bemüht, Konversation zu machen.

»Er ist Sanitäter«, sagte Mrs. Canfield und sah das Foto liebevoll an. »Eigentlich sind wir ja Pazifisten, aber er tut seine Pflicht für sein Land. Ich bin stolz auf ihn.«

In quälender Einsamkeit vergingen die nächsten Monate. Tag für Tag ging Lisa auf dem Weg zur Arbeit an dem leeren Jugendheim vorbei und dachte an die Freunde und an das Klavier, das sie so schmerzlich vermisste. Nach einem anstrengenden Tag in der Fabrik pflegte sie in die Riffel Road heimzukehren. Die beiden Frauen aßen gemeinsam zu Abend, wobei wenig Worte zwischen ihnen fielen. Nach Beendigung des Mahls setzten sie sich ins Wohnzimmer, wo Mrs. Canfield aus der Bibel las und Lisa sich mit den Worten der Schrift zu trösten suchte.

Das Schlimmste blieben natürlich die Luftangriffe. Sie hatten an Häufigkeit abgenommen, aber jetzt, wo ihr eigenes Viertel getroffen worden war, fühlte Lisa sich verwundbarer. Die Angriffe kamen nicht mehr pünktlich jede Nacht, sie waren unberechenbarer geworden, weshalb sich Lisa noch unsicherer fühlte. Das Luftschutzmanöver im Hause Canfield lief, wie folgt: Beim Ertönen der Sirene rollten sich die beiden Frauen aus den warmen Betten, schlüpften in Schuhe und Mäntel und eilten in den Hinterhof. Mrs. Canfield trug eine kleine Laterne, die den Weg zu dem Wellblechschuppen wies, der vorschriftsmäßig einen Meter tief in die Erde eingelassen war. Kalt und klamm war es hier, Woche um Woche kuschelte sich Lisa auf ihr Feldbett und lauschte den Explosionen, während Mrs. Canfield leise schnarchte.

Kamen die Detonationen näher, erwachte Mrs. Canfield, und die beiden Frauen sahen sich in den quälenden Sekunden zwischen dem Pfeifen und dem Knall fest in die Augen. Je länger das Pfeifen dauerte, desto näher schienen auch die Einschläge zu liegen.

»Pfeif doch einfach mal ein Liedchen, Kleines. Dann geht's dir gleich besser.«

Aber Lisas Zähne klapperten zu schnell, als dass sie eine Melodie zustande hätte bringen können.

Eines Nachts während einer Bombenpause lag Lisa im Bett, da hörte sie draußen vor dem Fenster ein vertrautes Pfeifen. Erst glaubte sie zu träumen – aber dann kam es wieder, unverkennbar das Motiv aus dem Klavierkonzert von Grieg. Ihr Herz schlug höher. Sie sprang auf und sah Aaron am Fenster, der unbekümmert dreinzuschauen versuchte und noch einmal so laut pfiff wie möglich. Sie klopfte antwortend an die Scheibe, schlich auf Zehenspitzen durchs Haus und öffnete ihm.

»Aaron!«, hauchte sie aufgeregt.

»Hallo, Fräulein Jura, wunderschöne Nacht, was? Kleiner Spaziergang gefällig?«

»Ich zieh mich an!« Sie eilte zurück und warf sich in Schale, nicht ohne vor dem Spiegel den Sitz des Mantels zu kontrollieren. Durch die Riffel Road schlenderten sie zur Willesden Lane und blieben vor dem dunklen Jugendheim stehen. Lisa bemerkte, das zwischen ihr und Aaron eine Art scheue Distanzierung eingetreten war. Seit fast zwei Monaten hatten sie einander nicht mehr gesehen.

Er erzählte ihr davon, wo er jetzt lebte und wie schrecklich er es dort fand. Wie Lisa spürte er eine gewisse Vereinsamung. Seine Gastfamilie war noch strenger als Mrs. Cohen. Dann brach er ab und sagte: »Das soll jetzt kein Thema sein. Ich möchte morgen in der Mittagspause mit dir ausgehen. Ich hab' eine Überraschung für dich.«

»Du weißt doch, dass ich nur fünfzehn Minuten Mittagspause kriege«, schalt sie. »Du bist immer noch der alte Bruder Leichtfuß.« Dass das nicht ganz ernst gemeint war, zeigte ihr Lächeln.

»Nur eine einzige Stunde. Du wirst es nicht bereuen.«

»Was ist denn daran so wichtig?«

»Es ist eine Überraschung. Eine wichtige Überraschung.«

Dass es wichtig war, wollte sie gern glauben, aber so ganz über den Weg traute sie ihm doch nicht. Sie konnte es sich nicht leisten, es sich mit dem Vorarbeiter zu verderben, sie wollte ihn nämlich um neue Arbeit bitten, da sie zunehmende Schmerzen in der rechten Hand verspürte.

»Trafalgar Square, Punkt zwölf«, sagte er gebieterisch.

Doch bei Kraftproben dieser Art blieb Lisa meist der Sieger. »Ich komme nicht, wenn du mir nicht verrätst, worum es sich handelt.«

»Das lässt sich mit zwei Worten sagen.«

»Mit welchen denn?«, fragte sie und verging fast vor Neugier.

Aaron machte eine Kunstpause und gab dann nach. »Myra Hess.«

Lisa tat einen Freudensprung und fiel ihm um den Hals.

Nur höchst ungern log sie Mr. Dimble an, aber es ging nicht anders. Seit Aaron die Worte *Myra Hess* ausgesprochen hatte, dachte sie an nichts anderes mehr. Ihr großes Idol, leibhaftig im Konzert!

»Mr. Dimble, es tut mir leid, aber ich muss heute Mittag einen Termin wahrnehmen. Ich bitte Sie um eine Stunde Freistellung.«

Mr. Dimble schaute betroffen drein. Nervös zog er an den Nadeln, die in seinen Filz-Ärmelschonern steckten. Die Fabrik arbeitete mit voller Kraft in der Kriegsproduktion, sein Leben stand und fiel mit den Produktionsziffern.

»Heute?«

»Ich muss meinen Anmeldeschein für Ausländer erneuern lassen«, schwindelte sie, in der Hoffnung, dass er nicht viel darüber wusste. »Ich bleibe nach der Schicht und arbeite die Zeit nach.«

»Muss es unbedingt heute sein? Freitags ginge es viel leichter«, sagte er.

Lisa dachte blitzschnell nach. »Morgen habe ich Geburtstag. Ich muss es unbedingt vor morgen erledigen.«

»Na gut, wenn es sein muss. Ich setze eine Ersatzkraft an Ihren Platz.«

Sie rannte in den zweiten Stock, suchte Gina im Lunchraum und bat sie, über ihr Geheimnis Stillschweigen zu bewahren. Dann flog sie zur Tür hinaus und in die U-Bahn, die gottlob nicht überfüllt war – Arbeiter räumten die Abfallberge weg, die von gestern übrig geblieben waren. Da hatte die Station als Luftschutzkeller gedient.

Trafalgar Square, am nördlichen Löwen, hatte er gesagt. Es war so aufregend. Sie blickte an der Nelson-Säule hoch und peilte die Sonnenrichtung, aber es war Mittag, sie wusste nicht genau, wo Norden lag, deshalb umwanderte sie, die Tauben fröhlich beiseite scheuchend, den Platz rasch, bis sie Aaron erblickte. Er lehnte am gewaltigen bronzenen Hinterfuß des Tiers.

»Fertig?«

»Fertig!«

Begeistert packte sie ihn bei der Hand und rannte über die Fahrbahn zur imposanten Freitreppe der National Gallery. Dort reihten sie sich in eine Schlange gut gekleideter Menschen ein, die vor dem Schild *Mittagskonzerte in der National Gallery – Heute als Solist am Flügel: Die Gründerin, Myra Hess* ihre Schillinge in eine Sammelbüchse warfen. Galant ließ Aaron zwei Schillinge springen, und sie betraten das Foyer, in dem hochaufschießende Marmorsäulen ein riesiges Kuppelgewölbe trugen. Die Museumswände waren leer, die Gemälde waren wegen der Bombengefahr ausgelagert – wohin, wusste niemand genau, man munkelte aber, die Tintorettos und Vermeers stapelten sich jetzt in Kellern in Wales. Als »Bild des Monats« war ein einziger Rembrandt ausgestellt. Die prunkvolle Architektur erinnerte Lisa an Wien, doch sie zwang sich, nicht in Schwermut zu verfallen, was ihr das Konzert verdorben hätte.

Am Ende der Galerie stand der Flügel, fast drei Meter lang, davor Hunderte von Klappstühlen, die sich langsam mit Musikliebhabern füllten. Lisa zog Aaron an der Hand und fand den Platz mit der besten Sicht. Viele der Damen trugen extravagante Hüte, man musste sich hüten, nicht hinter einen solchen zu geraten. Auf einer Tafel stand mit Kreide das Programm: Es war in zwei Hälften geteilt. In der ersten Hälfte Myra Hess, Solopiano, mit Bachs »Jesus meine Freude« und Schumanns »Carnaval«. Nach der Pause folgte ein Streichquartett von Schumann.

Eine kleine, streng-sachlich wirkende Dame mit kurzem dunklen Haar betrat, von donnerndem Beifall begleitet, das Podium und schritt zum Klavier. »Ich widme mein Konzert den tapferen Männern und Frauen, die England dienen.«

Lisa erschauerte vor freudiger Erwartung, als das letzte Räuspern erstarb, die Solistin sich setzte und begann. Der glockige Ton des Steinways füllte den Saal und drang in Lisas Herz. Welch klare, tief empfundene Phrasierung! Welch unerhört sicherer Anschlag, der die feinsten Nuancen eines Pianissimo hörbar machte, ohne dass der Ton verschwand! So zu spielen, hatte Professor Lenz ihr beibringen wollen. So zu spielen, war ihr höchstes Ziel in der Musik. Lisa ließ ihre Gedanken abschweifen zu der Fantasievorstellung, die sie in Wien so oft gehabt hatte: sie selbst auf dem Podium, am Flügel, vor großem Publikum im Konzert. Sie schloss die Augen und sah sich tatsächlich dahin versetzt. Tausend Träume erlebte sie in den nächsten vierzig Minuten. Aaron sah ihren Gesichtsausdruck und flüsterte: »Was hast du?«

»In Wien habe ich ihre Platten gehört … unglaublich, dass ich sie jetzt selbst höre!«

»Eines Tages sitzt du auch da oben«, prophezeite er und nahm ihre Hand.

Lisa lächelte, aber dann sah sie ihren fadenscheinigen Mantel und ihre abgetretenen Schuhe und wurde sich der Realität ihrer Lage bewusst. Wie sollte ein armes Flüchtlingsmädchen je auf ein Konzertpodium kommen? Sie hatte ja nicht einmal mehr ein Klavier zum Üben.

Der erste Teil des Konzerts hatte Lisa zu sehr gefesselt, als dass sie auf Aaron hätte achten können, aber nun, beim Streichquartett, warf sie ihm einen verstohlenen Blick zu. Er sah gut aus, daran gab's nichts zu rütteln. Sie war sich unschlüssig, was ihr am besten gefiel: seine langen braunen Wimpern oder sein verwegenes Lächeln. Plötzlich bemerkte sie, dass ihm unter den Wimpern Tränen in den Augen standen.

Gern hätte sie mehr über ihn gewusst, aber über seine Vergangenheit hatte er kaum je etwas preisgegeben. Er hatte – wie sie sich zu erinnern glaubte – einmal erzählt, dass sein Vater Brücken baute, aber sie war sich nicht mehr sicher.

Lisa hasste es, als die herrliche Musik verklang und das Konzert endete. Es gab so vieles, was sie Aaron sagen wollte, aber jetzt war keine Zeit. Sie musste zurück an die Arbeit. Rasch umarmte sie ihn zum Dank und rannte zum Bus.

Am nächsten Tag in der Mittagspause brachten Mrs. McRae und die anderen Arbeiterinnen ihr ein Ständchen, eine Strophe aus »Happy Birthday«, was Lisa in Verlegenheit versetzte. Gina sah ihren Schrecken und fing an zu lachen, Lisa schoss ihr jedoch einen warnenden Blick zu. Nachdem sie die einsame Kerze auf dem Napfkuchen ausgeblasen hatte, teilte Lisa den süßen Nachtisch mit ihr als Lohn, dass sie den Mund gehalten hatte.

»Stell dir vor«, eröffnete ihr Gina, »ich arbeite hier bald nicht mehr.«

»Wieso nicht? Was meinst du?«, fragte Lisa überrascht und bestürzt.

»Die Dame, bei der ich wohne, möchte mich als Betreuerin für ihr Neugeborenes.«

»Oh nein! Wie weit ist es?«

»Vierzig Minuten mit der Bahn. Nicht so schlimm, glaube ich.«

Plötzlich fühlte sich Lisa verlassen.

»Aber ich werde nicht nur Dienstmädchen sein wie letztes Mal«, sagte Gina, um die Stimmung etwas zu heben. »Die Dame sagt, ich könnte morgens die Schule besuchen. Ist das nicht herrlich?«

»Du hast recht«, sagte Gina und versuchte, sich ihre Traurigkeit nicht anmerken zu lassen. Das Stimmengesumm in der Kantine verstummte, aufgesaugt von einem großen inneren Schweigen: Wieder jemand, den sie verlor.

Abends vor dem Fenster hörte sie das gepfiffene Grieg-Motiv wieder. Lisa hatte gehofft, dass es bald wieder erklingen würde. Vorsorglich hatte sie sich deshalb Schuhe, Mantel und Schal zurechtgelegt. Leise schlich sie aus dem Haus und ließ die Tür einen Spalt offen. Aaron und sie spazierten durch die finsteren Straßen. Wieder schienen die Sterne am Himmel zu flirren. Es war wunderbar still. Keine Flakschüsse, keine Krankenwagen, kein

Bombenangriff. Alle paar Minuten strich der Strahl eines Suchscheinwerfers stumm über den Himmel. Langsam spazierten sie dahin ohne ein bestimmtes Ziel vor Augen. Aaron war so liebenswürdig und zuvorkommend wie am Vortag. Lisa konnte sich seine plötzlichen Stimmungsschwankungen nicht erklären. Manchmal war er bitter und sarkastisch, dann wieder herzlich und gefühlvoll wie jetzt.

»Irgendwas vom Komitee gehört?«, fragte Aaron.

»Gina hat eine neue Stelle als Kindermädchen.«

»Fragt sich, wie lange sie's da aushält«, lachte er. »Hast du übrigens von Paul gehört?«

»Nein. Was ist mit ihm?«

»Einen Tag, nachdem er sechzehn geworden war, haben sie ihn abgeholt. Er sitzt jetzt auf der Isle of Man.«

»Das ist ja schrecklich. Wie konnten sie das tun? Das entbehrt jeder Grundlage.«

»Na, so sind halt die Briten.«

»Das ist gemein.«

»Aber keine Angst, Günter hat einen Brief von ihm gekriegt. Er schreibt, dass es ihm gut geht und das Essen besser als im Heim ist. Eine Menge Nazis und Spione trieben sich da rum, aber die tun den Mund nicht auf, sonst werden sie verprügelt. In sechs Monaten darf er sich bei der Armee einschreiben.«

Sie schlenderten weiter und erreichten den Eingang des U-Bahnhofs Willesden Green. Eine Familie mit kleinen Bündeln in der Hand ging gerade hinein, um dort zu schlafen. Die U-Bahn war als Nachtquartier sehr beliebt, viele Menschen schliefen auf den Bahnsteigen, auch in Nächten, in denen es keinen Alarm gab. Man konnte ja nie wissen …

»Aaron, ich möchte dich etwas Privates fragen. Sei mir nicht böse«, begann Lisa.

Aaron sagte nichts, deshalb fuhr sie fort.

»Weshalb hast du gestern im Konzert geweint?« Der Moment

hatte ihr in den letzten zwei Tagen immer wieder vor Augen gestanden.

»Ich habe nicht geweint«, wehrte Aaron ab.

Das hatte Lisa erwartet, aber sie gab nicht nach. »Bitte sag's mir.«

»Erinnerungen. Nur wegen Erinnerungen.«

»Schlechte Erinnerungen?«

Aaron schwieg einen Augenblick. Lisa ließ ihn.

»Gute Erinnerungen. Das sind die schlimmsten.«

»Von deiner Familie?«

Aaron nickte.

»Du hast mir nie gesagt, woher du stammst.«

»Aus Mannheim, am Rhein.«

Sie schwieg und hoffte, dass er fortfahren würde.

»Ich dachte an die Kammermusik bei uns zu Hause«, sagte er endlich.

»Bei euch gab's Kammermusik?«, fragte Lisa erstaunt.

»Als ich jünger war. Mit meiner Mutter hab' ich mich damals gestritten, weil ich runtergehen und zuhören musste. Ich wollte ja nur in meinem Zimmer bleiben und Brücken bauen – wie mein Vater. Ich hatte einen riesigen Stabilbaukasten, Hunderte Metallstreben und Schrauben und Muttern, von Vater selbst gebaut …« Die Stimme versagte ihm einen Augenblick, dann sprach er weiter. »Am Sonntagabend aber musste ich immer im Salon antanzen, zur Kammermusik. Eigentlich hab ich's gern gehört. Es war gut, dir hätte es sehr gefallen.«

»Aber weswegen hast du geweint?«, fragte sie leise.

»Ich musste an das denken, was passiert ist, nachdem die Kammermusik aufgehört hat. Mein Vater war sehr einflussreich in Mannheim, wie auch schon sein Vater und dessen Vater, musst du wissen. Er hatte die neue Hauptbrücke über den Rhein entworfen. Mitglieder der Philharmoniker kamen zu uns ins Haus, auch der Bürgermeister. Das heißt, bis es ihnen verboten wurde – von den

Nazis.« Sie schlenderten weiter. Eine Zeit lang versank Aaron in seine Erinnerungen.

»Und dann?«, drängte Lisa vorsichtig.

»Dann kam keiner mehr. Und das Büro meines Vaters haben sie geschlossen. Er musste die ganze Zeit zu Hause bleiben. Eines Sonntags zog er sich feierlich an wie früher, mit schwarzem Schlips, und wartete auf Gäste. Meine Mutter weinte, als sie ihn da sitzen und warten sah. Natürlich kam niemand.«

Lisa schwieg, während Aaron tief seufzte und dann fortfuhr. »Dann ging er aus dem Haus …«

Lisa wartete, dass er fortfuhr, aber er sagte nichts mehr.

»Was geschah dann?«

»Man fand ihn im Fluss dahintreibend … nahe der Brücke, die er gebaut hatte.«

Lisa fing an zu weinen und nahm seine Hand. Still gingen sie durch die Straßen, immerhin hatten sie einander. Das tröstete sie ein wenig. An der Ecke unter der Straßenlaterne, die jetzt dunkel war, legte er den Arm um sie und küsste sie. Sie fühlte, wie ihr Herz nachgab.

16

Im Frühjahr 1941 blühten die Krokusse an den seltsamsten Orten. Sie reckten die Blätter zwischen Sandsäcken empor, unter Backsteinhaufen, überall, wohin die Bomben die Sprossknollen verstreut hatten. In der Willesden Lane Nr. 243 blühten sie im Vorgarten und bildeten einen willkommenen roten Blumenteppich für die Wiedereröffnung des Heims.

Die Reparaturen waren von Mrs. Cohen, die ihre Schützlinge bald wieder unter ihren Fittichen versammeln wollte, energisch vorangetrieben worden. Sie, Hans und Mrs. Glazer hatten während der ganzen Zeit im Haus gewohnt. Hans erzählte Lisa später, die Mutter hätte ihm gestanden, dass sie sich ohne das Chaos einsam gefühlt hätte. An dem Tag, an dem die Kinder heimkehren sollten, hatte sie dafür gesorgt, dass die lang versprochenen Lebkuchenplätzchen endlich gebacken wurden und dass aus dem Kreis der Heimförderer – Spender, Wohltäter, Ladenbesitzer – eine große Fleischlieferung zusammenkam.

Lisa bereitete sich auf den Umzug vor. Sie rollte ihre Kopftücher zusammen, faltete die Plisseeröcke und sah sich wehmütig in dem kahlen Zimmer um. Schneller als erwartet waren die Wochen vergangen, und sie hatte Mrs. Canfields stete Freundlichkeit und Hilfsbereitschaft schätzen gelernt. Sie hatte einiges über die Quäker, die »Freunde«, und ihren Glauben an Gewaltlosigkeit gelernt. Ein Umstand weckte besondere Bewunderung in ihr. Mrs. Canfield erzählte ihr von Briefen, die sie aus Deutschland bekommen hatte: Befreundete Quäker erzählten, dass sie auf den Hitlergruß konstant mit »Grüß Gott« zu antworten pflegten. Viele waren wegen dieser Widersetzlichkeit schon ins Gefängnis gekommen. Mrs. Canfield hatte Lisa auch bei ihrem Englisch weitergeholfen. Sie hatte sie jeden Abend fünfzehn Minuten unterrichtet. Es war nicht so gut wie in der richtigen Schule gewesen, aber zumindest eine Form von Unterricht – und Lisa hungerte danach. Am Tag des Umzugs begleitete Mrs. Canfield sie zum Heim, das nur ein paar Straßen weiter war, und umarmte sie beim Abschied.

»Ich verspreche, ich komme Sie besuchen«, sagte Lisa.

»Das würde mich sehr glücklich machen. Ich hoffe, du weißt, wie schön es war, dich bei mir zu haben. Es hat mich über meine Sorgen um John hinweggetröstet, der so weit weg ist. Mein Haus ist dein Haus«, sagte die Quäkerin in ihrem altmodischen Englisch.

An der Tür begrüßte Mrs. Cohen jedes Kind mit einem Lächeln und einer Umarmung. Ihre einstige Strenge war einer Sanftheit gewichen, die man so an ihr nicht gekannt hatte. Ihre Schützlinge hatten ihr gefehlt. Glücklich trat Lisa ein und bemerkte sofort einige Veränderungen. Die Verdunklungsvorhänge hatten jetzt Schnüre und konnten tagsüber hochgezogen werden, was die Räume heller und freundlicher machte. Die Fenster waren geputzt, der Teppich fleckenlos, und zwischen den Erkerfenstern hatte Mrs. Cohens Grammophon einen Ehrenplatz – dort, wo das Klavier gestanden hatte und jetzt nicht mehr stand. Lisa war wie vor den Kopf geschlagen. War das Klavier beschädigt worden? Hatte Mrs. Cohen es fortschaffen lassen, aus Ärger? Lisa sah, dass Mrs. Cohen sie unruhig anblickte.

Plötzlich sprang eine Gruppe Jugendlicher, angeführt von Johnny, Aaron und Günter, aus der Diele herein und rief: »Überraschung!«

Nun war Lisa völlig verwirrt. Ehe sie einwenden konnte, sie habe gar nicht Geburtstag, kreisten die Freunde sie ein und drängten sie durch die Diele zur Küche. Die Kellertür stand offen.

»Mir nach, Maestro«, sagte Johnny und knipste das Licht an.

Lisa folgte ihm über die Kellertreppe nach unten. Die Einmachgläser und Konserven waren weggeräumt worden. An ihrem Ort stand das alte Klavier. Vorsichtig nahm Mrs. Cohen zwei Treppenstufen und spähte von oben in den Keller. »Es ist nicht die Royal Albert Hall, aber wenn Sie unbedingt bei Bombenangriffen üben wollen, dann wenigstens an einem Ort, der sicher ist.«

Lisa war sprachlos. Als sie ihre guten Manieren wiedergefunden hatte, drehte sie sich um und sagte: »Ich weiß nicht, wie ich Ihnen danken soll.«

»Denen hier sollten Sie danken«, sagte Mrs. Cohen und deutete auf Johnny, Aaron und Günter. »Die haben die Knochenarbeit geleistet.« Die Jungen verbeugten sich. »Also bitte fleißig üben! Es wäre eine Schande, hätten die Jungs den schweren Kasten umsonst heruntergeschleppt.«

Lisa küsste Johnny und Günter und gab dann Aaron einen romantischen »Knutsch«. Anerkennendes Pfeifen im Raum. Aus der Küche spähten die kleineren Jungen herunter und riefen: »Spiel uns was, Lisa!«

Alles stürmte zum Klavier, unterwegs Erbsen- und Möhrendosen, Eimer und Besen beiseite schiebend. Lisa entschied sich für etwas Spielerisch-Romantisches, für ein Impromptu von Schubert. Sie hatte länger nicht musiziert und war anfangs nervös. Sie streckte die Finger, schüttelte sie über den Tasten und spielte dann die Eröffnungstakte. Ein Elfjähriger stieß einen Anfeuerungsruf aus, ein anderer rief sogar: »V wie Victory!« Alles lachte.

Schon nach den ersten Akkorden rief Lisa laut nach oben: »Oh, Mrs. Cohen! Sie haben das Klavier stimmen lassen! Tausend Dank!« Die Hausmutter strahlte zurück. Lisa konnte nur erahnen, wie kompliziert es gewesen sein musste, bei der allgemeinen Knappheit, dem Geldmangel und den tausend anderen Reparaturen, die anstanden, einen Klavierstimmer aufzutreiben. Schwungvoll beendete sie den kleinen Schubert, und alles klatschte. Sie blickte in die Runde der vertrauten Gesichter und erkannte, wie sehr ihr die Familie aus der Willesden Lane gefehlt hatte.

»So! Jetzt ist Schluss mit Jux und Tollerei! Ich habe die Arbeitslisten ausgehängt, an die Arbeit!«, rief Mrs. Cohen mit Nachdruck. Geräuschvoll tobten die Jugendlichen die Treppe hinauf, glücklich, wieder ihren Freunden Rippenstüber versetzen, Beine stellen und über sie stolpern zu können.

Als Lisa das Klavier schloss, trat Mrs. Cohen zu ihr. »Fräulein Jura! Kommen Sie doch vor dem Essen auf mein Zimmer. Ich muss mit Ihnen sprechen.«

»Ja, Madam«, sagte Lisa eingeschüchtert wie immer, wenn die

Heimmutter »amtlich« sprach. Hatte sie etwas verbrochen? Vielleicht hätte sie Aaron nicht vor aller Augen küssen sollen.

Die Kinder aus der Willesden Lane bezogen ihre alten Schlafzimmer und entdeckten rasch, dass das Haus nicht so komplett durchsaniert war, wie sie anfänglich geglaubt hatten. Ein Teil des Dachs hatte immer noch eine Notabdeckung; in einem der Jungenschlafzimmer waren die Fenster noch mit Sperrholz verbrettert; mehrere Jungen mussten vorerst in der Diele nächtigen. Ein Loch im Fußboden des Jungenbades war notdürftig mit Brettern abgedeckt. Es dauerte nicht lange, bis einige der Jüngeren entdeckten, dass man dadurch geradewegs ins Mädchenbad hinabgucken konnte. Das nützten sie weidlich aus, bis die Mädchen es merkten und sie mit einem Hagel aus nassen Handtüchern vertrieben.

Lisa öffnete ihren Koffer und ging ans Auspacken, mit traurigem Seitenblick auf Ginas leeres Bett. Von der Treppe hörte sie Lärm, und Aaron stürzte, die Regeln brechend, ins Mädchenschlafzimmer. Vorsichtig folgte ihm Günter.

»He, ihr habt ja Fenster!«, sagte Aaron und klopfte an die neuen Scheiben, ging dann hinüber und legte sich auf Ginas Bett. »Gina ist faul – wenn ihr mich fragt.«

»Ich hätte gedacht, sie käme wenigstens mal auf eine Stippvisite«, fügte Günter hinzu. »Sie wusste doch, dass wir heute wieder einziehen.«

»Fahr du sie doch besuchen, Günter, und überrede sie dazu zurückzukommen«, sagte Lisa.

»Das macht sie nicht. Wenn sie zurückkäme, müsste sie ja wieder arbeiten«, meinte Aaron. »Sie ist faul!«

»Sie ist nicht faul!«, verteidigte Günter sie halbherzig.

»Wir wissen, dass du ein Auge auf sie geworfen hast, also halte dich zurück«, neckte Lisa.

Enttäuscht atmete Günter tief durch, stand dann auf und ging.

Lisa lächelte Aaron an, der ihren Arm nahm und sie ins Speisezimmer geleitete.

»Haltet mir den Platz frei. Ich muss mit Mrs. Cohen sprechen«, sagte Lisa.

Inständig hoffte sie, die Besprechung möge mit ihrer Musik zu tun haben und ihr keine schlechten Nachrichten von den Menschen bringen, über die sie sich ständig Gedanken machte – ihren Eltern, Rosie und Sonia. Kribbelig klopfte sie an.

»Herein!«, sagte die Hausmutter.

Das Zimmer war seit der Bombardierung neu hergerichtet worden. Aller zerbrechlicher Kleinkram war entfernt, wodurch es spartanisch wie ein Quäkerzimmer wirkte. Mrs. Cohen saß auf dem Bett. Vor ihr lag ein auseinandergefaltetes Exemplar des *Evening Standard*.

»Ich habe dies aufgehoben, um es Ihnen zu zeigen«, sagte sie und deutete auf eine kleine Bekanntmachung mitten auf der Seite.

Dort stand: »Vorspiel zur Stipendienvergabe an der Royal Academy of Music. Bis zum 1. April werden Bewerbungen entgegengenommen. Offen für alle Studenten mit genügend hohem Leistungsniveau im klassischen Repertoire.«

Die Royal Academy? Lisa wurde heiß ums Herz. Hier hatten alle Größen studiert; hier hatte Myra Hess selbst studiert! Hatte sie denn die Eignung für eine solche Eliteschule?

»Möchten Sie sich zum Vorspiel anmelden?«, fragte Mrs. Cohen.

»Darf denn ein Flüchtlingsmädchen auf die Royal Academy?«, fragte Lisa ungläubig.

»Warum nicht? Flüchtling sein, ist ja keine Schande, junge Dame«, tadelte Mrs. Cohen.

Lisa war überwältigt, nicht nur von der Aussicht auf ein Vorspiel, sondern auch von Dankbarkeit gegenüber der Heimmutter. Sie konnte es kaum fassen, dass sich jemand so für sie einsetzte und ihr bei Entscheidungen half, von denen ihre Zukunft abhing.

Seit dem Abschied von ihren Eltern vor zwei Jahren war sie daran gewöhnt, nur einen zu haben, auf den sie sich verlassen konnte: sich selbst.

»Aber … ich habe drei Jahre lang nicht studiert.«

»Aber doch geübt, nicht wahr?«

»Schon, aber ohne Lehrer. Und wenn nun alles falsch war?« Tiefe Unsicherheit sprach aus Lisa.

»Glauben Sie nicht an ihre eigenen Fähigkeiten, meine Liebe?«

Lisas Augen leuchteten, aber sie brachte kein Wort heraus.

»Na, das wusste ich doch. Sind Sie interessiert?«

Das Wort »Mach etwas aus dir« war nie ganz aus ihrem Bewusstsein entschwunden. Jetzt rückte es in den Mittelpunkt. Sie wusste, wie stolz dies ihre Mutter machen würde. Es würde das Allererste sein, was sie ihr beim Wiedersehen erzählen würde. Ein Vorspiel in der Royal Academy!

»Ja, ich bin interessiert«, antwortete sie fest.

»Gut, dann gehen wir jetzt zum Abendessen.«

Mrs. Glazer trug die dampfenden Platten mit Fleisch auf, und der Kreis klatschte erwartungsvoll. Ehe sie in die Küche zurück eilte, blieb sie stehen und sagte: »Nett, dass ihr alle wieder hier seid. Ganz ehrlich, ihr habt mir gefehlt. Ohne euch war's hier todlangweilig!« Alles lachte.

Als es Zeit war, die Kerzen anzuzünden, fiel allen auf, dass es zum ersten Mal Mrs. Cohen war, die den Segen sprach. Sie saß neben dem Rabbi, der aus der nahe gelegenen Synagoge gekommen war. Mit der Gabel tippte sie ans Weinglas.

»Rabbi Silverstein hat heute mit mir darüber gesprochen, wie wichtig es ist, dass wir alle Glauben haben … dass wir weiterschreiten in unserem Leben. Ich weiß, dass diese Monate schwierig für Sie waren, fern Ihrer Heimat, fern der Willesden Lane … aber ich bin mir auch bewusst, dass die nächsten Monate womöglich noch aufreibender für Sie werden. Viele von Ihnen haben mir ihre furchtbaren Sorgen um die Sicherheit ihrer Familien und Angehörigen auf dem Kontinent gebeichtet …« Untypischerweise versagte ihr die Stimme, und sie winkte dem Rabbi, der neben ihr saß.

Er stand auf und räusperte sich. »Ich wünschte, ich könnte Ihnen handfeste Neuigkeiten bekanntgeben. Wie Sie zweifellos im Rundfunk gehört haben, sucht Hitler uns mit existenziellen Drohungen betreffs der Zukunft des jüdischen Volks in Angst zu versetzen. Es ist eine wahre Zerreißprobe für unsere Standhaftigkeit, und wir müssen uns fest zusammenschließen und gemeinsam beten, dass wir uns gegenseitig in diesen schrecklichen Augenblicken Überlebenshilfe geben. Bitte stimmen Sie ein in meinen Dank für die Herzlichkeit und Freundschaft, die Sie hier umgibt.«

Totenstille am Tisch. Der Rabbi blickte in die jungen, vorzeitig ernst und vorzeitig reif gewordenen Gesichter. »Ich freue mich darauf, Sie morgen alle in der Synagoge zu sehen«, sagte er und brach auf.

Mrs. Cohen hielt eine Handvoll Briefe hoch. »Es kommt ja heute leider nicht mehr viel Post, aber für einige habe ich was … Lewin, Kingman, Weisel, Jura und Müller.«

Die Briefe wurden am Tisch herumgereicht, und Lisa fischte sich ihren heraus. Auf der Marke stand *República de México*. Der Absender war ihr unbekannt. Rasch schob sie den Brief in die Tasche.

»Willst du ihn denn nicht lesen?«, fragte Aaron.

»Das gehört sich nicht. Ich warte bis nach dem Essen«, bluffte sie. In Wahrheit verhielt es sich so, dass Lisa inzwischen vor jedem Brief Angst hatte. Schlimmer, als Post zu bekommen, war nur noch, gar keine Post zu bekommen. Nie enthielten die Briefe gute Nachrichten, dafür um so mehr Enttäuschungen. Sie beschloss, erst mit Appetit zu essen, ehe sie sich den Hiobsbotschaften widmete. Sie wollte sie lesen und sich später in den Schlaf weinen.

Nach dem Dessert erhoben sich die Kinder mit geräuschvollem Stühlerücken und strebten in den Salon zum geselligen Teil. Mrs. Cohen musste gewusst haben, welche Begeisterung ihr Grammophon wecken würde. Hans war der Einzige, der die empfindlichen 78er-Platten anfassen durfte. Behutsam zog er sie aus ihren Hüllen und legte sie, vom Tastsinn geleitet, auf den Teller. Die vertrauenswürdige Edith setzte die Nadel auf, und bald schon erfüllte schwebende Musik den Raum. Lisa freilich kam heute nicht mit. In ihrer Tasche brannte der Brief.

»Hol deinen Mantel. Wir gehen nach nebenan«, flüsterte Aaron ihr ins Ohr. Sie nickte und verschwand nach oben. Die Tür zum Kloster war offen. Aaron hatte eine Decke und eine Kerze mitgebracht, und sie machten es sich in einem der vorderen Räume gemütlich.

»Liest du ihn mir vor?«, bat Lisa mit verängstigter Stimme und gab ihm den Brief. Sie war dankbar, Aaron um sich zu haben und nicht mehr der Einsamkeit ausgeliefert zu sein, die sie bisher verspürt hatte, wenn sie Briefe las. Vorsichtig riss er den Umschlag auf. Blaues Luftpostpapier, dicht und sauber beschrieben, datiert am 20. März 1941, erst vor einer Woche.

»Liebe Lisa, ich heiße Alex Bronson. Ich bin der Cousin Deines Schwagers Leo. Ich schreibe Dir, um Dich zu fragen, ob Du irgendwelche Nachricht von Leo und Rosie hast. Seit sie nach Paris entkommen sind, ist der Kontakt zu ihnen abgerissen.«

»Paris? Sie sind nach Paris gekommen?«, fragte Lisa erleichtert und besorgt zugleich.

Aaron las weiter. »Falls Du es nicht gehört hast: Rosie und Leo haben sich als betrunkene holländische Touristen ausgegeben, die auf einer Wiener Silvesterfeier waren, sie haben die Naziposten an der Nase herumgeführt und durften den Zug besteigen. Sie sind nach Antwerpen gefahren, dort hat mein Vater mitgeholfen, sie nach Frankreich zu schmuggeln. Einen Monat später kriegten wir eine Postkarte, dass sie geheiratet hatten. Dann kamen unsere

Visa, und wir fuhren nach Mexiko. Das war vor acht Monaten. Seitdem haben wir nichts mehr von ihnen gehört.«

Lisa schluchzte auf. Vor ihrem Auge stand das schreckliche Bild, das sie in der Zeitung gesehen hatte: Hitler in Siegerpose vor dem Arc de Triomphe. Aaron reichte ihr sein Taschentuch und wartete, bis sie sich beruhigt hatte. Schließlich nickte Lisa: »Lies weiter.«

»Wir hoffen und beten, dass Leo und Rosie aus Frankreich herausgekommen sind, weil wir hören, dass Juden dort nicht mehr sicher sind; Deportationen in polnische Lager haben begonnen. Wir erkundigen uns ständig beim Roten Kreuz, konnten aber bisher nichts erfahren. Wir hoffen, dass Ihr vielleicht Nachricht von ihnen habt und Euch mit uns in Verbindung setzen könnt, da sie unsere Anschrift in Mexiko nicht haben.«

Lisa zitterte beim Gedanken an ihre schöne Schwester und versuchte, ein Bild heraufzubeschwören: Rosie und Leo in Sicherheit. Versteckten sie sich irgendwo? Waren sie entkommen? Ihr schwirrte der Kopf. Jähes Heulen der Luftschutzsirenen zerriss ihre Gedanken. Arm in Arm warteten Aaron und Lisa, bis sie die Prozession von Laternen und trappelnden Füßen gewahrten, die vom Nachbarhaus zum Kloster strebte.

»Nimm dich in Acht, Johnny!«, hörten sie draußen Mrs. Cohen sagen, die den tapferen *Volunteer* verabschiedete, der ging, um die Brände löschen zu helfen, die in den nächsten Stunden gewiss wüten würden. Dann reihten sie sich ein in den Zug zum Bunker. Wieder eine Nacht Bombenterror.

Zum Glück währte der Angriff nicht lange. Ob es das tröstliche Wiedersehen in der Willesden Lane war, das Lisas Lebensgeister neu geweckt hatte, oder die Stunden in Aarons Armen: Jedenfalls summte sie das Grieg-Motiv vor sich hin, als Entwarnung kam und die Kinder nach oben trotteten, um tief und traumlos zu schlafen.

17

Kaum war am nächsten Morgen das Frühstücksgeschirr gespült und die letzte Person zur Tür hinauskomplimentiert, griff Mrs. Cohen zum Telefon in der Wandnische und rief das Bloomsbury House an. Mr. Hardisty war gleich am Apparat.

»Guten Morgen, Mrs. Cohen. Hoffentlich die erste Nacht nach der Rückkehr gut überstanden?«

Ohne Umschweife kam die Heimmutter zur Sache. Kurz schilderte sie Lisas Projekt. »Gibt es irgendeinen Fördertopf, aus dem man die zehn Pfund für die Anmeldegebühr nehmen könnte?«, fragte sie unumwunden.

»Nehmen Sie's mir nicht übel, Mrs. Cohen: Die Königliche Musikhochschule ist eine absolut hochkarätige Akademie. Die Aufnahmeprüfung zu bestehen, ist schon schwer genug, aber auch noch ein Stipendium?«

»Es muss doch irgendeinen Kulturfonds geben. Es handelt sich nur um zehn Pfund«, beharrte Mrs. Cohen.

»Tut mir leid, Mrs. Cohen, aber die Fördergelder, die wir für kulturelle Angelegenheiten haben, sollten allen Kindern zugute kommen … und nicht Vorhaben, die so – äh – unwahrscheinlich sind.«

»Unwahrscheinlich?«, fragte sie eisig.

»Ich weiß, Miss Jura ist eine reizende junge Dame, und sie spielt bestimmt großartig, aber …«

»Mr. Hardisty, ich weiß, Sie sind beruflich sehr eingespannt, aber ich möchte Sie bitten, morgen Nachmittag um fünf zu uns ins Heim zu kommen.«

Schweigen am anderen Ende, dann so etwas wie ein gottergebenes Seufzen.

»Falls es Ihnen morgen nicht passt«, bohrte Mrs. Cohen weiter, »ginge es auch am folgenden Tag …«

»Ich bin morgen bei Ihnen, Mrs. Cohen.«

»Vielen herzlichen Dank«, sagte sie und legte lächelnd auf.

In der Fabrik jubilierte Lisa innerlich und spann in der Fantasie schon Geschichten von Ruhm und Glorie. Es war viel zu früh, irgendjemandem von diesem schwachen, winzigen Fünkchen Hoffnung auf ein Vorspiel zu erzählen, doch das hinderte sie nicht daran, in jeder wachen Sekunde daran zu denken. Mrs. McRae fiel auf, dass Lisa vor sich hin summte – kein schmalziges Liebeslied, wie es die anderen Damen bei der Arbeit summten, sondern ein seltsam klingendes *La-La-Di-Da.* »Haben Sie einen neuen Schwarm?«, fragte sie.

Lisa ließ sich nicht in die Karten schauen. Sie zwinkerte nur und summte weiter.

»Sie sind ein komisches Vögelchen«, lachte Mrs. McRae und ging wieder an die Arbeit. Punkt vier rannte Lisa aus der Tür und fuhr mit der U-Bahn heim. Sie konnte es kaum erwarten, wieder am Klavier zu sitzen.

Auf dem Weg in den Keller hielt Mrs. Cohen sie auf.

»Lisa?«

»Ja, Madam?«

»Könnten Sie heute vielleicht das Grieg-Konzert für uns spielen? Das können Sie so gut. Und lassen Sie die Tür auf, dann hören wir es in der Küche.«

Geschmeichelt sagte Lisa Ja.

Schlag fünf klingelte Mr. Hardisty. Mrs. Cohen begrüßte ihn mit dem Finger auf den Lippen und führte ihn leise durch die Diele. Sie bat ihn, sich an den Treppenabgang zu stellen. Donnernd drangen aus dem Keller die stürzenden Oktaven der Kadenz aus Griegs Klavierkonzert in a-Moll. Kein Wohnzimmerklavier, das Mr. Hardisty je gehört hatte, hatte so geklungen. Er konnte kaum glauben, dass er nicht in einem Konzertsaal saß. Leise trat er auf die Treppe und schritt die ausgetretenen Stufen hinab. Von hier aus konnte er sehen, wie Lisas Finger über die Tastatur huschten, sicher und pfeilschnell.

Keinen Augenblick ließ Lisas Konzentration nach. Sie merkte gar nicht, dass ein Zuhörer da war. Zehn Minuten später kam Mr. Hardisty zurück in die Küche.

»Ich hatte ja keine Ahnung«, sagte er zu Mrs. Cohen und fischte sein abgewetztes Portemonnaie hervor. »Es wäre mir eine Ehre, die zehn Pfund aus eigener Tasche zu bezahlen«, sagte er und reichte ihr einen Zehnpfundschein. Mrs. Cohen konnte ein wissendes Grinsen nicht unterdrücken, dankte ihm aber höflich und steckte das Geld ein.

Bei Platz & Sons beschloss Lisa, Mr. Dimble und Mrs. McRae nun endlich in ihr »anderes Leben« einzuweihen, und bat um Verkürzung ihrer Schicht (natürlich mit entsprechendem Lohnabschlag), damit sie länger üben konnte. Sie zeigte ihnen den Zeitungsausschnitt mit dem eindrucksvollen Logo der Royal Academy und erzählte ihnen von ihren Plänen, dort vorzuspielen.

»Mannomann, das ist aber hochgestochen«, wunderte sich Mr. Dimble skeptisch.

»Komm, gib dir einen Stoß«, bat ihn Mrs. McRae. »Du hast anderen auch schon kürzere Schichten gestattet, das habe ich doch gesehen! Warum nicht auch ihr, wenn sie Klavier üben muss?«

Mr. Dimble schüttelte den Kopf, als ginge das über sein Verständnis.

Also gut, Schichtschluss um drei, aber bis dahin wird stramm gearbeitet, klar?«

»Vielen herzlichen Dank«, rief Lisa ihm nach, während er schon den Gang hinuntereilte, um eine Wagenladung mit Stoffstücken abzufangen. Mrs. McRae wandte sich noch einmal Lisa zu. »Das ist ja alles total aufregend! Sie müssen mal zu uns kommen ins East End und für uns spielen. In unserer Kneipe steht ein

Klavier«, versetzte sie rasch, ehe sie sich wieder in ihre Arbeit vertiefte.

»Liebend gern«, versprach Lisa. Ihre Augen leuchteten.

Nach der Schicht ging Lisa geradewegs zur Royal Academy of Music im Herzen Londons. Seit den verheerenden Brandbombenangriffen vom Dezember war sie nicht mehr im Stadtzentrum gewesen und registrierte mit Entsetzen die Verwüstung. Ganze Häuserblocks waren niedergebrannt; das House of Commons schwer beschädigt; Kirchen und Kneipen lagen in Trümmern. Zum Glück war die St. Paul's Cathedral unversehrt geblieben. Johnny hatte ihr von den nächtelangen Feuerwehreinsätzen erzählt, durch die man die große Kirche gerettet hatte.

Inmitten der Verwüstungen machten Männer in Nadelstreif, in der Hand den Regenschirm, energischen Schritts Umwege um gesperrte Straßenteile, als ob nichts geschehen wäre. Auch die Royal Academy war heil geblieben. Mit Herzklopfen näherte sich Lisa dem fünfstöckigen Bau, schritt die Außentreppe mit ihrem majestätischen Vordach aus Glas und Schmiedeeisen empor und betrat das Foyer, in dem goldgerahmte Bilder der Königsfamilie hingen. Eine prachtvolle Wendeltreppe wand sich fünf Stockwerke in die Höhe bis zu einer Kuppel. Von überall tönten Hörner, Fagotte und Violinen, eine herrlich lärmende Kakophonie.

Auch wenn ihr das wahrscheinlich Pech bringen mochte, gab sich Lisa einem kleinen Tagtraum hin: wie es sein würde, hier zu studieren, in den Fußtapfen so vieler Berühmtheiten. Sie hatte sich schon Sorgen gemacht, unzureichend gekleidet zu sein, doch die Musikstudenten, die an ihr vorbeieilten, würdigten sie keines Blicks. Rasch fand sie einen Wegweiser, der sie zur Verwaltung führte. Die Sekretärin begrüßte sie höflich, griff hinter sich in einen Papierstapel und reichte Lisa die vervielfältigten Blätter. »Abgabeschluss für die Anmeldungen ist nächsten Freitag. Bitte tragen Sie ein, was Sie spielen wollen, und bringen Sie die ausgefüllten Formulare vorbei.«

Beim Hinausgehen musterte Lisa erneut die jungen Männer und Frauen, die an ihr vorbeiliefen, Notenmappen unter dem Arm, Zigaretten im Mund. Gesprächsfetzen drangen an ihr Ohr: »Kunst«, »Seele«, »Schönheit«. Es war alles zu schön, um wahr zu sein.

Daheim rannte Lisa sofort zu Hans. »Ich habe die Bewerbungspapiere. Komm, setz dich zu mir, damit wir sie durchgehen.«

Sofort machten sie sich ans Werk. Mit gekreuzten Beinen setzte sich Hans aufs Sofa, während Lisa vorlas: »Dem Bewerber wird empfohlen, Vortragsstücke zu wählen, die seine Fähigkeiten umfassend und bestmöglich zur Geltung bringen.«

»Fantastisch, fantastisch«, unterbrach Hans, so erregt, als handele es sich um sein eigenes Vorspiel.

»Alle Stücke müssen auswendig vorgetragen werden«, fuhr Lisa fort. »Ja, klar!«

»Das versteht sich von selbst«, sagte Hans. »Also … was willst du spielen?«

Lisa las weiter. »Der Bewerber muss aus jeder großen stilistischen Periode der klassischen Literatur ein Werk vortragen. Erstens: Bach – wählen Sie ein Präludium oder eine Fuge aus dem ›Wohltemperierten Klavier‹.« Lisa dachte einen Augenblick nach und rief: »Die Fuge in d-Moll!«

»Keine schlechte Idee«, meinte Hans. »Gut, das Nächste.«

»Eine Sonate von Beethoven«, las sie. »Ich könnte die 32 Variationen nehmen!«

»Eine Sonate war gefordert«, wies Hans sie zurecht.

»In Wien habe ich die frühe in A-Dur gespielt«, bot sie an und summte das Einleitungsmotiv.

»Zu schwach. Vergiss nicht, da herrscht harte Konkurrenz. Du musst die Jury richtig verblüffen. Wie wär's mit der Pathétique?«

»Die habe ich gerade erst angefangen.«

»Kannst du die ›Waldstein‹?«

»Um Himmels willen! Dann lieber die Pathétique!«

»Dann schreib Pathétique«, sagte Hans fest.

Lisa las weiter. »Ein Hauptwerk eines romantischen Komponisten: Chopin, Schumann, Schubert, Brahms … Das ist einfach. Ich spiel' die Nocturne von Chopin, diejenige, die dir so gefällt.«

»Nicht genug Substanz.«

»Aber die kann ich doch so gut!«, trotzte Lisa.

»Nein, das geht nicht.« Hans verlor sich einen Augenblick in Gedanken. »Ich weiß genau das richtige Stück für dich. Es ist wie für dich geschrieben.« Er stand auf, tastete sich zum Grammophon, stellte es an und ließ es warmlaufen. Er wies auf den Plattenstapel.

»Bitte such mir die Rubinstein-Aufnahme. Ich möchte, dass du Chopins Ballade in g-Moll hörst.«

Folgsam suchte sie die Platte heraus und setzte die Nadel in die Rille. Sie lehnten sich auf dem Sofa zurück und hörten die melancholische und leidenschaftliche Ballade. Sie war der Inbegriff aller Romantik.

»Das ist genau deine Seelenmusik, Lisa. Das musst du spielen«, befahl Hans.

Sie lauschten, während Rubinstein die schwierigen donnernden Akkorde der Coda furios in Angriff nahm. Es klang, als würde auf dem Klavier die Hölle entfesselt.

Lisas Augen weiteten sich. »Glaubst du, das kann ich?«

Hans schaute einen Augenblick besorgt drein. »Die Coda hatte ich vergessen. Hältst du sie für zu schwer?«

»Zu schwer« – dieser Fehdehandschuh weckte Lisas Kampfgeist. War sie nicht Lisa Jura, das Wunderkind aus der Franzensbrückenstraße, das Kind, das die Nachbarn mit Stolz erfüllt hatte? Was würde Mutter sagen, wenn sie klein beigab und eine kostbare Chance verpasste? Sie lauschte der aufgewühlten Leidenschaft in

Rubinsteins Spiel, nickte nachdenklich und sagte einfach: »Ja, ich mach's.«

Von dem Moment an, da Lisa in einem Laden für gebrauchte Musikalien die Noten der Ballade aufgetrieben hatte, schien es jedermann in der Willesden Lane, als hörte Lisa überhaupt nicht mehr auf zu üben.

Nachmittags übte sie von vier bis sechs, aß zu Abend und übte dann noch einmal von acht bis neun. Bis zum Vorspieltermin blieb noch ein knappes Jahr, und sie wusste, sie würde jede Sekunde davon brauchen, um zwei neue Hauptwerke zu lernen. Oft kam Aaron zu ihr in den Keller und sprach ihr Mut zu, ehe er das Heim verließ, um seinen eigenen Geschäften nachzugehen.

Hans war ihre Hauptstütze. Schon bald lernte er, sich die Holztreppe hinabzutasten, und saß lange schweigend auf einem Stuhl neben dem Klavier, seine Lehrbücher in Blindenschrift in der Hand. Seine Anwesenheit tröstete Lisa. Sie staunte, wie sehr er sich in dem Jahr seit seiner Aufnahme ins Heim verändert hatte. Sein beißender Sarkasmus hatte sich gemildert, vielleicht, weil er sich jetzt mit seiner Blindheit abgefunden hatte oder weil er gemerkt hatte, dass niemand über seine Blindenwitze lachte. Die Zeiten waren schrecklich – für jedermann –, und an Zuwendung und Mitgefühl herrschte manchmal Mangel.

Wie musste es für Hans wohl gewesen sein, fragte sich Lisa, das Augenlicht zu verlieren, nachdem er vierzehn Jahre lang hatte sehen können. Sie schloss die Augen und malte sich aus, für immer blind zu sein, aber das ertrug sie nicht lange und musste die Lider wieder heben. In Augenblicken wie diesen wollte sie ihren neuen Freund umarmen, wusste aber, dass dies seinen empfindlichen Stolz verletzen würde, daher sagte sie einfach nur: »Grüß dich, Hans, es ist so schön, dass du mir hier Gesellschaft leistest.« Sein Lächeln war reicher Lohn.

Methodisch ging Lisa ans Lernen der Stücke. Tag für Tag bekam sie den Chopin und den Beethoven besser »in den Griff«.

Ihre Lieblingspause vom Üben kam nach dem Abendessen. Dann ließen sie, Aaron, Günter und Hans, abwechselnd das Grammophon laufen. Nach Streitereien über die Wahl der Musik hatte Mrs. Cohen die Laufzeit des Plattenspielers streng rationiert. Edith hatte eine bestimmte Benny-Goodman-Platte so oft gespielt, dass jetzt ein hässlicher Kratzer quer darüber ging und die Musik alle paar Sekunden knackste.

»Vielleicht sollte ich die verdammte Platte kaputtschlagen«, erbot sich Aaron in aller Aufrichtigkeit.

»Aaron!«, schalt Lisa, »dass du dich unterstehst.«

Johnnys Lieblingsplatte war von Glenn Miller. Nach seiner Vierundzwanzig-Stunden-Schicht bei der Feuerwehr liebte er seine vierundzwanzig Stunden Freizeit im Heim. Dann wartete er auf das Posaunensolo und hob den Kopf ein paar Minuten von seinen Papieren, die vor ihm lagen. Ansonsten kritzelte er endlos in seinen Notizbüchern. Gelegentlich zeigte er Lisa ein Gedicht. Seine Leserin fand sie zutiefst poetisch. Sie nannte ihn ihren »Künstlerkollegen«. Johnny gehörte zwar formell dem Komitee nicht an, doch die Mitglieder hatten ihn schätzen gelernt. Die jüngeren Kinder beteten ihn sowieso schon lange an: Sie liebten es, auf seinen großen Schuhen zu sitzen und sich von ihm hochheben zu lassen, während er in seinem Notizbuch arbeitete. Seit Lisa gesagt hatte, sie liebe seine Gedichte, stand er bei ihren Freunden höher im Kurs. Sie ermutigte ihn, seine Arbeiten auch den anderen zu zeigen, doch er wollte nicht. Nur Lisa zeigte er seine Lyrik, den anderen nur sein freundliches Gesicht und gelegentlich ein paar Tanzverrenkungen zum Jazz von Glenn Miller.

Wenn Lisa ans Grammophon durfte, lauschten sie und Aaron zum millionsten Mal der Chopin-Ballade von Rubinstein, wobei Lisas Kopf auf Aarons Schulter lag, nah an ihrem Ohr der trichterförmige Lautsprecher. Die Spielgeräusche der Kinder rings um sie suchten sie auszublenden. Wenn sie Glück hatten, gab es keinen Luftalarm, und sie konnten ungestört dreißig Minuten lang in den magischen Sphären der Musik schweben. Sorgfältig achtete Lisa auf jede Nuance der Musik, aber Plattenhören war nicht das Gleiche wie Unterricht bei einem Lehrer. Hans half, so gut er konnte, aber es war schwierig, die komplizierten Fingersätze zu erlernen, die sie brauchte, um ein Höchstmaß an Kraft und Anschlagskultur zu entwickeln.

Säße nur Professor Lenz an ihrer Seite, dachte sie. Doch es war nicht eigentlich der Professor, nach dem sie sich sehnte. Es war ihre Mutter. Es gab Abende, da legte sie den Kopf auf die Tasten und weinte: »Mama, warum kannst du nicht hier sein und mir helfen?« Sie fehlte ihr furchtbar.

Die Grammophonstunden im Wohnzimmer waren schwierig für Günter. Es war schon Sommer, und er hatte Gina nur ein einziges Mal gesehen, seit alle ins Heim zurückgezogen waren. Mehr und mehr sah er aus wie ein heimatloser Hund.

Eines Samstagnachmittags schneite Aaron mit einem Paket unter dem Arm herein. Flüsternd bat er Lisa, ihm bei der Präsentation zur Seite zu stehen. Er gab Günter das Paket und bat ihn, es aufzumachen. Es war ein Paar seidene Damenstrümpfe.

»Aaron!«, keuchte Lisa erschrocken. »Wo hast du die denn her?«

Seidenstrümpfe waren im Krieg ein unvorstellbarer Luxus. Die strenge Kleiderrationierung machte es fast unmöglich, welche aufzutreiben. Seide wurde zu Fallschirmen verarbeitet, nicht zu Strümpfen.

»Und warum schenkst du Günter Seidenstrümpfe? Ich bin diejenige, die sie braucht!«, schimpfte Lisa mit aufflammender Eifersucht.

»*Dum dum, da dum dum*«, pfiff Aaron. »Ich habe einen Auftrag für das Komitee. Der arme Günter ist so fix und fertig, dass es keinen Spaß mehr mit ihm macht. Wir werden Gina besuchen und ihr die Strümpfe schenken. Und dann habe ich eine noch größere Überraschung.«

Eingedenk des Konzertes mit Myra Hess – Aarons letzter Überraschung – ließ Lisa sich erweichen.

»Wann gehen wir?

»Morgen.«

Am nächsten Tag ließ Lisa sich von Aaron mit Gewissensbissen dazu überreden, ihre Übungsstunde zu schwänzen. Zudem fühlte sie sich von Tag zu Tag müder und sagte sich, etwas Ruhe könne nicht schaden, damit die schmerzenden Armmuskeln sich erholen konnten. Zu dritt eilten sie zum Bahnhof. Aaron bezahlte alle Fahrkarten aus eigener Tasche, was Lisa als ziemlich angeberisch empfand.

»Bist du befördert worden, oder was?«, fragte sie.

»Vielleicht, vielleicht auch nicht«, erwiderte er geheimnistuerisch.

»Oh, du kannst einen derart ärgern«, schalt sie, nahm aber seine Hand und lächelte. Für Streitereien war jetzt nicht die Zeit.

Lisa drang nicht in ihn – sie war sein Verhalten inzwischen gewöhnt. Aaron sprach nie über seine Arbeit. Das Wenige, das sie über seinen Job wusste (an einer Maschine drehte er Ventile für Armeelastwagen), kam von Günter. Aaron fand immer irgendeinen charmanten Weg, ihre Fragen beiseitezuschieben.

Richmond war eine reiche Londoner Vorstadt südlich der Themse. Der Park von Richmond hatte eine eigene Herde Kleinwild und riesige bunte Rhododendrenhaine. Für diesen Teil Londons interessierten sich die deutschen Bomber nicht. Die Straßen waren ebenso sauber wie idyllisch, mit Häusern, die denen ähnelten, die Gina aus ihrem früheren Leben in Wien gewöhnt war.

Temple Hill Road Nr. 25 zu finden, war kniffliger als erwartet, denn an den größeren Kreuzungen waren alle Straßenschilder entfernt worden. Immer wieder liefen die drei Freunde im Kreis um denselben Häuserblock.

Im erregten Wortwechsel merkte Lisa plötzlich, dass sie einander auf Deutsch anschrien. »Psssssssssssssst!«, sagte sie erschrocken, »sonst halten sie uns noch für Spione und erschießen uns!« Sofort verstummten die anderen. So lächerlich es anmuten mochte: Ganz ausgeschlossen war das nicht. Endlich fanden sie das Haus und klopften. Ein uniformierter Butler erschien an der Tür.

»Ist Gina Kampf zu Hause?«

Der Butler musterte die Jugendlichen und räusperte sich. »Sie hat nichts davon gesagt, dass sie Besucher erwartet …«

Aaron trat vor. »Bitte sagen Sie ihr, das Komitee sei eingetroffen mit ihren Eintrittskarten«, verkündete er hochfliegend. Misstrauisch blickte der Butler sie an, doch am Ende obsiegten die guten Manieren. »Einen Augenblick, bitte«, sagte er und verschwand hinter der schweren Mahagonitür.

Lisa fing an zu kichern. »Welche Eintrittskarten?«

»Abwarten«, sagte er, fischte einen mysteriösen Umschlag aus der Tasche und wedelte damit vor ihren Augen herum. Gina blieb der Mund offen, als sie ihre Freunde auf der Schwelle erblickte.

Günter trat vor. »Wir haben dir ein Geschenk mitgebracht«, sagte er stolz und übergab ihr das Päckchen.

Gina schloss hinter sich die Tür, setzte sich auf die Eingangsstufen und öffnete das Geschenk. Erstarrt hielt sie die Strümpfe hoch. »Oh, danke! Tausend Dank!«, rief sie entzückt. Sie küsste Günter auf die Wange. Er errötete tief.

»G-g-gern geschehen«, stotterte er. Gina sah ihn um Fassung ringen und belohnte ihn mit einem Kuss mitten auf die Lippen.

»Hol deinen Mantel«, sagte Aaron und hielt den Umschlag hoch. »Wir gehen ins Kino, ›Vom Winde verweht‹!«

Nun war Aaron an der Reihe, einen Kuss zu bekommen, diesmal von der freudetrunkenen Lisa.

»Den will ich schon seit Ewigkeiten sehen«, rief sie, und während Gina ihrem Arbeitgeber Bescheid sagte, fassten sie und Aaron sich an den Händen und kicherten über Günter, der noch immer purpurn aussah.

»Wie süß er errötet!«, lachte Lisa.

Gina stürmte aus der Tür, mit flatterndem Schal. »Abmarsch!«, rief sie. »Ich will keine Minute verpassen!«

Sie nahmen die U-Bahn zur Portobello Road, um sich bis zur Vorstellung noch die Zeit zu vertreiben. Sie bummelten über die Straßen und Budengassen des belebten Flohmarkts, wo Händler Altkleidung, Schmuck, Töpfe und Pfannen, Werkzeug und dergleichen feilboten. Auf der Ladefläche eines Karrens wurde mit viel Geschrei ein Kasperltheater aufgeführt; an einer Wurfbude konnte man für einen Penny pro Wurf »Hitler die Rübe weghauen«.

Gina erzählte von den krakeelenden Kindern, die sie zu betreuen hatte, während Lisa den gesamten aktuellen Klatsch aus der Willesden Lane auspackte – ihr Klaviervorspiel, die Kämpfe um das Grammophon, das Loch in der Decke des Mädchenbads. Es überraschte Lisa, wie gut Aaron sich auf dem riesigen Flohmarkt auskannte, wie sicher er die Freunde durch die engen Gassen führte. Mehrmals blieb er stehen und schwatzte mit Standbetreibern. Mehr als einmal hörte Lisa, dass man ihm »Mr. Lewin! Mr. Lewin!« zurief.

»Du bist ja sehr populär«, sagte sie schließlich.

»Man steckt eben drin im Geschäftsleben«, entgegnete er, glücklich, wieder aus etwas ein Geheimnis machen zu können. Als sie merkten, dass es spät wurde, eilten sie zum Piccadilly und drängten sich in die Wochenendmenge, die, Schutthaufen und

Bombenkratern ausweichend, in die Kinos und Theater strömte. Über dem Kinoeingang standen in riesigen Buchstaben die Namen Vivien Leigh und Clark Gable. Daneben waren Filmplakate, auf denen Scarlett O'Hara in Rhetts Arme sank. Rasch stürmten sie in den Saal und erreichten ihre Plätze, gerade als das Licht gedämpft wurde.

Der Kinoorganist, der von einem Scheinwerferstrahl beleuchtet wurde, begann »White Cliffs of Dover« zu spielen. Händeklatschend und singend fiel die Menge ein.

Dann erloschen, während die vier schon ganz unruhig waren vor Erwartung, endlich die Lichter, und die Wochenschau begann: Bataillone britischer Soldaten, die in Nordafrikas Wüste gegen Rommel kämpften. Jubelrufe. Die Engländer sahen unbesiegbar aus. Dann Bilder von der Heimatfront – London grub sich nach den Bombardierungen aus den Trümmern, Rettungsmannschaften zogen einen Verschütteten aus den Ruinen, Hausfrauen standen Schlange und gaben Töpfe und Pfannen zur Wiederverwertung ab. König George und Königin Elisabeth besichtigten, angezogen wie für eine Gartenparty, die Ruinen des Parlaments. Churchill, entschlossenen Gesichtes, den Homburg auf dem Kopf, schritt durch zerstörte Straßen. Dann Bilder aus einer betriebsamen Fabrik. Günter sprang auf: »Da, da arbeite ich!«

»Pssssst!«, mahnte Gina und legte ihm die Hand auf den Mund.

Aber Günter ließ sich nicht bremsen. Er drehte sich um zu denen, die hinter ihm saßen. »Da arbeite ich!«, rief er.

»Hinsetzen!«, rief jemand von hinten und warf eine leere Bonbondose nach ihm. Günter begriff endlich und rutschte zurück in seinen Sitz. Dann kam endlich der Hauptfilm.

Fasziniert verfolgte Lisa die Geschichte von Scarlett O'Hara. Ihr Herz hämmerte, als die Heldin mit Hunger und Krieg und Verzweiflung kämpfte. Sie schluchzte in ihr Taschentuch, als Scarlett Gott als Zeugen anrief, dass sie dafür sorgen würde, dass ihre Familie nie wieder hungern würde. Manchmal war es schwer, sich auf den Film zu konzentrieren: Gedanken an Wien bestürmten sie, an ihre Familie, daran, wie schwer es gewesen war, Essen aufzutreiben, und wie schwer es jetzt sein musste.

Als der Film zu Ende war, weinte Lisa so heftig, dass sie kaum aufstehen konnte. Aber wieder rief sie ihre starke Willenskraft zu Hilfe. Ich schaffe das, sagte sie sich, die Worte der Filmheldin nachahmend. Genau wie Scarlett … auf Biegen und Brechen … ich stehe das durch.

18

Lisas konsequentes Üben war auch für andere ein Ansporn. Im Herbst schrieb sich Edith – ebenfalls entschlossen, »etwas aus sich zu machen« – in einem Stenokurs ein. Günter löcherte seinen Chef, Mr. Steinberg, ihn endlich auf eine »kriegswichtige« Position zu versetzen, und wurde in die Buchhaltung befördert. Hans wollte nicht zurückstehen und beschloss, eine Ausbildung zum Physiotherapeuten zu machen. Kiloweise schleppte er anatomische Lehrbücher in Blindenschrift ins Haus. Und Johnny schrieb immer mehr Gedichte und erklärte Lisa gegenüber, ihre Musik habe ihn davon überzeugt, dass er nach dem Krieg als Schriftsteller arbeiten wollte.

Nur Aaron, so schien es Lisa, entzog sich der »Schwerarbeiterbrigade«. Mehrmals in der Woche kam er zu spät und musste Steinchen ans Fenster im zweiten Stock werfen, damit Günter ihn hereinließ. Wenn er Glück hatte, hörte Mrs. Cohen ihn nicht. Manchmal hatte er kein Glück.

»Mr. Lewin, ich habe Ihnen schon hundertmal gesagt, dass ich die Übertretung der Sperrstunde nicht mehr dulden werde!«, fuhr ihn die Heimleiterin, die dann im Morgenmantel aus ihrem Zimmer trat, einmal an. »Das ist nicht nur gefährlich für Sie, sondern äußerst ungezogen uns anderen gegenüber, die wir unseren Schlaf brauchen. Das ist kein Hotel, Mr. Lewin. Es ist ein Flüchtlingsheim, und ich erwarte, dass Sie sich fügen oder sich eine andere Bleibe suchen. Haben Sie mich verstanden?« Ihre Drohungen hatte die Heimmutter bisher nicht wahrgemacht, aber ihr Geduldsfaden war dünn geworden.

»Ja, Mrs. Cohen, es kommt nicht wieder vor«, gelobte Aaron, das schelmische Grinsen hinter gespieltem Ernst versteckend. Er hatte es schon x-mal versprochen.

»Und was haben Sie da in der Hand?«, wollte sie wissen.

Bisher hatte Aaron die meisten Mitbringsel sorgsam verborgen, diesmal aber war er auf frischer Tat ertappt worden. Er überreichte ihr das Päckchen – eine Schachtel Konfekt.

»Mr. Lewin, es würde mich sehr enttäuschen, wenn ich glauben müsste, dass Sie auf irgendeine Weise auf dem Schwarzmarkt mitmischen. Das wäre äußerst undankbar und unpatriotisch. Nur durch Rationierung gewinnen wir den Krieg!«

»Ich habe das als Prämie für Überstunden bekommen«, sagte er wie aus der Pistole geschossen. »Ich wollte es mit allen teilen.«

Mrs. Cohen glaubte ihm nicht eine Sekunde. »Dann erwarte ich, dass sie es in der Küche abliefern. Gute Nacht!« Sie machte auf dem Absatz kehrt und schlug ihre Tür zu.

Aaron versteckte seine zornige Miene vor der Heimleiterin. Er hatte es satt, ständig Rede und Antwort stehen zu müssen. Vor allem hatte er es satt, wie ein Kind behandelt zu werden. Gedämpft hörte er von unten Lisa üben und eilte zur Kellertreppe. Sie hob den Kopf und lächelte, als sie die Tür gehen hörte und ihn auf den Stufen erblickte.

»Genug geübt, komm doch ein bisschen rauf«, lockte Aaron.

»Ich bin noch nicht fertig, ich kann nicht«, rief sie, ihr Spiel übertönend.

»Komm schon, Lisa! Denkst du denn nur noch an Musik?«

»Im Augenblick ja! Bis zum Vorspiel habe ich nicht mehr viel Zeit. Ich muss üben.«

»Du hast noch Monate.«

»Aaron! Es ist mir wichtig.«

»Und ich bin nicht wichtig?«, wollte er niedergeschlagen wissen.

»Natürlich bist du wichtig, aber doch nicht jetzt gerade!«

»Gut, wie du willst«, zürnte Aaron und knallte die Kellertür zu.

»Aaron!«, rief sie hinter ihm her, aber da war er schon weg. Sie ging wieder an ihr Übungsstück und schlug mit wilder Kraft die Tasten an. Erschöpft tauchte sie irgendwann im Wohnzimmer auf und fand Aaron auf der Couch. Er schmollte. Sie setzte sich neben ihn und legte die Arme um ihn zur unvermeidlichen Versöhnung.

Im Hintergrund lauerte stets die Gefahr der Bombardements. Manche Wochen waren schlimmer als andere. *Tausend Tote in einer einzigen höllischen Nacht!* lauteten die Schlagzeilen. Am nächsten Tag die Vergeltung: *RAF legt Bombenteppiche im Ruhrgebiet.* Hin und her ging die Zerstörung. Wenn die Sirenen heulten, musste Lisa nicht mehr hinüber ins Kloster eilen. Sie konnte in ihrem geschützten Keller bleiben und die Oktaven des Finales der Ballade hämmern. Je lauter das Dröhnen der Bomber, desto wuchtiger spielte sie. Den Nachbarn in der Willesden Lane wurde ein gespenstisches Konzert geboten: Klassik aus einem Kellerloch. Ungläubig drehten Vorbeilaufende den Hals, während sie in ihre Schutzräume hasteten. Bei allem Chaos hielt sich Lisa an ihre festgesetzten Stunden und übte und übte. Nicht immer war der Fortschritt garantiert. So hatte sie schreckliche Schwierigkeiten mit der Coda der Ballade. Sie starrte auf das schwarze Notengewimmel und suchte mit schierer Willenskraft ihren Fingern den richtigen Weg durch die Tasten aufzuzwingen. Alles, worauf sie sich stützen konnte, waren die Bilder, die ihre Mutter ihr eingepflanzt hatte. So beschwor sie eine Szene aus Chopins Leben herauf, die sie aus Erzählungen ihrer Mutter kannte. Chopin, romantisch, jung, der seine Heimat Polen für immer verließ. Mit Tränen sah Lisa ihn in seiner Kutsche vor sich, vor den Flammen fliehend, die sein geliebtes Warschau verzehrten. Sie spielte eine ernste Passage mit viel Gefühl, doch oft streikten ihre Finger bei verzwickten Stellen, worauf sie rief: »Mama! Ich brauche deine Hilfe« und noch einmal von vorn anfing.

Eines Abends fiel Hans auf, dass sie immer und immer wieder die Einleitung spielte und an einer bestimmten Stelle abbrach. »Warum hörst du da immer auf?«, fragte er.

»Meine Mutter sagte immer, Einleitung und Schluss eines Stückes seien das Wichtigste. Dann vergessen die Zuhörer die Mitte.«

»Du spinnst! Sie werden die Mitte nicht vergessen, wenn du sie schlecht spielst!«, schoss Hans zurück. »Los, spiel mal das ganze Stück von Anfang bis Ende.«

Sie blickte ihn an, als sei er durchgedreht. »Ich kann es doch noch nicht ganz«, sagte sie.

»Dann nimm mal ausnahmsweise die Noten.«

Lisa knurrte ihn stumm an und spielte dann das komplette Stück. Als sie nach dem letzten Ton aufblickte, saß Hans stirnrunzelnd da.

»Was war denn nicht richtig?«, fragte sie bang. Sie hatte angenommen, er würde von ihrem Fortschritt beeindruckt sein.

»Zu viele Freiheiten, zu viel Rubato. Bleib strenger im Rhythmus!«

Dies war die schlimmste Kritik, die Lisa sich vorstellen konnte, denn genau das hatte Professor Lenz ihr auch immer gesagt.

»Ich bin keine Maschine!«, verteidigte sie sich hitzig. »Die Musik ist leidenschaftlich. Es ist wichtig, dass ich meine Emotionen durchkommen lasse!«

»Trotzdem musst du konsequent Takt halten. Egal, wie schön du eine Melodie spielst, du musst etwas haben, an dem du sie aufhängen kannst.«

»Seit wann bist du denn zum Musiklehrer befördert worden?«, wetterte Lisa, warf die Noten auf den Boden und stürmte die Treppe hinauf. Sie prallte auf Günter, der gerade in den Keller kommen wollte.

»Sag bloß nicht, das Konzert ist schon vorbei«, seufzte er enttäuscht.

»Lass mich in Ruhe!«, fauchte Lisa und schlug die Kellertür zu.

Zwei Tage später überreichten Günter und Hans ihr einen in Zeitungspapier gewickelten Karton. »Das ist von Hans und mir und den übrigen Heimbewohnern«, erklärte Günter.

»Was ist es?«

»Mach auf, dann siehst du's.«

In dem Karton lag ein Metronom. Sie zog den pyramidenförmigen Taktgeber heraus und stellte ihn aufs Klavier. Lachend versetzte Günter dem Zeiger einen Schubs und ließ ihn ticken.

»Was ist das, eine Verschwörung?«, sagte sie und fiel in das Lachen ein. »Es tut mir leid, ihr Lieben. Ich verspreche: Keine Wutanfälle mehr. Du hast recht, Hans. Ich brauche ein Metronom. Ich danke dir.«

Die nächste Krise kam, als Hans Aaron bat, die Bewerbungspapiere noch einmal durchzulesen und die Repertoireanforderungen noch einmal zu prüfen. In hellen Schrecken versetzt, stellte Hans beim Abendessen Lisa zur Rede.

»Lisa, du hast die Bedingungen nicht komplett gelesen!«, sagte er.

»Natürlich habe ich sie gelesen. Wovon redest du?«

»Du wirst auch in Blattspiel, Gehörbildung und Grundlagen der Musiktheorie geprüft«, sagte Hans. »Aaron hat mir den Rest des Bewerbungsblatts vorgelesen.«

»Ich, ah, ich habe das nicht für so wichtig gehalten«, stotterte sie und starrte auf den Teller Nudeln vor ihr.

»Natürlich ist das wichtig!«

»In all diesen Dingen bin ich sehr schlecht, die lerne ich sowieso nicht mehr. Meine einzige Chance besteht darin, die Juroren mit meinem Spiel zu bezirzen«, sagte Lisa so zuversichtlich sie konnte.

Günter, Aaron und Hans schwiegen. Sie glaubten ihr nicht, was Lisas Zorn nur weiter anstachelte.

»Na«, sagte sie, »ich weiß, was ich kann, und ich weiß, was ich nicht kann … Gehörbildung hilft mir beim Chopin übrigens gar nicht!«

Die Jungs schüttelten den Kopf. Lisa aß weiter und versuchte, trotzig dreinzuschauen.

»So läuft das in England nicht«, wandte Hans schließlich ein. »Wenn du in den Grundlagen durchfällst, kriegst du kein Stipendium. Punkt, Schluss, basta.«

»So schnell kann ich das alles nicht mehr lernen!«

»Doch, kannst du«, sagte Günter. »Du hast noch bis Februar!«

»Und wir helfen dir«, fügte Hans hinzu.

»Punkt, Schluss, basta!«, beendete Hans die Debatte.

Die nächsten beiden Monate wurden Blattspiel und Musiktheorie gepaukt. Jeden Abend, nach einem langen Tag in der Fabrik, spielte Lisa mit Hochdruck ihr Übungspensum durch und ging dann nach einem raschen Abendessen in den Keller zu ihrer gefürchteten Unterrichtsstunde. Fürs Blattspiel war Hans zuständig. Da er jeden Ton aus seinen Noten auswendig gelernt hatte, pflegte er Aaron anzuweisen, ein Stück auszusuchen, das er genau kannte, das Lisa jedoch noch nicht gesehen hatte. Dann stellte Hans das Metronom auf einen langsamen und steten Takt ein.

»Also, schau dir die Vorzeichen an, und immer einen Takt vorausdenken. Fertig? Los!« Hans klatschte einmal in die Hände, und ab ging's. An manchen Abenden landeten die Noten auf dem Fußboden, an anderen oben auf den Einmachgläsern.

»Ist schon komisch, was? Ein Blinder als Lehrer im Blattspiel!«, rief Hans, die Musik übertönend. »Autsch! Da musste ein Fis hin, Lisa.«

»Taub bist du immerhin nicht!«, giftete Lisa zurück, und sie lachten, bis es wehtat.

Musiktheorie war Aarons Spezialgebiet. Er gab Lisa gegenüber endlich zu, dass er in Mannheim Geige gelernt hatte und sich mit Dominanten, Subdominanten und Dreiklangumkehrungen gut auskannte. Musikwissenschaft lag ihm. Geduldig präsentierte und erklärte er (anhand eines neu angeschafften Lehrbuchs) die Grundlagen der Harmonik.

»Mensch, hätte ich das alles früher gewusst«, staunte Lisa. »Ja! Hab's kapiert!« Im Wohnzimmer legten sie sich zusammen auf die Couch, während im Radio Glenn Miller spielte. »Dominante, Tonika, Septimenakkord« – so tastete sie sich durch die Akkordwechsel der swingenden Musik.

Die Gehörbildung wurde für alle zur Folter. Lisas Singstimme war nicht besonders inspirierend, und Do-re-mi-fa-so-la-si-do war keine Melodie, die man ins Herz schließen konnte. Im Namen des ganzen Heims forderte Edith schließlich, das Do-re-mi in den Keller zu verbannen.

Kalt und nass wurde das Wetter. Der Winter kam. Noch immer gingen die Siegeszüge der Wehrmacht weiter. Sie hatte Kiew genommen und stieß auf Moskau vor.

In England wurde die Kohle rationiert, und bald hatte das Heim keinen Brocken Heizstoff mehr. Im eiskalten Keller übte Lisa trotzdem weiter. Nur noch zwei Monate bis zum Vorspiel, und sie hatte noch so viel zu lernen. Wenn sie von der Arbeit heimkam, zog sie sich warm an und streckte in der Küche die Finger zum Aufwärmen über dem holzgefeuerten Herd aus. Dann ging sie in den Keller, der so feucht war, dass Wasser an den Wänden kondensierte. An manchen Abenden verwandelte sich Lisas Atem in eine weiße Wolke. Manchmal schmerzten ihre Finger heftig. An anderen Abenden hörte Mrs. Cohen sie im Keller husten und rief sie hinauf in die Wärme der Küche. Lisa leistete der Aufforderung selten Folge und kam nur hin und wieder, aus Respekt vor der Heimmutter, nach oben. Und wenn, dann nur für einen Augenblick, dann ging's rasch wieder hinunter zum Klavier. Trotz des Frosts, den einer der kältesten Winter seit Menschengedenken brachte, wagten sich die Londoner wieder auf die Straßen und in die Parks, darauf wettend, dass die Bomben weiter wie bisher nur nachts fallen würden.

An Sonntagen überredete Aaron Lisa zu einem Schaufensterbummel auf der Oxford Street wie in Friedenszeiten. Bei Harvey Nichols waren neuerdings seltsame Moden ausgestellt, darunter ein Ganzkörper-Gummianzug mit passender Gasmaske. Luftschutzkleidung war in der Modeszene angekommen.

Unerwartet erschien eines Tages Gina im Heim. »Bin wieder da!«, rief sie als einzige Erklärung und spielte gleich wieder die Schwatztante wie früher. Es war ihr gelungen, einen Job in einem Schönheitssalon zu ergattern, woraufhin sie endlich ihre Stelle als Reiche-Leute-Kindermädchen in Richmond aufgeben hatte können. Zwar fand sie solch niedere Arbeit etwas würdelos, nahm sie aber in Kauf, um wieder bei ihren Freunden in der Willesden Lane sein zu können. Alle freuten sich, sie zu sehen, besonders Günter, der tagelang mit beschwipstem Grinsen herumlief. Gina vertraute Lisa an, Günters Lächeln sei es wert, dass sie sich herablasse, Fremden die Haare zu kämmen. Rasch tauschten die beiden alten Freundinnen nachts wieder Vertraulichkeiten über Leben und Liebe aus. Meist lag Gina ausgestreckt auf dem Bett, übers ganze Gesicht lächelnd, während Lisa zusammengerollt neben ihr lag und über Aarons Launenhaftigkeit klagte. Seine Aufsässigkeit war stärker geworden.

Eines Abends entspann sich ein besonders heftiger Streit zwischen Mrs. Cohen und Aaron. Ob wegen der neuen, strengeren

Sperrstundenvorschriften, die sie aus dem Bloomsbury House erhalten hatte, oder wegen Aarons Aufmüpfigkeit, der Heimmutter war der Geduldsfaden gerissen.

»Wenn Sie noch einmal nach dem Zapfenstreich eintrudeln, brauchen Sie überhaupt nicht mehr wiederzukommen«, sagte sie kategorisch.

»Bitte, ganz wie Sie wollen«, knurrte Aaron und ging in den Keller, um Dampf abzulassen. Er warb bei Lisa um Verständnis – umsonst.

»Mrs. Cohen hat recht, du Schwachkopf! Du musst die Regeln ernster nehmen. Ewig machst du nur Unsinn!«, dozierte Lisa.

»Klingt ganz schön anmaßend, Miss Neunmalklug!«, gab Aaron zurück, wandte sich um und ging. Lisa nahm das Üben wieder auf, aber nach ein paar Minuten bereute sie ihren Ausfall. Sie rannte nach oben ins Wohnzimmer, um sich bei Aaron zu entschuldigen. Er war jedoch nirgends zu finden, so kehrte sie in den Keller und zu Bach zurück. Am nächsten Abend war Aaron zu Lisas Entsetzen immer noch nicht zurückgekehrt. Von Selbstvorwürfen gepeinigt, lag sie auf dem Bett. »Es ist alles meine Schuld«, stöhnte sie.

Gina sah sie an. »Keine Bange. Das hat er früher, ehe du hier warst, schon oft gemacht. Der kommt wieder.«

Aber Aaron kam nicht wieder, weder am nächsten Abend noch am Abend darauf. Als der Ruf »Licht aus« ertönte, lag Lisa auf ihrem Bett, von Husten geschüttelt.

»Vielleicht solltest du eine Zeit lang nicht üben, Lisa. Es ist da unten zu kalt«, meinte Gina besorgt.

»Es ist nur ein Husten. Der geht weg. Keine Angst.«

»Wenn er nicht bald weggeht, kriegt hier keiner mehr Schlaf«, sagte Gina nur halb im Scherz. Am dritten Abend klingelte das Telefon in der Diele, und die Mädchen hörten Mrs. Cohens Schritte auf der Treppe.

»Lisa?«, rief Mrs. Cohen. »Aaron Lewin will dich sprechen – er ist am Telefon!«

Wie der Blitz war Lisa unten und packte den Hörer. »Aaron, Aaron, geht es dir gut?«

Gina schlich die Treppe hinunter und spitzte die Ohren, während ihre Freundin den Hörer ans Ohr drückte.

»Was? Wie lange denn?«, rief Lisa erschrocken. »Warte, warte! Nicht auflegen! Aaron? Aaron?«, schrie sie. Ein Knacken, und die Leitung war tot.

»Er hatte nur eine Minute Rededauer«, sagte sie ungläubig zur Heimmutter und zu Gina, die auf sie zutraten.

»Was ist passiert?«, fragten sie wie aus einem Munde.

»Aaron ist festgenommen worden! Er sitzt auf der Isle of Man – als feindlicher Ausländer!«

»Ach du lieber Gott. Wie lange bleibt er interniert?«, fragte Gina.

»K-keine Ahnung«, stotterte Lisa.

Mrs. Cohen nahm ihr den Hörer ab und legte ihn auf. »Früher oder später musste es ja so kommen. Sie werden zugeben müssen, er hat es selbst heraufbeschworen.«

Lisa stiegen die Tränen in die Augen, und Mrs. Cohen legte den Arm um sie. »Er wird nicht ewig da bleiben. Und nun legen Sie sich hin, und schlafen Sie.«

Lisa löste sich aus Mrs. Cohens linkischer Umarmung, rannte nach oben und warf sich auf ihr eiskaltes Bett. Ihr Schluchzen endete in einem Hustenkrampf. Besorgt stand Gina neben ihrer Freundin. »Ich gehe jetzt zu Mrs. Cohen und besorge dir heißes Wasser mit Zitrone oder so was.«

»Er hat das nicht verdient! Das hat er nicht verdient! Sie muss ihn hassen.«

»Sie hat es nicht böse gemeint. Natürlich hat er es nicht verdient.«

»Es ist alles meine Schuld.«

»Wieso ist es deine Schuld? Eine Menge Jungen werden hopsgenommen. Denk an Paul!«, sagte Gina mit so viel Mitgefühl, wie sie zu dieser nachtschlafenden Zeit aufbringen konnte.

Ohne zuzuhören, murmelte Lisa die ganze Zeit vor sich hin. »Es ist meine Schuld. Wäre ich nicht so gemein gewesen, wäre er nicht abgehauen. Aaron hat recht. Ich denke einzig und allein an meine Musik.«

»Es ist nicht deine Schuld, und außerdem, Paul hat gesagt, im Lager wäre es gar nicht so schlecht, weißt du noch?«, fügte Gina hinzu.

»Was weißt du schon davon?«, explodierte Lisa, sprang aus dem Bett und schlug die Tür hinter sich zu. Gina konnte hören, wie Lisa im Bad mit Gegenständen um sich warf. Wie sollte sie weiterleben ohne Aaron?

Der Dezember wurde sehr traurig für Lisa. Sie übte fleißig wie immer, aber die gnadenlose Kälte bot keine warme Umarmung am Ende des Abends. Aaron schickte mehrere Postkarten und entschuldigte sich für seinen Leichtsinn, aber seine kurzen Worte bewirkten nur, dass sie sich noch einsamer fühlte. Ihr Husten verstärkte sich. Manchmal wurde er so schlimm, dass Mrs. Cohen das erschreckende Geräusch durch die geschlossene Kellertür hörte. Eines Nachts, als sie oben an der Treppe stand und auf das erschreckende Geräusch lauschte, kam ihr ein Gedanke. Sie ging zum Telefon und tätigte einen Anruf. Am folgenden Abend – Lisa spielte gerade eine lyrische Passage aus der Pathétique – hörte sie, wie jemand klopfte. Die Tür öffnete sich eine Handbreit, und ein vertrautes Gesicht lugte durch den Spalt.

»Lisa, darf ich hereinkommen?«, fragte Mrs. Canfield.

»Oh, hallo!«, sagte Lisa überrascht. »Ja, natürlich, kommen Sie herunter.«

Vorsichtig stieg Mrs. Canfield die Treppe hinab, gefolgt von

Johnny, der ein altmodisches Kohleöfchen auf dem Arm trug. Lisa erkannte den Ofen wieder: Er stammte aus der Riffel Road.

»Den kann ich nicht annehmen«, wehrte Lisa ab.

»Unsinn«, sagte die Quäkerfrau. »Hier unten holst du dir ja den Tod.«

»Womit heizen Sie dann zu Hause?«

»Ich habe haufenweise Pullover und Mäntel. Ich brauch' ihn nicht.«

»Ich danke Ihnen tausendmal, aber es geht wirklich nicht …«, wehrte sich Lisa.

»Sie werden ihn nehmen, und damit hat sich's«, sagte Mrs. Canfield unnachgiebig.

Endlich gab Lisa nach. »Danke«, sagte sie. Sie hatte nicht zugeben wollen, wie schwach sie sich in letzter Zeit fühlte. Die Wärme würde hochwillkommen sein. Johnny schloss den Ofen an ein Abzugsrohr an, machte Feuer, schaute, ob alles einwandfrei funktionierte, stand dann auf und reichte Lisa ein gefaltetes Blatt Papier. Sie öffnete es rasch, sah, dass es ein Gedicht war, und lächelte. »Danke, Johnny! Das stelle ich aufs Klavier, damit es mich inspiriert.«

»Mach's gut. Halt dich warm!«, rief Johnny von der Treppe aus und verschwand.

»Hättest du etwas dagegen, wenn ich ein bisschen zuhöre?«, fragte Mrs. Canfield.

»Nein, bitte bleiben Sie!«

Mrs. Canfield zog den Strickbeutel hervor, den sie mitgebracht hatte, lehnte sich auf ihrem Stuhl zurück und lächelte. Bald war es puddelwarm im Keller. Kondenswasser bildete sich an den Wänden und auf den Flaschen. Lisa bestand darauf, die Tür zur Küche etwas offen zu lassen, damit die wohltuende Wärme auch den anderen zugutekam.

Lisa begann die Pathétique noch einmal von vorne. Wie befreit liefen ihre Finger über die warmen Tasten.

»Oh danke, Lisa! Wie gut das tut – deine herrliche Musik!«

Eine Stunde später, eher als üblich, heulten die Sirenen. Lisa wie auch Mrs. Canfield waren überrascht. Seit Wochen hatte es keinen Angriff mehr gegeben. Mrs. Canfield stand auf, um zu ihrem Luftschutzraum, eine Straße weiter, zu gehen.

»Nein, nein, bleiben Sie. Bei Ihnen drüben ist es viel zu kalt.« Mit Frösteln erinnerte sich Lisa an die schrecklichen Nächte in dem Wellblechgefängnis in Mrs. Canfields Garten.

»Danke, Kind. Dann bleibe ich«, sagte Mrs. Canfield, ging die Treppe hinauf und sicherte die Tür. Sie nahm ihr Strickzeug wieder auf und lauschte, wie Lisa die Bomber mit ihren Akkorden verjagte. Normalerweise kam nach mehreren Stunden Entwarnung, heute aber nicht. Immer wieder, stundenlang, dröhnten die Geschwader über den Himmel. Auch die leidenschaftlichste Kellermusik konnte sie nicht verjagen. Lisa begann zu husten und konnte nicht mehr aufhören. Sie kuschelte sich am Ofen unter eine Decke, neben Mrs. Canfield, die den Arm um sie legte. Mit einem Mal konnte Lisa das ewige Tapfer-sein-Müssen nicht mehr ertragen und fing an zu weinen.

»Was hast du denn, Liebes?«, fragte Mrs. Canfield.

»Meine Familie, sie fehlt mir so sehr. Es ist unerträglich … Ich halte es ohne sie nicht mehr aus. Ich weiß nicht einmal, warum ich noch weitermachen soll ohne sie.«

Mrs. Canfield umschlang das zitternde Mädchen. »Das hast du nicht in der Hand«, sagte sie. »Letztendlich ist es Gott, der unsere Welt lenkt. Wir sind hierhergesetzt worden, um seinen Willen zu tun. Ich glaube, dass es sein Wille ist, dass du deine Musik spielst. Ich höre darin eine große Wahrheit.«

»Meine Mutter hat mir gesagt, ich soll immer an meiner Musik festhalten.«

»Das musst du dir zum Vorsatz machen, Lisa, tiefinnerlich. Höre auf deine Mutter, die du liebst.«

Endlich kam Entwarnung, und Mrs. Canfield blickte auf die

Uhr. Es war fünf Uhr morgens. Sie half Lisa die Stufen hinauf. Im bitterkalten Morgengrauen traten sie ins Freie. Die Willesden Lane war verschont geblieben, aber halb London schien zu brennen. Kamen die Nazis?, fragte sich Lisa. Fiebrig verschwamm ihr plötzlich alles vor Augen, und sie fühlte ihren Körper schlaff werden.

Als sie wieder zu sich kam, lag sie im Bett, Gina reichte ihr eine Tasse heiße Hühnersuppe.

»Du bist aufgewacht! Du bist wach … Gott, Lisa, was haben wir uns für Sorgen gemacht!«, rief Gina. Flugs erschien Mrs. Cohen im Oberstock. »Sie haben uns ganz schön Angst eingejagt«, seufzte sie mit leichtem Vorwurf in der Stimme. »Der Arzt hat Ihnen die ganze nächste Woche Bettruhe verordnet. Er sagt, Sie haben eine böse Bronchitis.«

»Was habe ich?«, rief Lisa verängstigt. Sie kannte das Wort nicht.

»Bronchitis, einen schweren Husten. Sie dürfen nicht aus dem Bett.«

»Aber ich muss doch üben«, sagte Lisa.

»Erst wenn es Ihnen besser geht. Das ist ein Befehl.«

Nun brannte Gina darauf, zu Wort zu kommen, Lisa alles zu erzählen, was vorgefallen war. »Zwei komplette Tage hast du geschlafen. Du hast alles verpasst!«, platzte sie heraus.

»Gina!«, unterbrach Mrs. Cohen. »Lassen Sie Lisa bitte in Ruhe.«

»Nein, Mrs. Cohen. Ich will alles erfahren. Sind die Nazis gekommen?«, fragte Lisa verschreckt.

»Die Nazis? Unsinn! Die Yankees kommen! Du hast die Bombardierung von Pearl Harbor verschlafen!«

»Pearl … was?«, fragte Lisa verdutzt.

»Amerika ist in den Krieg eingetreten«, erklärte die Hausmutter. »Wir erzählen Ihnen später alles, meine Liebe.«

Plötzlich ließ Gina den Kopf hängen und begann zu schluchzen.

»Was ist?«, fragte Lisa. »Bitte sag's mir!«

»Psst, Gina, wir müssen Lisa in Ruhe lassen«, mahnte Mrs. Cohen.

»Es ist wegen Johnny«, sagte Gina, die Hausmutter überhörend.

»Johnny? Was ist mit ihm?«

»Gina!«, wiederholte Mrs. Cohen ernst.

»Bitte sag's mir. Ist er tot?«, flüsterte Gina.

»Er ist schwer verwundet«, erklärte Mrs. Cohen. »Als er beim Löschen eines Hauses half, ist eine Mauer über ihm zusammengebrochen. Im Krankenhaus kämpft er tapfer und wünscht sich, dass wir alle an ihn denken, und Sie ganz besonders, Lisa.«

»Vielleicht verliert er die Beine«, brachte Gina hervor.

Tränen rannen Lisa über die Wangen. »Oh nein! Kann ich ihn besuchen?«

»Sie dürfen nicht aus dem Bett«, sagte die Heimmutter streng.

Lisa wandte sich ab, um nicht die Beherrschung zu verlieren. Wie furchtbar ist doch dieser Krieg, dachte sie, als sie für ihren Freund betete.

19

Zwei Wochen Bettruhe heilten Lisas Fieber, aber der Husten blieb. Rasch rückte der Vorspieltermin heran, deshalb nahm sie nach einem modifizierten Plan das Üben wieder auf.

Ihre »Hilfsbrigade« verdoppelte ihre Anstrengungen: Günter übernahm Aarons Aufgabe und paukte mit ihr Musiktheorie, Gina durchlitt die Do-re-mis, und Hans hörte sich ihre Interpretationen an. Drei Wochen noch, die Uhr tickte; so weit, so gut. Hans verstieg sich sogar zu der Meinung, durch Aarons Abwesenheit gewinne ihre Musik eine Tiefe, die ihre siebzehn Jahre Lügen strafte. »Ah, ja, jetzt ist es Chopin!«

In der Woche vor dem Termin verzichtete sie am Montag aufs Üben und ging Johnny im Krankenhaus besuchen. Im Garten des Klosters pflückte sie einen riesigen Strauß Stockrosen und machte sich allein auf den Weg. Im Krankenhaus lagen neben den verwundeten Polizisten und Feuerwehrleuten auch verletzte Zivilisten. Manche trugen Gipsverbände, andere hatten Verbrennungen und dicke Mullbinden an allen Gliedmaßen. Johnny – bleich und sichtlich dünner – durfte das Bett nicht verlassen. Die Oberschwester bat Lisa, den Besuch kurz zu halten.

Er lächelte, als sie an sein Bett trat. Sie gab ihm einen Kuss auf die Stirn. »Oh Johnny, wie hast du mir gefehlt!«

»Du hast den Nonnen die Blumen geklaut. Schäm dich!« Sein leichter Plauderton verdeckte seine Rührung, doch sein Lächeln verriet, wie froh er war, sie zu sehen. Sie schwatzten über das Leben im Heim, und sie erzählte von den Übungsstunden und vom anstrengenden Unterricht durch das »Komitee« im Keller. Sie merkte, wie Johnny sich über die Neuigkeiten freute. Jede Einzelheit wollte er hören. Sie fragte nach seinen Gedichten, hatte aber nicht die Courage, sich nach seinen Beinen zu erkundigen.

»Dann bist du also bereit?«, fragte er.

»Wozu?«, scherzte sie, als ob sie nicht wüsste, dass jeder, nicht nur sie selbst, die Stunden bis zum Vorspielen zählte.

»Was spielst du zuerst?«

»Den Chopin.«

»Ganz gut, aber der ist so stark, dass er schwer zu überbieten ist.«

»Hm, vielleicht hast du recht«, lächelte sie.

Die Stationsschwester steckte den Kopf herein und verkündete, die Besuchszeit sei vorbei.

»Ehe wir uns verabschieden, habe ich eine Bitte«, sagte Johnny ernst. »Wenn du den Chopin spielst, denkst du an mich?«

»Nur, wenn du mir noch ein Gedicht schenkst«, neckte sie.

Johnny legte langsam den Kopf zurück, schloss die Augen und begann leise zu rezitieren.

Sag mir, was hört Gott?
An Gebeten mit Worten verzweifle ich.
All mein Gebet ist deine Musik.

Lisa nahm seine riesigen Hände in die ihren und lächelte über den Größenunterschied. »Klar denke ich an dich, Johnny. Ich wünschte, ich könnte jetzt für dich spielen.«

»Musst du nicht. Ich brauch nur die Augen zu schließen, dann höre ich dich.« Lisa küsste ihn zart und ging.

Am drittletzten Tag vor dem Termin war Lisa als Arbeitskraft für Mrs. McRae oder für Mr. Dimble nicht mehr viel wert. Sie schwebte in Ängsten wegen ihres Spiels und redete nervös von ihren Unsicherheiten.

»Gegen Schüler aus den besten Familien Englands muss ich antreten!«, klagte sie. »Und ich habe nicht mal was Anständiges anzuziehen.«

»Das ist ja eine Schande!«, bemerkte Mrs. McRae trocken.

Beschämt erkannte Lisa, wie frivol sich diese Äußerung für eine Frau anhören musste, die ihren Mann im Krieg verloren hatte und trotzdem ihrer Arbeit nachging, ohne zu klagen. So überraschte es Lisa, dass sie am nächsten Morgen beim Arbeitsantritt auf ihrem Stuhl ein Paket fand, das mit einem alten Bindfaden verschnürt war.

»Was ist das?«, fragte sie.

Mehrere Frauen gruppierten sich lächelnd um sie, sagten aber nichts. Mit verschmitztem Grinsen blickte Mrs. McRae von ihrer Nähmaschine auf, tat aber so, als verstehe sie die Frage nicht. Da alle schwiegen, nahm Lisa das Paket und machte es vorsichtig auf.

Zum Vorschein kam ein wunderschönes dunkelblaues Kleid. »Mrs. McRae, Sie haben doch nicht …« Mit offenem Mund hielt Lisa das elegante Kleidungsstück hoch. Die Frauen applaudierten.

»Piekfein, Mrs. McRae!«, sagte eine Arbeiterin. »Passen Sie auf, demnächst werden sie Hofschneiderin der Queen!«

Mrs. McRae lächelte stolz. »Das wird Eindruck schinden, hoffe ich.«

»Oh danke! Danke!« Lisa umarmte die Frau leidenschaftlich.

Am Samstag vor dem Vorspiel arbeitete Lisa allein im Keller. Sie hatte Hans gesagt, sie brauche einmal Ruhe und Selbstreflexion. Langsam übte sie, leise, mit äußerster Konzentration, jedem Ton Tiefe und Bedeutung verleihend. Wieder und wieder ging sie die Coda der Ballade durch, manchmal in Hochstimmung, weil alles gut klappte, manchmal in Angst, dass die Dinge aus dem Ruder laufen könnten. Dann, während einer leisen Passage, hörte sie ein vertrautes Pfeifen aus der Küche. Der Grieg! Sie sprang auf. Konnte das sein? War Aaron wie durch ein Wunder zurückgekommen, um ihr Glück zu wünschen? Sie rannte die Treppe hinauf und fand lediglich Günter vor. Sie suchte ihre Enttäuschung zu verbergen, während er über ihre Verwirrung lachte und ihr einen Brief von Aaron reichte. Sie riss ihn auf und überflog die Worte. Ungewohnt positiv, fast im Plauderton, schrieb Aaron, er sei überzeugt, dass er bald entlassen werde. Anspornend hatte er hinzugefügt: »Vergeude keine Sekunde mit Gedanken an mich. Sei gewiss, dass ich dich liebe, und konzentriere dich auf dein Vorspiel. Ich werde an dem Tag in jedem Augenblick an dich denken.«

Den letzten Satz las sie noch einmal, Freude im Herzen, und warf sich dann mit doppelter Energie auf die Musik, diesmal auf den Beethoven.

In der Nacht vor dem Vorspiel hatte Lisa einen Traum. Mit der Straßenbahn fuhr sie durch Wien, damals, in der Zeit vor den Nazis. Die Bahn fuhr am Riesenrad vorbei: Lisa sah, wie seine Lichter kreisten. Sie sah die prächtigen Standbilder, die monumentalen Bauten, sie winkte einem kleinen Parkorchester zu. Sie glitt am Stephansdom vorüber und fand sich in der Straße von Professor Lenz. Vom Fenster aus winkte er ihr zu und lächelte stolz. Sie hörte seine ermutigende Stimme im Ohr: »Was haben Sie heute für mich vorbereitet, Fräulein Jura? Wollen wir anfangen?«

Als sie erwachte, waren alle Nervosität und Angst von ihr abgefallen. Sie hatte einen klaren Kopf und fühlte eine große Ruhe in sich. Sie baute darauf, dass die Musik selbst ihr Kraft geben, ihr bester Freund sein würde, wie die Mutter es prophezeit hatte. Sie griff in die Schublade und zog die Bilder ihrer Eltern hervor, die jetzt mit einem Seidenband zusammengehalten waren. »Wünscht mir Glück, Mama … Papa.« Sie küsste die Bilder und begann mit ihren Vorbereitungen. Unruhig und ungeduldig wartete eine lange Schlange vor der Mädchentoilette, während Gina sich nach Kräften bemühte, ihre Freundin so zu frisieren, wie es sich für ihren großen Tag gehörte. Sie war entschlossen, Lisas Haar zu einem modischen Lockenwirbel zu stylen, der etwas seitlich versetzt auf dem Kopf saß. Dort steckte sie ihn mit Haarklemmen fest. Als die beiden endlich das Bad verließen, gab es stehende Ovationen, teils, weil endlich das Bad frei war, teils für Lisas elegante Erscheinung. Beschwingt wirbelte sie in Mrs. McRaes Kleid im Kreis, machte eine übertriebene Verbeugung und rannte treppab. In der Diele erschienen Mrs. Cohen und die Köchin, wischten sich die Hände an ihren Schürzen ab und winkten zum Abschied. Als Mrs. Glazer das schöne Mädchen in ihrem feschen neuen Kleid sah, brach sie in Tränen aus.

»Als wär's meine eigene Tochter!«, flüsterte sie, während sie winkte.

Mrs. Cohen zog ihr Taschentuch hervor und reichte es der Köchin.

Es überraschte Lisa, dass Günter auf dem Gehsteig auf sie wartete. Er trug einen braunen Tweedanzug, der inzwischen eine Nummer zu klein für ihn war. »Musst du nicht zur Arbeit?«, fragte sie.

»Ich begleite dich«, erwiderte er fröhlich.

»Günter!«, wehrte sie ab.

»Die Fabrik hat mir einen Tag freigegeben.«

»Günter, das musst du nicht. Ich kann allein hin.«

»Natürlich muss ich dich begleiten«, sagte er. »Unterwegs frage ich noch einmal alles ab.«

Sie lachte und nahm seinen Arm. »Na dann, ich danke dir.« Sie wusste, dies war eine Verschwörung, die das Komitee ausgeheckt hatte.

»Das Kleid steht dir wunderbar«, lobte Günter, als sie in die U-Bahn eilten.

»Könnte dieses Kleid den Beethoven spielen«, feixte sie, »dann brauchte ich mir keine Sorgen zu machen.«

Während der Fahrt blätterte Günter noch einmal Lehrmaterial durch und stellte ihr Frage auf Frage.

»Beschreiben Sie die Sonatenform … Was ist Kontrapunkt … Nennen Sie mir ein Beispiel für Polyphonie …«

Sie tat ihr Bestes, die Fragen zu beantworten, und als sie bei der Polyphonie strauchelte, wischte sie die Frage mit einer Handbewegung weg. »Das ist nicht wichtig!«

Günter warf ihr einen strafenden Blick zu und setzte dann den Prüfungsdrill fort bis zum Zielbahnhof. Bis zum Eingang der Royal Academy blieb Lisa von Nervosität verschont. Wieder überwältigte sie die Größe des Gebäudes. Als sie dann die große Gruppe gut gekleideter englischer Jugendlicher und ihre Eltern sah, fiel ihr das Herz in die Hose. Eine Aura von Entschlossenheit und Kampfgeist lag über der Gruppe, die sie fast körperlich spürte. Dass sie gegen junge und begabte Musiker antreten musste, hatte sie gewusst. Aber gegen so viele?

Sie reihten sich in die Schlange ein. Unwillkürlich zog Günter an seiner Hose, um die fünf Zentimeter breite Lücke zwischen seinen Hosenaufschlägen und den Schuhen zu überdecken. Lisa strich den Stoff ihres blauen Kleides an der Hüfte glatt. Die Jungs neben ihnen wirkten kühl und selbstsicher, frisch gewaschen und gepflegt. Einige von ihnen trugen Privatschulkrawatten und teure Schuhe. Dicht bei ihnen die Eltern, die englische Nonchalance und Überlegenheit ausstrahlten. Noch einschüchternder waren die Mädchen. Die meisten trugen einfache, aber elegante schwarze Kleider, die oft nur durch eine Perlenkette akzentuiert waren. Ein kollektiver Schimmer von Schönheit und Selbstsicherheit ging von ihnen aus. Obschon sich Lisa das Ärgste ausgemalt hatte, war sie doch nicht vorbereitet auf die souveräne Erscheinung dieser Jugendlichen, die sich so himmelweit unterschieden von ihren Landsleuten im Flüchtlingsheim und von den Arbeiterinnen in der Fabrik. Am stärksten ausgegrenzt fühlte sie sich nicht dadurch, dass sie ein blaues und kein schwarzes Kleid trug, sondern durch den Umstand, dass sie die einzige Aspirantin an diesem wichtigen Tag war, die nicht von ihren Eltern begleitet wurde. Keine Sorge, Mama, sagte sie lautlos. Ich weiß, dass du da bist. Günter sah, dass sie zitterte, und nahm ihre Hand und drückte sie fest. Sie lächelte ihren treuen Freund an. Gut, dass er da war.

Nach einer gefühlten Ewigkeit trat eine junge Frau mit einer Liste vor.

»Als Nächstes die Klavierschüler«, sagte sie und las eine Reihe von Namen ab. Lisa war dabei. Die junge Frau winkte ihnen, ihr zu folgen. Günter ließ ihre Hand los, zeigte ihr den nach oben gereckten Daumen, das Siegeszeichen der Flieger, das sie aus der Wochenschau kannten, und verschwand mit den übrigen Familien im Wartebereich im Foyer.

Lisa und zwanzig andere Schüler wurden in ein kleines Klassenzimmer im zweiten Stock geführt. Jeder bekam einen Stift und ein Prüfungsheft. Eine Stunde hatten sie Zeit für die theoretische Prüfung. Endlose Fragen füllten die Seiten. Aus Nervosität, vielleicht einzelnen Fragen zu viel Zeit zu widmen, ging Lisa sie in wachsender Eile durch. Antworten, die sie so hastig gepaukt hatte, erschienen wie Visionen vor ihrem Auge, und fieberhaft schrieb sie sie nieder, ehe sie wie platzende Seifenblasen wieder verschwinden konnten. Es gab Fragen, die sie nicht beantworten konnte, viele aber konnte sie beantworten, und sie schwankte zwischen dem Gefühl, sich hervorragend zu schlagen, und der Angst, kläglich zu versagen. So schnell ging es, dass sie am Ende vor der Zeit fertig war, aber sie traute sich nicht, noch einmal rückschreitend alles zu überprüfen. Sie wollte sich nicht mehr verunsichern lassen.

»Bitte die Stifte niederlegen«, sagte endlich der Aufsichtsführende. Nun wurde Lisa in einen Übungsraum mit einem Klavier geführt, wo sie von einem ernsten jungen Mann in Gehörbildung geprüft wurde. Sie sang die gewünschten Intervalle und tat ihr Bestes, angeschlagene Tonabstände auf dem Klavier einwandfrei zu erkennen.

»Danke«, sagte der Prüfer, als es vorbei war, und ließ sich nicht anmerken, wie sie abgeschnitten hatte. »Bitte warten Sie vor dem Vortragssaal im Erdgeschoss.«

Die freundliche junge Frau mit der Liste kam vorbei und sagte ihr, zum nun folgenden Vorspielen werde sie als Sechste an die Reihe kommen. Dass sie die Reihenfolge wusste, erleichterte Lisa. Nun würde ihr nicht jedes Mal das Herz bis zum Halse schlagen, wenn die Saaltür aufging und ein neuer Schüler gerufen wurde.

Als Günter sie sah, kam er zu ihr herüber und setzte sich auf den Stuhl neben sie. Sie lächelte, lehnte den Kopf an die Wand und ging im Geiste noch einmal alles durch. Sie ordnete zu jedem

Stück die Bilder in ihrem Kopf und versuchte, sich auf die harte Bewährungsprobe zu konzentrieren. Sie wusste, dass sie zum Vorspiel, zur »Kür«, nur zwanzig Minuten Zeit hatte und dass die Juroren sie unterbrechen und Ausschnitte aus allen Stücken, die sie vorbereitet hatte, von ihr verlangen konnten. Gelegentlich drang gehämmertes Oktavspiel eines Konkurrenten durch die gepolsterten Türen, was Lisas Konzentration zunichtemachte. Ein Pianist klang großartiger als der andere. Sie versuchte, die Klänge aus ihren Gedanken zu verdrängen. Je mehr sie hörte, desto stärker litt ihr Selbstvertrauen. Als die Frau mit der Liste ihren Namen aufrief, stand Lisa auf, so würdevoll sie konnte, ungeachtet ihres plötzlichen Herzklopfens, und schritt durch die Doppeltür. Mit weichen Knien ging sie durch den riesigen Saal zum Podium, wo ein prachtvoller Steinway auf sie wartete. In der zehnten Reihe des ansonsten leeren Saals saßen zwei Prüfer und eine Prüferin mit ausdruckslosen Gesichtern. Sie schritt die Stufen hinauf, ging zum Flügel und verbeugte sich. Sie hatte geplant, mit der Ballade zu beginnen, um gleich zu Beginn großen Eindruck zu machen, aber ihr hämmerndes Herz verschreckte sie so, dass sie sich entschloss, den Beethoven vorzuziehen. Die würdevoll voranschreitenden Eingangsakkorde konnten sie vielleicht beruhigen.

»Was möchten Sie zuerst spielen?«, fragte der Prüfer links. Seine Stimme hallte im leeren Saal.

»Beethovens Klaviersonate in c-Moll, Nummer acht, Opus dreizehn«, antwortete Lisa.

»Die Pathétique«, sagte der andere Prüfer und kritzelte etwas in das vor ihm liegende Buch.

Lisa setzte sich, schraubte die Bank auf die richtige Höhe, testete kurz die Gängigkeit der Pedale, holte tief Atem und begann. Die Einleitungsakkorde der Sonate sind tiefernst, das Tempo gemessen und getragen. Für Lisa waren sie ein Aufruf zum Gebet, so feierlich und weihevoll wie das Anzünden der Kerzen auf dem

Kaminsims ihrer Eltern. Sie sah die Sorgfalt, mit der ihre Mutter die Sabbatflamme entfachte, und spürte die Wärme des Zimmers in den Harmonien der dramatischen Akkorde. Nach der feierlichen Einleitung, dem Aufruf zum Gebet, dann jäh das sprudelnde Feuer des *Allegro di molto e con brio*. Leicht flogen ihre Hände durch die Triller und Arpeggien auf und ab über die Tastatur. Sie dachte an die Kraft, die zur Vorbereitung des Sabbatmahls nötig war. Sie sah, wie spielerisch Sonia die Tabletts herein- und herausschaffte, wie rasch sie mit ihren kleinen Beinchen rannte, so, wie eben jetzt die hohen Töne perlten und wirbelten in der perfekten Akustik der Halle. Mit der Reprise der Einleitung kehrte Beethovens erhabener Ernst zurück. In der majestätischen Schlichtheit der Töne suchten Lisas Hände genau den Anschlag, der die schmerzliche Melancholie vermitteln konnte, die sie in sich spürte.

»Danke«, hörte sie kurz vor dem Ende des ersten Satzes. Jäh wurde ihr bewusst, dass die Prüfer sie volle zehn Minuten hatten spielen lassen. Oh nein, stöhnte sie innerlich. Nur noch zehn Minuten Zeit und ich konnte ihnen noch keinen Ton der Ballade zeigen!

»Vielleicht könnten Sie als Nächstes Ihr Präludium bzw. Ihre Fuge spielen.«

Sie wollte sagen: »Nein, nein, Sie müssen den Chopin hören!« Aber sie verbeugte sich anmutig und begann Bachs Fuge in d-Moll. Angestrengt versuchte sie, das Metronom in ihrem Kopf zu hören, da sie wusste, dass man das Stück tempogenau und beherrscht spielen musste. Sie nahm sich zusammen, aber als der Steinway unter ihren Fingern allzu herrlich klang, konnte sie es sich nicht verkneifen, sich kleine Freiheiten herauszunehmen und kleine Rubati einzuschieben. Gerade freute sie sich, dass es gut lief, da schnitt eine dünne Frauenstimme in ihre Konzentration.

»Danke«, sagte die kleine Dame im dunklen Kostüm. »Und was haben Sie aus der Romantischen Epoche vorbereitet?«

»Chopins Ballade in g-Moll, Opus dreiundzwanzig, Nummer eins.«

Wieder keine Reaktion, nur das Kritzeln der Füllhalter in den geheimnisvollen Büchern. Wie der Beethoven begann auch der Chopin langsam und majestätisch – ein *Largo*. Dann aber ließen Chopins romantische, fein verwobene Melodien Lisa das Herz aufgehen. Dieser Komponist rührte an den Grund von Lisas Seele, ließ tiefe Sehnsüchte erwachen. Ihre Mutter hatte ihr erzählt, dass Chopin in dieser Ballade den Verlust seines Vaterlandes Polen beweinte, aus dem er vor Krieg und Zerstörung hatte fliehen müssen und das er nie wiedergesehen hat. Lisas Finger sangen ihre eigene nostalgische Huldigung – an Wien, das sie verloren hatte, an ihre Eltern, an Rosie, auch an die jetzt so ferne Sonia. Sie legte ihre ganze Seele offen, fast ohne bewusste Anstrengung bewegten sich ihre Finger. Einmal merkte sie, dass ihr eine Träne über die Wange rollte, aber sie achtete nicht darauf. Im weiteren Verlauf der Ballade wob Chopin aus der sehnsuchtsvollen Melodie leichtfüßige Arpeggien. Lisas starke, aber zarte Finger eilten auf und ab, flogen durch die filigrane Chromatik. Leidenschaftliches Sehnen, gerichtet auf die eigene Zukunft, klang aus ihrem Spiel – ihre wachsenden Gefühle für Aaron, ihr Gebet um Johnnys Gesundung, ihr Glaube an die Schönheit einer fernen Welt ohne Krieg. Sie spielte sich in eine derart rauschhafte Entrückung, dass sie am Ende des feurigen Schlusses bei den donnernden Oktaven des *Presto con fuoco* kaum noch wusste, wo sie war. Ein weiteres »Dankeschön« riss sie aus ihrer Trance und bestürzt erkannte sie, dass sie das gesamte Stück ohne Unterbrechung durchgespielt hatte. Vielleicht hatte man sie gebeten aufzuhören und sie hatte es nicht bemerkt. Wie peinlich! Sie hob den Kopf und blickte in den Saal. Die beiden Prüfer kritzelten in ihren Büchern, und die Prüferin nickte ihr höflich zu. Immerhin schauen sie nicht wütend drein, dachte Lisa, aber das war der einzige Zuspruch, den sie sich geben konnte. Sie suchte die Gesichter nach einer Reaktion ab, sah aber keine.

»Das ist alles. Sie können gehen.« Eine weitere Antwort bekam sie nicht. Sie verbeugte sich und verließ das Podium, so würdevoll sie konnte.

Draußen wartete Günter. »Wie war's? Wie ist es gelaufen?« Er brannte vor Neugier.

»Ich hab' mein Bestes gegeben. Alles, was ich kann und bin.«

20

Februar wurde März, doch das Wetter im Frühjahr 1942 blieb bitterkalt. Die Bombardierungen wurden seltener: Das eisige Wetter machte es der Luftwaffe schwerer, bis London zu fliegen. Lisa begann, in der Fabrik Überstunden zu leisten – einerseits, um ihre patriotische Pflicht zu tun, andererseits, um sich vom qualvollen Warten auf die Prüfungsergebnisse abzulenken. Jeden Morgen trottete sie die Straße hinab, traf an der Ecke der Walm Lane denselben Zeitungsjungen und las die Tagesration an Hiobsbotschaften. Gewiss, der Kriegseintritt der Amerikaner hatte die Moral sehr gehoben, dennoch kamen vom europäischen Schauplatz weiterhin schlimme Nachrichten. In der Synagoge munkelte man von massenhaften Judendeportationen auf dem ganzen Kontinent. Die Postverteilung beim Abendessen war zu einer traurigen Angelegenheit geworden, denn die meisten Kinder bekamen keine Briefe von ihren Eltern mehr. Alle Erwartungen richteten sich jetzt auf die Antwort, die Lisa von der Royal Academy bekommen musste. Jeden Abend verstummte alles, wenn Lisas Name fiel.

»Lisa Jura?«, sagte Mrs. Cohen und blickte auf die Handschrift auf dem Kuvert. Atemlose Stille.

»Es ist wieder nur von Ihrer Schwester Sonia …« fügte Mrs. Cohen rasch hinzu, um die unerträgliche Spannung zu lösen. Sonias Briefe waren jetzt in fließendem Englisch geschrieben und enthielten zunehmend positive Nachrichten über ihre Fortschritte in der Schule.

Eines Freitagabends beim Sabbatmahl glaubte Lisa, eine seltsame Erregung zu bemerken. Mehr als nur einige Gesichter wandten sich ihr zu. Sie wusste, dass derjenige, der die Post in Empfang genommen hatte, oft auch schon herumtratschte, auf wen ein Brief wartete, und solche Nachrichten verbreiteten sich in Windeseile. Es hatte aber bisher niemand etwas zu ihr gesagt. Warum blickten dann alle so merkwürdig?, fragte sie sich.

»Lisa Jura?«, sagte Mrs. Cohen und hielt einen Brief hoch. »Er ist von der Royal Academy of Music.« Schweigen senkte sich über den Raum. Wie üblich reichte Mrs. Cohen den Umschlag an den Jungen zu ihrer Linken, der ihn um den großen Esstisch herum weiterreichte. Jeder strich vorsichtig über die erhabenen Goldlettern des Emblems der Royal Academy. Als der Brief Lisa erreichte, starrte sie ihn wie gelähmt an.

»Wollen Sie ihn denn nicht öffnen?«, fragte Mrs. Cohen leise.

Lisa antwortete nicht. Sie starrte weiter auf den Brief. Konnte sie eine weitere Enttäuschung verkraften?

»Möchten Sie, dass ich ihn für Sie aufmache?«, fragte Mrs. Cohen schließlich.

Lisa nickte und schickte den Brief zum Tischkopf zurück. Sie hatte warten wollen, hatte allein sein wollen, aber sie wusste instinktiv, dass sie die Nachricht, gut oder schlecht, sofort mit allen teilen musste. Sie waren ihre Familie. Sie hatten ihr zu all dem verholfen. Das Antwortschreiben war auch an sie gerichtet. Mit einem sauberen Messer öffnete Mrs. Cohen das Schreiben, um es, wenn nötig, der Nachwelt zu erhalten. Sie entfaltete den starken, eleganten Briefbogen und las: »Das Kuratorium der Londoner

Royal Academy of Music« – Kunstpause – »freut sich, Miss Lisa Jura mitteilen zu können …«

Am Tischende der Aufschrei eines kleinen Jungen. Rasch legte sich eine Hand auf seinen Mund, damit die übrigen glühenden Gesichter das Ende des Satzes mitbekommen konnten.

»… dass sie ins Stipendiatenprogramm zum Klavierstudium aufgenommen worden ist. Bitte melden Sie sich …«

Ein Sturm brach los, laut wie die Oktaven am Ende der Ballade. Lisa wurde bestürmt und mit Küssen, Umarmungen und Glückwünschen überschüttet, und wer nicht nahe genug herankam, spendete Applaus. Ein Junge begann *God Save the King* zu pfeifen, ein anderer brüllte: »Bald müssen wir Eintritt bezahlen, um sie zu hören!« Lisa war die Heldin des Tages, und die Kinder aus der Willesden Lane hatten eine Siegesmeldung verzweifelt nötig. Jedermann bestand darauf, dass Lisa etwas aus dem Vorspiel zum Besten gab, deshalb trampelte das ganze Heim in den Keller hinunter, um das *Presto con fuoco* aus der Ballade zu hören. Hans, Günter und Gina legten die Arme umeinander und wiegten sich hin und her, der Mühe Lohn nach harter Arbeit genießend. Selbst Aarons Fehlen konnte Lisa den wunderbaren Abend nicht verderben. Nach dem Finale bat Mrs. Glazer noch einmal zu Tisch, zu dem Spezialdessert, das sie heimlich gemacht hatte (in der Hoffnung, der Brief werde eine gute Nachricht bringen). »Lebkuchen für alle«, rief sie. Alles stürmte nach oben. Mrs. Cohen blieb lächelnd zurück. Lisa ging zu ihr hinüber und nahm die Heimmutter in die Arme. »Ohne Sie hätte ich nie von dem Vorspiel bei der Royal Academy gehört. Wie kann ich Ihnen je danken?«

»Sie haben mir gedankt. Sie haben diesem Haus Ehre gemacht.«

»Wunderbar, wenn alle sich so freuen«, sagte Lisa schüchtern.

»Natürlich freuen sie sich«, lächelte die Heimmutter. »Wir brauchen alle einen Traum, und heute Abend lebt jeder seinen Traum durch Sie.«

Noch eine weitere Freude wartete auf Lisa: In der nächsten Woche wurde Aaron aus dem Internierungslager entlassen. Er erschien in der Willesden Lane, um Lisas Triumph feiern zu helfen.

»Wohin entführst du mich?«, wollte Lisa in dem koketten Ton wissen, den Aaron liebte.

»Zu einer kleinen Siegesfeier. Mehr sage ich nicht«, antwortete er.

Lisa rannte nach oben und zog ihren neuen Faltenrock und eine schicke blaue Bluse an. Ein fescher Filzhut krönte das Ganze. In der Diele pfiff Aaron anerkennend, dann ging es los. Sie bestiegen einen Doppeldeckerbus und kletterten sofort aufs offene Oberdeck, um, in der Kälte zusammengekuschelt, die grandiose Aussicht zu genießen. Der Bus schlängelte sich am Buckingham Palace vorbei, die Oxford Street hinunter, dann südlich in Richtung Themse. Jedes Mal, wenn Lisa Aaron löcherte, wohin sie denn nun führen, lachte er. So viel Spaß machte die Fahrt, dass sie beinahe ihre Haltestelle verpassten – das Parlamentsgebäude, oder was die Bomben davon übrig gelassen hatten.

»Was machen wir hier?«, fragte Lisa etwas enttäuscht.

»Gedulde dich, gleich wirst du's sehen.«

Viele kalte Minuten warteten sie, während Aaron eine Zigarette nach der anderen anzündete und nervös auf die Uhr schaute.

»Ich will doch schwer hoffen, dass du mich nicht an der Nase herumführst«, flachste Lisa und blies Aaron eine eisige Atemwolke zu. Schließlich erschien ein älterer Herr und winkte. »Hallo, Mr. Lewin!«, grüßte er und schüttelte Aaron die Hand. »Gehen wir.« Der Mann schloss eine unscheinbare Tür auf und winkte sie in einen Gang, der zu einer schmalen Treppe führte.

»Na los, keine Müdigkeit!«, sagte Aaron. Sie folgten dem Mann die Treppe hinauf, die kein Ende zu nehmen schien.

»Sind wir noch nicht da?«

»Immer weiterklettern! Du musst mir vertrauen«, sagte Aaron

und hielt sie fest an der Hand. Sie folgte ihm durch die Finsternis der unendlichen Wendeltreppe. Oben angekommen, schloss Lisa geblendet die Augen. Helles Licht stach von einer offenen Turmplattform herab. Dann sah sie es – eine riesige Uhr mit Uhrwerk und Glockenspiel.

»Das ist der Big Ben!«, rief Aaron.

»Unglaublich!«, jubelte Lisa.

»Komm … schau mal hier drüben«, deutete Aaron. »Und hier! Schau!«

Sie standen hoch über London. Unter ihnen war die City ausgebreitet, das Unterhaus, die Kuppel von St. Paul's, die belebten, gewundenen Straßen. Friedlich floss die Themse dahin und verschwand in der Ferne. Lisa ließ die Hand in Aarons Hand gleiten, doch statt sie zu nehmen, schlang er die Arme um sie und umfing sie mit einem Kuss. Dann standen sie sprachlos und ließen das Panorama auf sich wirken. Der Krieg, die Bomben, die Zerstörung: All das schien zu verschwinden. In diesem Augenblick wagte es Lisa, Hoffnung zu schöpfen. Hoffnung auf ein siegreiches Kriegsende, Hoffnung auf ein Wiedersehen mit ihrer Familie, Hoffnung auf die Erfüllung ihrer Träume. Sie konnte studieren! Und wenn sie gut genug studierte, konnte sie werden, was sie sich immer erträumt hatte – Konzertpianistin.

Während sie hinabschaute, verwandelten sich die Tausenden Häuser in tausend Gesichter, die Gesichter eines Konzertpublikums, die Gesichter aus dem Tagtraum, den sie in der Straßenbahn in Wien gehabt hatte. Sie ließ es zu, dass der Traum wieder von ihr Besitz ergriff, der Traum von einem eleganten Publikum, das darauf wartete, dass sie den ersten Ton anschlug. Sie konnte die Stille hören, die Vorfreude spüren, während sie sich an den drei Meter langen Flügel setzte und begann. Warum sollte sich das nicht erfüllen?

Als sie aus der Träumerei erwachte und Aaron anblickte, sah sie, dass auch er von fernen Dingen träumte. Aber er starrte nicht auf den Horizont, er schaute hinab auf eine Gruppe britischer Soldaten, die sich am Fuß des Glockenturms sammelte.

21

Die Krokusblüte im Frühjahr 1943 zeigte an, dass wieder ein Jahr vergangen war, aber Lisa hatte kaum ein Auge dafür, so vertieft war sie in ihre neuen Studien. Kaum hatte sie noch Zeit, die ermutigenden Nachrichten zu lesen, die das Schwarze Brett an der Straßenecke verkündete: *Alliierte nehmen Neapel* und *Kiew befreit*.

Die Royal Academy of Music erwies sich als so aufregend, wie sie gehofft, und so anspruchsvoll, wie sie erwartet hatte. Theorie, Musikgeschichte, Grundlagen der Orchestrierung – Lisa war von allem begeistert. Im Herbst 1942, in ihrem ersten Jahr, war sie zur »Meisterschülerin« avanciert und fand beim Öffnen der Tür des Unterrichtsraums mit Erstaunen dieselbe kleine Dame vor, die als Prüferin im Saal gesessen hatte. Sie hieß Mabel Floyd und war eine Lehrerin von ausgezeichnetem Ruf. Mrs. Floyd begrüßte sie herzlich, versicherte Lisa, sie sei äußerst talentiert (sie nannte sie einen »Rohdiamanten«), und ging sofort *in medias res*. Tausend Dinge hatte sie an Lisas Spiel zu korrigieren. Eine geschlagene Stunde während dieses ersten Unterrichts tat sie nichts anderes, als immer und immer wieder die ersten beiden Seiten der Chopin-Ballade durchzugehen.

»Warum setzen Sie hier ab, Lisa? Hören Sie … es geht doch weiter … Erst eine Frage, dann eine Antwort … Weiter … Ja, jetzt bekommt es Schwung … nicht aufhören … ja, genau so, sehr gut!«

An dem Tage ging Lisa heim mit Mabel Floyds Abschiedswort im Ohr: »Wir haben noch eine Menge Arbeit vor uns!«

Sie konnte es nicht erwarten, Hans davon zu erzählen. »Unglaublich, was? Eine ganze Stunde für zwei Seiten! Zuerst dachte ich, sie würde zugeknöpft sein, diese kleine Engländerin. Aber weißt du, was sie gemacht hat? Sie hat die Phrasen gesungen, ehe ich sie gespielt habe. Du hättest sehen sollen, wie sie mit den Armen gewedelt hat, wie ein Dirigent!« Dann setzten sich Lisa ans Klavier. »Hier, hör mal«, sagte sie und spielte den Chopin mit ihrer neuen Phrasierung. Hans hörte genau zu. »Ah! Jetzt klingst du wie Rubinstein!«

»Das hast du früher auch schon gesagt«, rief sie, ihr Spiel übertönend.

»Da hab' ich ein bisschen geflunkert …«, lachte er.

Lisa hörte auf, nahm die Noten und gab ihm einen spielerischen Klaps über den Kopf.

Das erste Studienjahr brachte noch viele weitere Veränderungen in Lisas Leben. Nach langem Kampf starb Johnny und hinterließ eine schmerzliche Lücke, die sich nicht wieder schloss. Lisa war tief erschüttert – sie hatte geglaubt, ihr Freund würde durchkommen, aber seine inneren Verletzungen waren stärker gewesen, als man geahnt hatte. Er fehlte ihr schrecklich. Noch einsamer wurde sie, als Aaron sich als Fallschirmspringer zur Pioniertruppe meldete. Nachdem sie gesehen hatte, wie er vom Big Ben die Soldaten angeschaut hatte, hätte Lisa sich ausrechnen können, dass es so kommen musste – wie lange konnte er es noch ertragen, die Paraden anzusehen und nicht dabei zu sein? Erst freute sie sich und malte sich aus, einen Kriegshelden zum Freund zu haben. »Mensch, siehst du klasse aus!«, sagte sie, als Aaron vom Ausbildungslager heimkehrte und sie ihn erstmals in frisch gebügelter Uniform zu Gesicht bekam. Aber dann ging ihr auf, was die Trennung eigentlich bedeutete, und es gab ihr einen Stich ins Herz. Am Abend vor seiner Einschiffung kam er ins Wohnheim, um Lebewohl zu sagen. Mrs. Cohen stellte freundlicherweise ihr Zimmer zur Verfügung, damit sie ein paar Stunden allein miteinander verbringen konnten. Als der Abend vorüber war, ging Aaron in den Salon und schüttelte reihum allen die Hand. Besonders Günter sah ihn nur schweren Herzens gehen. Er hatte Gewissensbisse, weil er sich nicht auch gemeldet hatte. Doch Gina tröstete ihn und erinnerte ihn an seinen Entschluss, sich seinen Studien zu widmen. Günter wollte Arzt werden, wusste allerdings, dass es ein harter Kampf werden würde, bekam er doch jetzt erst Gelegenheit, die britische Hauptschule zu besuchen.

Lisa schluchzte so herzzerreißend, dass sie es nicht über sich brachte, Mrs. Cohens Zimmer zu verlassen und Aaron noch einmal nachzuwinken, als er ging. Erst schrieb sie ihm jeden Tag, dann einmal in der Woche, hatte aber bald so viel zu tun, dass sie nur noch alle vierzehn Tage schrieb. Von Aarons Seite aus vollzog sich das Gleiche: Das Leben im Regiment und die Härten der Fallschirmspringerausbildung nahmen ihn vollkommen in Anspruch. Anfangs waren seine Briefe ausführlich und enthusiastisch, nach den ersten Kampferfahrungen dann weitaus zurückhaltender. Lisa versuchte, zwischen den Zeilen zu lesen. Wie war es da draußen? Was hatte er gesehen? Sie wagte nicht, es sich auszumalen.

Als das Wetter wärmer wurde, ließ Mrs. Cohen die Kinder, wie es damals in London üblich war, einen »victory garden« anpflanzen – Tomaten, grüne Bohnen und Gurken. Den jüngeren Kindern wurde die Obhut für die allerneueste Innovation übertragen – eine Schar Legehennen im Hinterhof.

»Eier! Ich hatte ganz vergessen, wie sie aussehen«, staunte Mrs. Glazer, als das erste gelegt war. Der Sommer 1943 brachte die gloriose Nachricht, dass die Familie Bates es nach einem Jahr Bettelei nun endlich als hinreichend ungefährlich betrachtete, Sonia einen Besuch bei ihrer älteren Schwester in London zu gestatten. Lisa holte Sonia vom Zug ab und erdrückte sie fast in ihrer Umarmung. Überrascht stellt sie fest, dass Sonia für ihre sechzehn Jahre immer noch klein und dünn war. »Geben sie dir auf dem Land nicht genug zu essen?«, fragte sie.

»Es ist nicht wie Mutters Küche, aber hab' keine Angst. Ich versuche zu essen, so viel ich kann.« Lisa, die sich mit dieser Antwort nicht zufriedengab, fütterte Sonia das ganze Wochenende lang mit Extraportionen aus der Küche. Sie ging mit ihr auf eine große Besichtigungstour ihrer neuen Heimatstadt. Am Buckingham Palace spähten sie sich die Augen nach der Prinzessin aus dem Kopf. Lisa wollte Sonia die U-Bahn zeigen, konnte sie aber um keinen Preis dazu bewegen, damit zu fahren. Das jüngere Mädchen wehrte sich dagegen, in die dunklen Tunnels zu steigen. Alle Überredungskunst war vergeblich. Schließlich gab Lisa es auf und schlug den Doppeldeckerbus vor, mit dem sie stundenlang glücklich herumfuhren, ehe sie zum Taubenfüttern auf dem Trafalgar Square ausstiegen. Als sie am Big Ben vorbeischlenderten, gestand Lisa, dass sie auf dem Glockenturm geküsst worden war. Mit großen Augen staunte Sonia über das unverfrorene Verhalten der Schwester, aber Lisa versicherte ihr, auch sie werde bald einen Jungen kennenlernen, und dann werde sie sie verstehen. Schwieriger waren die Nächte. Im Schlaf weinte Sonia um ihre Mutter und fragte am Morgen mit nassen Augen, wann Lisa denn glaube, dass sie ihre Eltern und Rosie wiedersehen würden.

»Ich weiß es nicht«, begann Lisa, aber als sie Sonias traurigen Gesichtsausdruck sah, fügte sie hinzu: »Ganz sicher bald.«

Trotz der Wermutstropfen war es ein wunderbarer Besuch, und am Sonntagabend, als es Abschied zu nehmen galt, waren beide Schwestern in sehr gedrückter Stimmung. Sie gelobten, einander oft zu schreiben, besonders, falls eine der beiden etwas von der Familie hören sollte. Wenige Wochen nach Sonias Visite bekam Lisa einen kurzen Brief von Leos Cousin in Mexiko. Aus Österreich kam überhaupt keine Post mehr, aus anderen Ländern nur noch gelegentlich. Lisa riss den Brief auf und überflog ihn rasch.

»Von Leo und Rosie haben wir immer noch nichts gehört, aber wir haben Nachricht, dass die allermeisten Juden aus Wien jetzt in Internierungslager verbracht worden sind, bei Łódż, glauben wir. Wir haben verzweifelt versucht, uns dort nach unseren Tanten und Onkeln zu erkundigen, aber hier von Mexiko aus gibt es kaum Möglichkeiten des Postverkehrs. Habt Ihr da drüben bessere Informationsquellen? Bitte schreibt uns, wenn Ihr irgendetwas hört.«

In Panik brachte Lisa diesen Brief ins Bloomsbury House, doch weder dort noch bei der Jewish Refugee Agency noch sonstwo konnte irgendjemand ihre flehentlichen Bitten beantworten. Alle Briefe kamen mit dem Stempel *Unzustellbar* zurück, und jeder Versuch Lisas und der übrigen Heimbewohner, ihre Eltern zu kontaktieren, scheiterte.

Lisa rang darum, ein Mindestmaß an Normalität in ihrem Leben zu bewahren. Ihr Arbeitspensum war enorm. Früh ging's aus den Federn, dann kam die Morgenschicht in der Fabrik. Ab 1943 fertigten Platz & Sons militärische Gebrauchsgegenstände – Transportbeutel, Tornister, Schmutzfänger, Tarnplanen, alles aus schwerem grünen Segeltuch. Die Arbeit war härter denn je, und Lisas müde Finger begannen die Strapazen der schwierigen und eintönigen Plackerei zu spüren: Sie bekam Meter um Meter dicke Tuchbahnen unter den Nähfuß der Maschine geschoben. Am Nachmittag folgte dann ihr Unterricht an der Akademie, der in stundenlanges Üben mündete, damit Mrs. Floyd zufrieden war. Es blieb Lisa kaum Zeit, sich mit ihren Kommilitonen anzufreunden, und sie beneidete diejenigen, die sie im Foyer sitzen sah und die so unbeschwert in ein Gespräch vertieft schienen. Sie wirkten so heiter und sorgenfrei. Sie sagte sich, dass sich die harte Arbeit eines Tages auszahlen würde, und sie wusste, dass ihre Mutter stolz auf sie wäre.

Hin und wieder gingen sie, Hans und Mrs. Cohen mit Freikarten vom Bloomsbury House in die ehrwürdige Royal Albert Hall. Verzückt lauschte Lisa Größen wie dem Pianisten Clifford Curzon und dem Dirigenten Sir John Barbirolli und vor allem wieder ihrem Idol – Myra Hess. Angelpunkt der Woche war ihre Stunde bei Mabel Floyd. Nach pflichtbewusstem Üben ihres Pensums pflegte sie donnerstags um drei Uhr dreißig in Hochstimmung bei ihrer Lehrerin vorzusprechen.

»Nein, nein, nein«, unterbrach Mrs. Floyd Lisa schon nach ein paar Takten. »Ein Triller ist etwas Leichtes! Denken Sie an feinen Flitter, an das Läuten kleiner Glöckchen. Bei Ihnen klingt es wie Armeestiefel im Gleichschritt.«

Rasch rieb Lisa die schmerzenden Muskeln ihres rechten Unterarms und begann erneut. Mit dem gleichen Ergebnis.

»Nein, nein. Noch einmal ganz von vorn bitte.«

Wieder rieb sich Lisa den Arm, ehe sie anfing.

»Haben Sie irgendetwas mit dem Arm?«, erkundigte sich die Lehrerin.

»Nein, nichts. Nur ein bisschen Muskelkater«, erwiderte Lisa und rieb den Arm erneut.

»Vielleicht üben Sie zu viel«, meinte Mrs. Floyd in plötzlicher Sorge. »Wie viele Stunden üben Sie am Tag?«

»Drei«, erwiderte Lisa.

»Na, das klingt ganz normal. Aber arbeiten wir mal eine Weile mit der Linken und lassen die Rechte ausruhen, ja? Schlagen Sie doch mal die Problemstelle auf Seite zwölf auf.«

Beim Umblättern der Seiten fiel der aufmerksamen Lehrerin der besorgte Ausdruck in den Augen der Schülerin auf.

»Haben Sie etwas auf dem Herzen, das Sie mir sagen möchten, meine Liebe?«, fragte sie mitfühlend. Lisa hatte Mrs. Floyd bisher nichts von ihrer Fabrikarbeit erzählt. Nun rückte sie damit heraus. Bisher hatte die Lehrerin nur sehr wenig von ihrer Schülerin in Erfahrung gebracht. Nur dass sie ein Flüchtling war und in einem Jugendheim lebte, hatte sie gewusst, von den Einzelheiten der Schufterei am Fließband hatte sie jedoch nichts geahnt.

»Oh je, oh je. Dagegen müssen wir etwas tun«, sagte sie rasch. Ohne weitere Worte sammelte sie Lisas Noten ein und gab sie ihr. »Gehen Sie heim, und ruhen Sie sich aus. Nächste Woche sehen wir einander wieder. Übungsaufgaben gibt es diesmal nicht.«

Am Ende des nächsten Unterrichts reichte Mrs. Floyd Lisa einen Brief, handgeschrieben mit dicker schwarzer Tinte auf dem Prägepapier der Royal Academy.

»Nehmen Sie das mit zum Howard Hotel. Die Adresse finden Sie im Brief. Sie suchen einen Klavierspieler, der die Soldaten unterhält. Ich glaube, die Bezahlung ist anständig, und die Arbeit wird Ihnen weit mehr entgegenkommen.«

Lisa atmete tief durch – ein Freudenseufzer. »Oh, danke! Danke, Mrs. Floyd.«

»Und Sie werden sich dort, hoffe ich, anständig benehmen? *Sage*, wie die Franzosen sagen.«

Lisa glaubte die muntere Dame zwinkern zu sehen, aber es ging alles so schnell, dass sie es sich vielleicht auch nur eingebildet hatte.

Auf dem Weg zum Hotel hatte sie das Gefühl, zwei Handbreit über dem Pflaster zu schweben. Im Hotel gab sie den Brief beim Geschäftsführer ab. Man zeigte ihr das Klavier in der Lounge neben der Bar und teilte ihr mit, sie könne nächste Woche anfangen.

Der nächste Tag in der Fabrik war schwierig. Lisa verabscheute Abschiede. Mit nassen Augen saß sie da und nahm einen Tornister in Tarnfarben entgegen, den allen Frauen aus ihrer Abteilung signiert hatten. »Viel Glück, Liebes! Lois, Doris, Deirdre, Rachel, Louise und die anderen.«

Mr. Dimble sagte: »Es tut uns leid, Sie zu verlieren, wir wünschen Ihnen aber viel Glück im Showgeschäft.« Lisa dankte ihm mit einem Wangenkuss, bei dem der arme Mann bis über die Ohren errötete. Am schwersten fiel ihr der Abschied von Mrs. McRae. »Ich werde immer aufmerksam die Zeitung lesen und auf Ihren Namen achten, Lisa. Den Kulturteil, stellen Sie sich vor! Da werden manche Bauklötze staunen!« Sie umarmten einander, und ohne viel Aufhebens ließ Lisa die Welt der Fabrikarbeit hinter sich.

22

Das Howard Hotel war ein beliebter Treffpunkt im West End, es hatte ein großes Restaurant, einen kleinen Ballsaal, in dem am Samstagabend Swing getanzt wurde, und eine Lounge mit Pianomusik an den restlichen sechs Tagen. Lisa posierte für ein Foto, das auf einer Staffelei im Foyer ausgestellt wurde: »Im Oak Room: Lisa Jura am Klavier.« Dem Geschäftsführer, der gehetzt herumlief, hatte sie erklärt, sie sei klassisch ausgebildet und im »populären Repertoire« nicht bewandert.

»Macht nichts, macht nichts. Keine Sorge! Sie sind sehr hübsch. Das ist die Hauptsache.« Sprach's und wandte sich wieder der Inventur seiner Flaschen und Gläser hinter der Theke zu.

Die Hotelatmosphäre war etwas gewöhnungsbedürftig – Geschnatter und Gelächter, das Klingen der Gläser, hin und wieder eine lautstarke Auseinandersetzung. Lisa war jedoch froh und dankbar, nicht nur, weil sie Klavier spielen, sondern auch, weil sie hier unmittelbar den Puls der Weltstadt spüren konnte. London wimmelte von Soldaten auf Urlaub – Amerikanern, Franzosen aus dem »Freien Frankreich« und natürlich den einheimischen Jungs von der Royal Navy, der Air Force und der Army. Man sah ebenso viele Uniformierte wie Zivilisten und unter den Uniformierten anscheinend ebenso viele Frauen wie Männer.

Gina war grün vor Neid, aber sie erhob sich über ihre Gefühle und half Lisa, sich für den ersten Abend zurechtzumachen. Lisa schwebte in den Schönheitssalon, wo ihre Freundin extra eine Überstunde einlegte, um Lisas Frisur mit Brennschere und Kamm den letzten Schliff zu geben. Ein Hauch roter Lippenstift, und ab ging's.

Für den ersten Abend wählte Lisa die spritzigsten Mazurken Chopins und mehrere der Mendelssohn'schen »Lieder ohne Worte«. Rasch lernte sie, Bach und Beethoven wegzulassen. Sie kam bei den Gästen gut an. Desgleichen beim Geschäftsführer, als er sah, dass Gäste aus dem Restaurant in die Lounge strömten und dort weitere Getränke bestellten.

»Spiel ›Peg O' My Heart‹«, schrie jemand. »Nein, spiel ›I'll be Seeing You‹!«

Lisa lächelte und suchte die Situation mit Charme zu entschärfen, merkte aber sofort, dass sie neue Noten brauchte. Am nächsten Tag ging sie – den ungewohnten freien Vormittag genießend – in der Gegend der Tottenham Court Road die neuesten Lieblingsschlager einkaufen. Nun machte sich ihre Schulung im Blattspiel bezahlt, bald sang der gesamte Raum zu Lisas beschwingtem Vortrag der Kriegsschlagerparade. Sie spielte »We'll Meet Again« und »I'm Gonna Get Lit Up« (»When the Lights Go Up in London«) und »When They Sound the Last ›All Clear‹«. Mehr und mehr Amerikaner strömten ins Hotel, Überzählige aus der berühmten Rainbow Corner's Dance Hall ein paar Häuser weiter, wo Count Basies und Woody Hermans Bigband-Swing die Wände erzittern ließ und wo mit Leidenschaft Jitterbug getanzt wurde. Die Yanks liebten es, wenn sie »Praise the Lord and Pass the Ammunition« spielte, und sie schrien nach »Deep in the Heart of Texas«. Irgendein dreister Typ spielte immer den Vorsänger für die Menge und klatschte am Schluss am lautesten.

Um die Wahrheit zu sagen: Mit das Schönste an ihrem neuen Arbeitsplatz war für Lisa, im Mittelpunkt der Aufmerksamkeit zu stehen. Sie war jetzt neunzehn. Sie trug einen Bubikopf, bewegte sich mit kokettem Hüftschwung und hatte das Flirten im Blut. Die Soldaten waren jung und gut aussehend, und im kleinen Kosmos der Lounge des Howard Hotels kreiste alles um sie. Flirtbriefe bekam sie fast täglich: »Würde die schöne Rothaarige mit mir vielleicht eine private Ungarische Rhapsodie abziehen? Fliegermajor Lou ›Lucky‹ McGuire.«

Manchmal, wenn sie einen Soldaten in Fliegeruniform sah, dachte sie an Aaron, allerdings eher mit Wehmut als mit dem Stich der Sehnsucht, den sie bei ihrem ersten Abschied verspürt hatte. Ihre Sorge um ihn verstärkte sich jedoch, als das Heim vom Kriegsministerium ein Telegramm erhielt, dass Paul Goldschmidt gefallen war. Adressiert war das Telegramm an Mrs. Cohen, deren Name unter »Mutter« eingetragen war. Mrs. Cohen reichte das Telegramm beim Abendessen am Tisch herum. Alles schwieg. Traurige Hände strichen über die Worte der Todesanzeige.

Mrs. Glazer sprach das Kaddisch vor: »Möge Gott der Seele des Paul Goldschmidt gedenken, der in seine ewige Heimat eingegangen ist …«

Pauls Tod war ein schwerer Schlag für Lisa, nicht nur, weil ihr sein sonniges Lächeln fehlte, sondern auch, weil es ihr vor Augen führte, in welcher Gefahr Aaron schwebte. Am nächsten Tag ging sie zu einem kleinen Laden am Cavendish Square, an dem sie oft vorbeigekommen war und in dessen Fenster ein Schild hing: *Star Sound Studios – Schallplattenaufnahmen als Grußkarte.*

Zwar war der Toningenieur beeindruckt von Lisas Version des romantischen »Liebestraums« von Liszt, als er ihn durch eine schwere Maschine laufen und in Rillen auf eine 78er-Platte schneiden ließ, dennoch berechnete er Lisa die vollen zwei Pfund Gebühr. Sie hinterließ ihm die Anschrift des Fallschirmjäger-Hauptquartiers und beschriftete das gold-weiße Etikett in der Plattenmitte: »Lieber Aaron, mit all meiner Liebe, Lisa.«

Im Lauf der Zeit wurde es für Lisa immer leichter, Aaron aus ihren Gedanken zu verdrängen. Die neue, mondäne Welt, in die sie Abend für Abend eintauchte, beherrschte sie immer mehr. Sie liebte ihre neue Arbeit, und vor allem liebte sie die Geselligkeit, das Beisammensein mit den Soldaten und den kriegsmüden Londonern, die sich ebenso sehr nach einem gemütlichen Treffpunkt sehnten wie sie. Aber wie oft konnte sie billige Schlager spielen, ohne sich nach der Tiefe und Schönheit der großen Komponisten zu sehnen? Mit neuem Enthusiasmus stürzte sie sich in ihre Übungsstunden und ging zu ihrer allwöchentlichen Stunde bei Mabel Floyd.

»Architektur!«, rief die Lehrerin zum scheinbar hundertsten Mal. »Sie müssen das gesamte Stück vor das geistige Auge stellen, nicht nur die kleinen Ausschnitte, die ich höre. Noch einmal den letzten Abschnitt, bitte.«

Lisa wiederholte die beanstandete Passage, während Mrs. Floyd gespannt lauschte.

»Psst! Die Melodie muss sich steigern können, Sie dürfen nicht gleich am Anfang alles preisgeben«, sagte sie und sang die schöne Melodie vor, die Stimme hebend und senkend, während Lisa sich auf den Höhepunkt zuspielte. »Ja, so! Hören Sie das? Das ist die Antwort auf die Frage auf der anderen Seite … Jetzt dabeibleiben! … Nicht absetzen! … Gut, Lisa. Merken Sie, da kommt die Antwort!«

Mit leuchtenden Augen arbeitete sich Lisa auf den donnernden Schluss zu. Sie glaubte, diesmal würde sie es schaffen.

»Nein, nein, nein!«, unterbrach Mrs. Floyd. »Sie haben den Rhythmus verloren. Wenn die Figuren der linken Hand unregelmäßig werden, geht die Architektur verloren! Noch einmal, bitte.«

Am Ende der Stunde waren Lisas Noten überschwemmt mit Pfeilen, Kreisen und allen möglichen Anmerkungen. Es war harte Arbeit. Trotzdem ging Lisa jedes Mal beschwingten Schritts heim.

Normalerweise kam Gina aus ihrem Schönheitssalon ungefähr zu der Zeit zurück, zu der Lisa letzte Hand an ihr Make-up legte und sich für den abendlichen Glamour im West End bereit machte. In letzter Zeit waren Ginas lächelnde Komplimente über Lisas elegante neue Kleidung verstummt. Sie waren einer Kühle gewichen, die zurückhaltend, aber unverkennbar war. Eines Freitags, als Lisa ein teures neues Jäckchen anprobierte (das einen Wochenlohn gekostet und den verbleibenden Rest ihrer Kleiderkarten aufgezehrt hatte), schlenderte Gina herein, legte ihre Handtasche aufs Bett und machte ein finsteres Gesicht.

»Ist es nicht traumhaft?«, fragte Lisa erpicht auf ein Lob ihrer Freundin für das maßgeschneiderte Meisterstück.

»Die Farbe steht dir überhaupt nicht«, erwiderte Gina. »Sie sieht furchtbar aus bei einer Rothaarigen.« Sie wandte sich und ging zum Abendessen. Verblüfft musterte Lisa sich im Spiegel und wandte sich nervös hin und her. Ein Vermögen hatte sie für diese Jacke ausgegeben! Plötzlich kam aus dem oberen Etagenbett an der anderen Zimmerwand die Stimme Ediths, die dort lag und ein Filmmagazin las.

»Es steht dir hervorragend. Hör nicht auf sie.«

»Was hat sie denn? Warum ist sie denn dauernd so sauer auf mich?«, fragte Lisa wütend.

»Merkst du nicht, was sie will, Dummerchen?«, sagte Edith.

»Was denn?«, fragte Lisa ahnungslos.

»Sie will, dass du sie mal mitnimmst«, kam der Rat von ihrer normalerweise stillen Zimmergenossin.

Klarer Fall! Lisa konnte sich gar nicht vorstellen, warum ihr das bisher nicht eingefallen war.

Voll Vorfreude dachte sie daran, den Abend in der Lounge mit ihrer besten Freundin zu verbringen, und war entzückt, als Gina zusagte. Mit Erstaunen registrierte sie, dass Günter Gina ohne Widerrede mitgehen ließ. Seit er so intensiv angefangen hatte zu studieren, hatte er kaum noch etwas anderes im Kopf.

»Ach, wie gut, dass der Streber mal daheimbleibt! Warte, bis du die Yankees siehst!«, sagte Lisa, als die beiden Frauen die Shaftesbury Street hinaufeilten. Erst saß Gina allein an einem reservierten Tisch, schon bald umschwärmten sie jedoch Scharen von Soldaten, die sich mit ihr verabreden wollten. Sie plauderte und schäkerte mit der ruhigen Selbstsicherheit der Frau, die weiß, dass ihr Herz schon vergeben ist. Lisa spielte »Deep Purple« – so mitreißend, dass das Schwatzen im Saal verstummte. Am Ende stand sie auf, dankte für den Applaus, blickte zu Gina hinüber und sagte: »Das war meiner besten Freundin gewidmet.«

Gina verneigte sich leicht, und eine Gruppe amerikanischer Matrosen rauschte zu dem hübschen Mädchen hinüber und rief: »Darauf müssen wir trinken, dürfen wir einen ausgeben?«

»Warum nicht?«, lächelte Gina.

»Red River Valley«, forderte einer der Matrosen, und Lisa spielte die Einleitung. Nach ein paar Takten begann der Seemann zu singen: »From this valley they say you are going. We will miss your bright eyes and sweet smile.« Er hatte einen wunderbaren Tenor, und sofort senkte sich Stille über den Raum. So schön sang er, dass Lisa aufhörte zu spielen und ihn *a capella* weitersingen ließ.

»So remember the Red River Valley. And the cowboy who loved you so true.«

Als er verstummte, standen vielen Soldaten, die wehmütig an ihre Mädchen daheim dachten, Tränen in den Augen. Am Ende des Abends nahm Gina ihre Tasche und ihren Mantel und ging zu Lisa hinüber. »Ich komme jetzt jeden Freitag her, egal was die bewusste Person, du weißt schon, denken mag. Es macht einfach viel zu viel Spaß!«

Eines Abends ließ Lisa den Blick über die Soldatengesichter in der Lounge schweifen und erstarrte. Denn da stand Aaron, völlig unerwartet, aber – wie sie an ihrem rascheren Puls merkte – willkommener, als sie vermutet hatte. Mitten im Stück brach sie ab, sprang auf, umarmte ihn heftig und gab ihm einen Kuss. Jubel und Pfiffe in der Runde, dann rhythmisches Klatschen, in dem unverkennbar die Forderung anklang: Zurück ans Klavier!

»Setz dich. In der Pause komme ich zu dir!«, rief Lisa aufgeregt, nahm wieder Platz und spielte, der Eingebung ihres Herzens folgend, Liszts »Liebestraum« nur für ihn. Einige beschwipste Flieger sahen die zärtlichen Blicke, die sie Aaron zuwarf, und pfiffen zustimmend. Nach getaner Arbeit eilte sie an seinen Tisch, wo er allein saß, vor sich einige geleerte Gläser.

»Wie findest du meinen neuen Arbeitsplatz? Hochelegant, was?«, strahlte sie und zog eine Zigarette hervor. Ohne ein Wort beugte sich Aaron vor und gab ihr Feuer.

»Schau mich nicht so an, du rauchst doch auch! Also, wie findest du's?«, fuhr sie aufgeregt fort.

»Du hast noch schöner gespielt als auf deiner Platte.«

»Du hast sie also gekriegt!«, rief Lisa glücklich.

»Ja, danke.«

Ein Soldat trat an Lisa heran und wollte sie zu einem Getränk einladen, aber sie lehnte höflich ab, Aarons Augen folgend, der die gut aussehenden Soldaten taxierte, die sie umringten.

»Sei bitte nicht eifersüchtig. Ich tue hier nur meine Arbeit.«

Aaron lächelte bitter und blies Rauchringe in die Luft.

»Also, erzähl schon!«, drängte sie.

»Du zuerst.«

Lisa plauderte über das Heim und das Howard Hotel, doch je länger sie sprach, desto deutlicher merkte sie, dass sie einem verwandelten Aaron gegenübersaß. Wo war seine Schneid geblieben, seine Chuzpe, sein Draufgängertum? Er wirkte so distanziert. Sie wartete, bis er ausgetrunken hatte, dann nahm sie ihn an der Hand und stand auf. »Komm, wir gehen spazieren. Ich hocke sowieso zu viel in diesem Hotel.«

Langsam gingen sie durch die kopfsteingepflasterten Gassen am Covent Garden und wandten sich dann in Richtung Hydepark. Dunkel und verlassen lagen die Straßen, nur hin und wieder eilte ein kicherndes Pärchen vorbei, auf dem Weg nach Hause oder in die Kaserne nach einem Rendezvous zu später Stunde. Die Tore zum Hydepark, wo Lisa und Aaron früher so oft spazieren gegangen waren, waren abgeschlossen. Wie stumme Wächter standen jenseits des Zauns die Flakgeschütze. Neben den Stellungen glühten manchmal Zigaretten in der Dunkelheit. Wenn sie näher hinschauten, konnten sie Kanoniere ausmachen, die mit Nachtgläsern in den sternenklaren Himmel starrten.

»Erzähl mir davon, Aaron. Wie ist es da draußen?«, bat Lisa leise und legte ihm den Arm um die Schulter. Eintönig sprach er über sein Regiment und seine Ausbildung. In der 1st Airborne Division war er zu einer Fallschirmjägerabteilung gegangen und an einem geheimen Ort ausgebildet worden. Als er die Gefühle beim Absprung aus dem Flugzeug beschrieb, belebte sich seine Stimme vorübergehend und klang fast wie früher. Dann schwieg er wieder, setzte nur langsam Schritt vor Schritt – eine ziellos wirkende Bewegung. Lisa nahm seine Hand, spürte aber keine Wärme. Seine Kälte ließ sie erschauern. Je näher sie sich an ihn drängte, desto ferner schien er. So vieles ging ihr durch den Kopf, was sie ihn nicht zu fragen wagte. Wurden alle Soldaten so? Versteinerte der Krieg die Menschen derart? Zerstörte er alles? Wo war der charmante Schwerenöter geblieben, der ihr Grieg ins Ohr gepfiffen hatte? Wo war der tief getroffene, sensible Junge, der erleben hatte müssen, dass sein Vater aus dem Haus gegangen und nie wieder zurückgekommen war?

»Wie ist das gewesen, wenn ihr irgendwo abgesprungen seid?«, fragte sie.

»Das ist nichts für dich«, sagte er, zündete zwei Zigaretten an und reichte ihr eine.

»Hast du Angst gehabt?«

»Klar, wo denkst du hin!«

»Ich weiß nichts davon. Deshalb frage ich ja. Ich möchte, dass du mit mir sprichst«, flehte sie.

Doch Aaron schwieg beharrlich, und irgendwann hörte Lisa auf, Fragen zu stellen. Nach einiger Zeit blieb Aaron plötzlich stehen und warf lauschend den Kopf empor.

»Was ist?«, fragte Lisa erschrocken.

»Psst«, antwortete er und stand reglos. Plötzlich – noch ehe sie das Geräusch hören konnte, das Aaron hörte – war die Nacht vom Heulen der Luftschutzsirenen erfüllt.

»Eine V 1! Schnell weg!« Er fasste sie bei der Hand und sie rannten gemeinsam zum U-Bahnhof Marble Arch. Aus den verdunkelten Wohnhäusern strömten Menschen – Bücher, Decken und hastig zusammengeraffte Lebensmittel in der Hand – und eilten in Wellen zu den Eingängen. Aaron und Lisa liefen ihnen nach und reihten sich ein in den Strom der Londoner, die in die Tunnels abtauchten. Treppe um Treppe ging es hinunter. Lisa hörte auf, sie zu zählen, froh, so tief unter der Erde vor dem deutschen Angriff in Sicherheit zu sein. Nach der letzten Treppe betraten sie den Bahnsteig, dessen kalter Fliesenboden bereits mit Reihen von Schlafenden belegt war. Das waren die ganz Vorsichtigen – sie schliefen jede Nacht in der U-Bahn und warteten nicht erst auf die Sirenen. Überall Menschentrauben – auf den Rolltreppen, in den Treppenhäusern, auf Bänken und Stühlen. Die besser organisierten Familien hatten Liegen und Decken mitgebracht, die anderen kuschelten sich Wärme suchend an Fremde. Lisa blieb der Mund offen. Sie hatte von diesen überfüllten Katakomben gehört, aber noch nie einen Luftangriff darin verbracht. Verschlafen dreinblickend, machten die bereits eng aneinandergedrückten Massen Platz für die Neuankömmlinge. Aaron fand eine Wand, an die sie sich lehnen konnten. Die Familie neben ihnen rückte etwas zusammen, respektvolle Blicke auf Aarons Uniform werfend. Er zog sich die Jacke aus und breitete sie als Kälteschutz unter Lisa aus.

Sie waren zu tief unter der Erde, um das Anfluggeräusch der V-Bomben zu hören, aber alle paar Minuten erzitterte die Tunneldecke von den Einschlägen und ließ Staub- und Schmutzfahnen zu Boden rieseln. Aaron lehnte den Kopf an die klamme Betonwand und musterte die Londoner mit ihren schwarz verrußten Gesichtern. »Die Menschen sind doch armselige Kreaturen, nicht wahr? Wir sind nichts als Kanonenfutter.« Wieder driftete seine Stimme weg ins Nichts. Lisa lehnte den Kopf an seine Schulter und musterte die schlafenden Kinder neben ihnen. Direkt neben ihrem Bein schlummerte ein engelsgleicher Zweijähriger. Unruhig wälzte er sich hin und her und warf dabei seine Decke ab. Seine kleinen rosa Beine kamen zum Vorschein. Lisa zog die Decke wieder darüber und wurde sich bewusst, dass Tränen über ihre Wangen liefen. Sie vergrub das Gesicht an Aarons Schulter. Nach mehreren Stunden kam das Entwarnungsheulen. Lisa und Aaron staubten sich ab und machten sich auf den Weg zur Willesden Lane. Zu Tode erschöpft hielten sie vor der Tür des Heims inne und schauten lange und schweigend zu, wie im Osten erstes schwaches Leuchten am Himmel aufzog.

Beim Abschiedskuss hielt Lisa Aaron eng umschlungen, momentan zurückversetzt zu den Gefühlen, die sie in der Nacht des ersten Kusses vor Mrs. Canfields Haus für ihn gehegt hatte. Je enger sie sich an ihn drückte, desto größer wurde ihre Verwirrung. Waren diese Gefühle lediglich Schatten aus der Vergangenheit – oder empfand sie wirklich noch etwas für ihn? Als sie ihn endlich losließ, nahm Aaron seine Tasche hoch. »Ich schreib' dir, wenn ich ankomme«, sagte er und ging langsam die Straße hinunter. Sie sah ihm nach, bis er um die Ecke bog, und meinte ganz deutlich zu hören, dass er die ersten Takte des Grieg pfiff.

»Lisa! Gott sei Dank!«, rief Gina, als Lisa wenige Minuten später ins Schlafzimmer schlich. »Wir sind vor Sorgen fast verrückt geworden! Wo warst du?«

»Ich bin in einen Luftangriff geraten«, antwortete Lisa, die nicht in der Stimmung war, Intimitäten auszuplaudern. »Ich musste die Nacht in der U-Bahn verbringen.«

»Wir hatten mächtig Angst. Es wurde gemeldet, dass eine Rakete in der Nähe des Hotels eingeschlagen hat.«

Lisa schwieg und zog ihr warmes Flanell-Nachthemd an und stieg ins Bett.

»Kann ich dir etwas erzählen?«, flüsterte Gina mit erregter Stimme. Schweigend wartete Lisa, in die Wirrungen ihrer eigenen Gedanken vertieft.

»Günter und ich haben uns verlobt. Schau!« Gina hielt die linke Hand hoch. Am Finger glänzte ein einfacher Goldring. »Das ist nur vorläufig«, sagte sie, »bis er sich was Anständiges leisten kann. Später will er mir einen Diamanten kaufen. Du musst mir versprechen, dass du zu unserer Hochzeit spielst! Versprichst du's?«

»Klar«, lächelte Lisa, ihre Traurigkeit kaschierend.

»Oh, danke, danke! Ich kann dir gar nicht sagen, wie sehr ich mich freue«, fuhr Gina fort und rasselte die Hochzeitspläne von Anfang bis Ende herunter. Lisa hörte zu, doch ihre Gedanken wanderten immer wieder zu Aaron zurück, sie versuchte, die Bilder glücklicherer Zeiten heraufzubeschwören. Wenn der Krieg zu Ende ist – vielleicht verwandelt er sich dann wieder in den Aaron zurück, den ich liebe, sagte sie sich. Am nächsten Tag war sie froh, ihren düsteren Gedanken entkommen und wieder zur Arbeit antreten zu können: als Entertainerin der ausgelassenen, lebenslustigen Soldaten im Howard Hotel.

23

Im Jahr 1944 hatte sich das Kriegsglück endlich und endgültig gegen Hitler gewendet. Die Alliierten stießen auf Rom vor, die Russen hatten Odessa befreit. Stärker denn je wimmelte London von Militär. Soldaten auf allen Straßen, Soldaten in allen Theatern, und in der Lounge des Howard Hotels standen sie gedrängt wie die Heringe. Lisa sonnte sich in der Aufmerksamkeit der Soldaten – die Aussicht auf ein siegreiches Kriegsende beflügelte sie und führte zu einer Zunahme der Liebesbriefchen und ausgegebenen Getränke, die zu Lisa ans Klavier wanderten.

Heute Abend trug sie ein langes graues Kleid mit tiefem Ausschnitt und eine dreifache Kette aus Kunstperlen, die fast echt aussahen. Umwerfend mondän sah sie aus und beschloss, die Chance eines so großen Publikums zu nutzen und das neue Prélude von Rachmaninow vorzustellen, das sie gerade für ihr Jahresabschlusskonzert gelernt hatte. Die geheimnisvolle Aura des Rachmaninow passte zur gespannten Erwartung. Urlaube waren abrupt gestrichen worden, die meisten Soldaten wussten, dass sie am nächsten Tag ein Schiff oder ein Flugzeug besteigen mussten. Die Stille im Auditorium war tiefer als üblich – ohne die Zwischenrufe betrunkener Soldaten von der Theke. Als Lisa den kraftvollen Schluss spielte, sammelten sich mehrere Soldaten um das Klavier, um die Virtuosität ihres Oktavspiels zu bewundern.

Drei Soldaten näherten sich, geführt von einem Leutnant mit einer roten Nelke. Er trat heran und sagte:

»Mademoiselle, ein Herr möchte Sie gern kennenlernen.« Die Einladung wurde mit so starkem französischen Akzent und einem so entwaffnenden Charme vorgetragen, dass es Lisa gar nicht in den Sinn kam, Nein zu sagen. Außerdem war es Zeit für ihre Pause. Sie folgte ihnen zu einem Tisch, wo ein hochgewachsener Mann mit bezwingenden dunkelbraunen Augen und wunderbar offenem Gesichtsausdruck sofort aufstand. Er streckte die Hand aus, sie nahm sie und dachte erst an einen Handschlag, aber es wurde ein formvollendeter Handkuss.

»C'était magnifique! Que vous êtes magnifique!«

»Tut mir leid, ich spreche kein Französisch«, bedauerte Lisa. Als sie seinen fragenden Gesichtsausdruck bemerkte, versuchte sie, die Worte pantomimisch darzustellen und warf in gespielter Kapitulation die Arme hoch.

»Rachmaninow!«, sagte er und legte beide Hände auf sein Herz.

»Ah, das haben Sie erkannt?« Sie strahlte.

Nun war es an ihm, die Hände in die Luft zu werfen.

»Sprechen Sie kein Englisch?«, fragte Lisa.

»Sein Englisch ist furchtbar«, sagte sein Freund für ihn. »Aber sonst ist er ein smartes Kerlchen, wenn man davon absieht.«

»Czy ty mowiszi?«

»Er fragt, ob Sie polnisch sprechen. Er ist aus Łomża, kämpft aber bei der Résistance, bei den Freien Franzosen. Er ist unser Hauptmann.«

»Kein Polnisch«, lachte Lisa.

»Voulez-vous du Cointreau?«, fragte er und hielt ein kleines Glas mit dem goldenen Likör hin.

Sie schüttelte den Kopf. »Nein, danke.«

Darauf sagte der Hauptmann mit tiefer Stimme etwas zu seinem Leutnant, der sich an Lisa wandte und übersetzte.

»Er lässt Ihnen sagen, dass Sie die schönste Frau sind, die er je gesehen hat.«

Komplimente dieser Art, von Soldaten, die schon zu lange ihre Freundinnen nicht mehr gesehen hatten, war Lisa im Howard Hotel gewöhnt, sie ließ sie sich nicht zu Kopf steigen. Diesmal aber, fasziniert von der kraftvollen Ausstrahlung des französischen Hauptmanns, glaubte sie an ein Körnchen Wahrheit. Plötzlich merkte sie, dass sie schon eine halbe Stunde plauderte – doppelt so lange, wie ihre Pause normalerweise dauerte. Sie entschuldigte sich, dankte ihnen für ihre Komplimente und ging ans Klavier zurück, wo sie zum x-ten Mal unter Stoßseufzern dem unersättlichen Wunsch des Publikums nach »Peg O' My Heart« nachgab.

Als die Uhr auf elf zuging – Sperrstunde im Hotel und Sperrstunde für die meisten Soldaten in ihren Kasernen –, blickte sie auf und sah unter den sich verlaufenden Zuhörern, dass der Résistance-Soldat noch da war. Er saß jetzt allein an einem Tisch und hatte die Augen fest auf sie gerichtet. Als sie den letzten Akkord gespielt hatte, bahnte er sich durch das Gewimmel der aufbrechenden Besucher den Weg zum Klavier.

»Wun-der-schön«, sagte er, wieder mit der Hand-aufs-Herz-Geste. Sein Freund drängte sich durch eine Gruppe Gäste an ihn heran und tippte auf die Uhr. Der Hauptmann zog seine Visitenkarte heraus und überreichte sie Lisa, wobei er ihr in die Augen sah und ein paar Worte auf Französisch sagte. Der Leutnant übersetzte: »Er sagt, Sie müssen ihn unbedingt einladen, wenn Sie mal ein Konzert geben. Wo immer er dann gerade ist, er wird kommen.«

Am nächsten Abend war das Howard Hotel ungewöhnlich leer. Lisa spielte ein paar Songs für den Barmann und die Kellnerinnen und die zehn, zwölf Soldaten, die sich mit Biergläsern im Raum verloren. Bald ließ der Geschäftsführer Lisa einen freien Abend nehmen. Auf dem Heimweg blickte sie zum Himmel und sah alliierte Transportflugzeuge, eine Welle nach der anderen. Die Landung in Frankreich hatte begonnen.

Fleißig hatte Lisa sich auf das Semester-Abschlusskonzert vorbereitet, das die Studenten Ende Juni vor der versammelten Dozenten- und Studentenschaft gaben. Bei Mrs. Floyd spielte sie in einer Art Generalprobe die Stücke für ihren Auftritt durch. Am Schluss spendete Mrs. Floyd lebhaften Beifall. Lisa nahm ihren Stift heraus und wollte darangehen, die Noten mit den kritischen Anmerkungen zu versehen, die jetzt immer kamen. Zu ihrer Überraschung bat die Lehrerin sie, den Stift wieder wegzustecken.

»Lisa, heute kann ich mir die Kritik sparen. Es ist Zeit, dass Sie der eigenen Kraft vertrauen. Sie sind flügge geworden!«

Nach so vielen Unterrichtsstunden, in denen sie sich hatte anhören müssen, wie ihr Spiel analysiert und auseinandergenommen worden war, war dies eine willkommene Nachricht. Lisa konnte aufs Podium gehen und endlich spielen, was sie »im Herzen empfand«.

»Noch eins«, sagte Mrs. Floyd mit leisem Lächeln.

Lisa wartete.

»Es wird Zeit, dass wir an Ihr Debüt denken.«

Lisa war überwältigt. Sie brachte kein Wort heraus.

»Meist trägt die Familie des Debütanten zumindest einen Teil der Kosten, aber in ihrem besonderen Fall hat die Dozentenschaft die Empfehlung ausgesprochen, dass die Akademie die Kosten übernimmt.«

Lisa blieb sprachlos.

»Das heißt, wenn Sie überhaupt debütieren wollen«, sagte Mrs. Floyd augenzwinkernd.

Lisa sprang auf, rief »Natürlich will ich!« und schloss ihre Lehrerin spontan und überschwänglich in die Arme. »Ich weiß nicht, wie ich Ihnen danken soll!«

»Oh, und noch eins. Was den Ort Ihres Debüts angeht … wir dachten an die Wigmore Hall.«

Wigmore Hall! Das war unglaublich. Alles, was Lisa sich im Leben erträumt hatte – nun war es in greifbare Nähe gerückt.

24

Reibungslos war das Konzert im Juni über die Bühne gegangen. Im Sommer und Herbst traf Lisa die Auswahl der Stücke für ihr Debüt und erarbeitete sie sich. Das Howard Hotel blieb ein beliebter Treffpunkt, und Günter gewöhnte sich daran, Gina auf ihrem allwöchentlichen Besuch am Freitag zu begleiten. Der Winter kam. Auf dem Kontinent tobten die großen Entscheidungsschlachten in der Endphase des Kriegs. Man beschloss, das Debüt in der Wigmore Hall um eine Saison zu verschieben. Lebensmittel waren streng rationiert, und den Leuten stand der Sinn nicht nach Musik. Im Januar kämpften sich die Alliierten durch ein vereistes Europa voran und nahmen eine Stadt nach der anderen. Die Russen marschierten durch Polen – erst Warschau, dann Łódż –, im Februar ließen alliierte Bomber Dresden in einem Flammenmeer versinken. Als sie hörte, dass die Schlacht um Wien tobte, ging Lisa in die Synagoge und sprach ein Bittgebet. Würde es auch in Wien einen Feuersturm geben? Würde ihre Stadt ausgelöscht werden wie Dresden?

Inmitten der Nachrichtenlawinen warteten die Kinder aus der Willesden Lane. Sie warteten auf Briefe, warteten auf Neuigkeiten, warteten auf Lebenszeichen aus den Deportationslagern, wo sie ihre Eltern, auf Befreiung harrend, vermuteten … Lisa versuchte, sich auf die Musik und aufs Üben zu konzentrieren, und Mrs. Floyd half ihr bei der Auswahl der Literatur für ihr Debüt. Ihr neues Lieblingsstück war Chopins Polonaise in as-Dur, die »Heroische«, deren triumphierender Tastendonner gewiss ein passendes Loblied auf den großen Sieg der Alliierten sang. Selbst Lisa, die stets Angst hatte, sich allzu stark in Hoffnungen zu wiegen, gab sich nun dem Glauben hin, dass der Tag nahe war.

»Gut, Lisa, richtig, immer weiter steigern …«, sagte Mrs. Floyd.

Lisa spielte die Melodie und ließ im Geiste dazu Bilder ablaufen. Lebhaft malte sie sich das Wiedersehen mit ihrer Familie aus. Grenzenlose Freude, eine Kulmination all ihrer Gebete und Wiedersehenshoffnungen, klang aus ihren Akkorden. Sie sah das Lächeln und die ausgestreckten Arme ihrer Mutter, die Umarmung ihres Vaters, sie sah, wie sich die müden Gesichter erhellten, wie die Sorgenbürde abfiel. Rosies und Sonias entzückte Schreie bei der Wiedervereinigung der drei Schwestern – auch das jubilierte aus ihrem Spiel. Mitten in einer donnernden Passage flog die Tür des Übungsraumes auf, und zwei aufgeregte Mädchen steckten den Kopf herein.

»Los, komm! Hast du nichts gehört?«

Lisa hob die Hände von den Tasten, und in die verklingende Polonaise mischte sich ein neuer Ton – Glockenläuten vom Big Ben! Bald stimmten immer mehr und schließlich alle Kirchen Londons ein. Lisa rannte zum Fenster. Der Verkehr stockte. Überall rennende, jubelnde, in die Luft springende Menschen. Aus allen Fenstern flatterten Fahnen, Autohörner hupten wild. Noch nie hatte Lisa Mrs. Floyd so rennen sehen. Aber da führte sie im Laufschritt eine Gruppe aufgeregter Studenten die Wendeltreppe hinab auf die Straße, wo sie sich der wachsenden Menschenmenge anschlossen. Sie bestiegen eine zum Bersten volle Straßenbahn und fuhren durch ein Meer von Feiernden, die Papiermützen trugen und Lärminstrumente schwenkten, in Richtung Buckingham Palace. Als die Bahn schließlich stecken blieb, stiegen sie aus und wurden von der Menge zur Mall geschoben, wo Churchill selbst sprechen sollte.

Gebannt stand Lisa. Sie hatte Churchills Rundfunksendungen gehört, ihn in der Wochenschau und in den Zeitungen gesehen, aber hier stand er nun leibhaftig, der Mann, dessen Worte in dunkelster Zeit allen Kraft gegeben hatten. Der unbeugsame, geliebte Premierminister, er winkte den versammelten Massen zu, den Homburg in der Hand.

»Gott segne euch alle! Das ist euer Sieg!«

Lisa blickte auf die emporgereckten Gesichter ihrer Nachbarn, und ein tiefes Gefühl der Dankbarkeit für England und seine Menschen wallte in ihr auf. So viel hatten sie ertragen, und mit so viel Courage. Sie war stolz, zu ihnen zu gehören. Auch sie hatte viel ertragen. Als die Reden zu Ende waren, begannen die Menschen zu singen und zu tanzen. Hastig wurden an Straßenecken Musikkapellen zusammengestellt und Freudenfeuer entzündet. Wildfremde fielen einander in die Arme, in den Pubs floss das Bier in Strömen. Zum ersten Mal seit der Verdunklung, zum ersten Mal seit fünf Jahren gingen flackernd die Straßenlaternen an. Am Himmel war ein Feuerwerk von Scheinwerferstrahlen. Der Krieg in Europa war zu Ende. Hitler war tot. Die Russen hatten Berlin genommen. Der Schrecken war vorbei – jedenfalls für die Millionen und Abermillionen Briten, die so kühn gekämpft und so viel erlitten hatten. Inmitten des Freudentaumels überlief Lisa plötzlich ein Schauer der Vereinsamung und Trauer. Wann würde der Krieg für sie vorbei sein? Und für ihre Freunde aus dem Heim? Aus den durcheinanderdrängenden Menschen tauchten Mrs. Floyd und die anderen Studenten auf und luden Lisa zu einem *victory dinner* ein.

»Oh, danke«, antwortete Lisa, »aber ich glaube, ich sollte vielleicht in meinem Heim mit den anderen feiern.«

»Sind Sie sicher?«, rief ihre Lehrerin, den Lärm übertönend.

Lisa nickte und winkte zum Abschied, während zwei der Studenten Mrs. Floyd an den Händen packten und die elegante Lady in eine Conga-Polonaise hineinrissen, die sich tanzend von

Lisa entfernte. Langsam löste sich Lisa aus der jubilierenden Menge.

Die Busse fuhren nicht mehr, da die Fahrer in den überfüllten Straßen nicht mehr durchkamen, daher beschloss Lisa, zu Fuß zu gehen. Sie watete gegen einen Strom von Londonern in Feststimmung, die das Siegeszeichen – die gereckten V-Finger – emporstreckten. Allmählich lichteten sich die Reihen, und die Feststimmung und Kameraderie ebbten ab. Immer schneller ging Lisa, vorbei an verbretterten Häuserzeilen und Ladengeschäften, an Trümmergrundstücken und rauchgeschwärzten Ruinen. Als sie ihren geliebten Hydepark erreichte, war sie fast allein. Mit Freude sah sie, dass die Schwäne überlebt hatten. Einen langen Augenblick stand sie am Teich und sah ihnen nach, wie sie mit sanft gleitender Bewegung über das geisterhaft stille Wasser schwebten. Schöne Dinge können überleben, sagte sie sich. Daraus versuchte sie, Hoffnung zu schöpfen.

Im kalten, dunklen Spiegel der Teiche erschien wie in Doppelbelichtung ein anderes Bild – das Land jenseits des Kanals, ein finsteres, stummes Europa, verwüstet und verheert, jetzt so fern von ihr. Vor ihrem geistigen Auge tauchten die Straßen Wiens auf, die sie vor so langer Zeit verlassen hatte, und schemenhaft die lächelnden Gesichter ihrer zurückgelassenen Lieben. Ihr Lachen klang ihr noch im Ohr, seinerzeit, bei dem Picknick, das sie auf dem Treppenabsatz hatten halten müssen. Wo waren sie jetzt? Wo waren ihre Mutter, ihr Vater, ihre Schwester Rosie? Fröstelnd und einsam verließ sie den Park über einen breiten Spazierweg, der zur Edgware Road führte. Vereinzelte Gruppen von Feiernden rannten an ihr vorbei in Richtung Innenstadt. Für sie war der Albtraum des Wartens vorbei. Für Lisa aber und die anderen Kinder aus der Willesden Lane hatte der Albtraum des Wartens gerade erst begonnen.

Erst waren es nur Gerüchte. Unbestätigte Gerüchte, unmögliche Gerüchte, die wie ein Lauffeuer durch die jüdischen Gemeinden jagten und neue Angst in leidgeprüften Herzen weckten. Ortsnamen gingen von Mund zu Mund: Treblinka, Bergen-Belsen, Nordhausen, Auschwitz, Theresienstadt. Man munkelte von Massengräbern, Leichenbergen, unaussprechlichen Gräueln. Fotos sickerten durch: hohläugige KZ-Insassen hinter Stacheldraht, ausgemergelte Gespenster, die kaum noch stehen konnten. Lisa konnte die meisten Zeitungsartikel darüber nicht ertragen. Auch Erzählungen darüber konnte sie nicht ertragen. Sie hatte den Naziterror ja kennengelernt, sie hatte die Kristallnacht miterlebt, aber nie hätte sie sich vorstellen können, was sich, streng abgeschirmt, hinter den feindlichen Linien abgespielt hatte.

Sie konnte auch nicht mehr üben. Lediglich die Technik ging sie manchmal durch, Etüden, Tonleitern, geistlose Wiederholungen, die sie trösteten. Wie schwer war es jetzt, zur Arbeit ins Howard Hotel zu gehen und den lächelnden Leuten zuzuhören, wenn sie über ihre Zukunftshoffnungen sprachen, aber sie brauchte das Geld und war froh über die Ablenkung.

Schließlich begannen das Rote Kreuz, die Vereinten Nationen und die U. S. Army Listen von KZ-Überlebenden zu veröffentlichen, die man befreit und in Auffanglager verbracht hatte. Mit den anderen Flüchtlingen drängte sich Lisa bangen Herzens in den Dienststellen um die ausgehängten Listen. Die Listen waren chaotisch und unübersichtlich, in überfüllten Korridoren an Wände geklebt, oft nicht datiert, nicht alphabetisch geordnet, hastig aufgehängt, so, wie sie aus den unablässig ratternden Schreibmaschinen kamen – erste Hilfe für die verzweifelten Angehörigen. Tag für Tag ging Lisa hin, um zu sehen, ob neue Listen herausgekommen waren, und las immer wieder die alten durch. Den Namen Jura konnte sie nirgends finden, deshalb hielt sie Ausschau nach Leos Namen. Dutzende

Male stand der Name Schwartz da, aber kein Leo und keine Rosie.

Immer wieder Gerüchte, denen die Suchenden nachjagten. Gina hörte, dass im Büro der Vereinten Nationen neue Listen aushingen, dann wieder hörte jemand, die amerikanische Armee, der die Auffanglager unterstanden, oder der World Jewish Congress hätten Listen veröffentlicht, oder in hastig gedruckten jüdischen Zeitungen seien welche erschienen.

Mr. Hardisty wanderte durch die Korridore und erkannte Gesichter aus den Kindertransporten, die nun schon viele Jahre zurücklagen. Er sah Lisa und begrüßte sie mit zartfühlender Sorge. Hier drängten sie sich wieder in den Gängen, einige der zehntausend Kinder, die mit den hastig organisierten Bahntransporten gerettet worden waren. Zehntausend erschien plötzlich als eine sehr kleine Zahl. Eines Tages fand Günter den Namen seiner Mutter auf einer Liste aus einem Auffanglager bei Theresienstadt. Zitternd vor Erregung verbrachte er den Tag damit, eilig Telegramme zur Kontaktaufnahme zu schreiben. Als er ins Heim zurückgekehrt war, berichtete er nur Gina aus Rücksicht auf den Schmerz der anderen von seinem Glück. Jedoch Mrs. Cohen hörte und verbreitete die Nachricht. Sie hielt es für wichtig, dass das bisschen Freude, das da war, auch geteilt wurde.

In diesen ersten Monaten der Suche betrachtete Lisa oft die Fotos ihrer Eltern auf dem Nachttisch und versuchte, sich ihre Gesichter zu vergegenwärtigen. Längst waren die wahren Züge hinter denen verschwunden, die sie von den Fotos her kannte. Manchmal – im Traum – meinte sie, schemenhaft den Gesichtsausdruck ihrer Mutter wiederzusehen, den sie damals in der Kristallnacht gehabt hatte, als sie dem Vater das Blut abwischte. Immer wieder hatte sie versucht, diesen Gesichtsausdruck festzuhalten. Und manchmal sah sie das Lächeln, das ihr ihre Mutter schenkte, wenn sie daheim nach der Stunde bei Professor Lenz zusammen Klavier spielten. Zuweilen glaubte sie, es deutlich vor Augen zu haben, zuweilen verschwamm es bis zur Unkenntlichkeit.

Yis'ga'dal v'yis'kadash – Gepriesen sei der Name des großen Gottes. Allabendlich verlas man beim Gebet in der Synagoge die Namen der Verstorbenen.

Eines Nachmittags trat eine vertraute Gestalt durch die Tür des Heims. Es war Aaron Lewin, mit den Rangabzeichen eines Leutnants, in der Hand den Tornister der Air Force. Mrs. Cohen erkannte ihn als Erste. »Aaron! Das freut mich aber, Sie zu sehen. Herein, herein!« Keine Spur ihrer früheren Abneigung war mehr zu spüren. Der Krieg hatte solche Kleinigkeiten in den Hintergrund gerückt.

»Ist Lisa da?«, fragte er direkt wie immer.

»Ja, sie ist oben. Bitte gehen Sie rauf.«

»Aaron!«, jubelte Lisa und sprang vom Bett auf. »Wie schön, dich wiederzusehen!« Ja, es war schön, ihn wiederzusehen. Er sah so reif aus, so kultiviert. Sie umarmte ihn kurz, wurde sich aber sofort der Fremdheit zwischen ihnen bewusst. Seit vielen Monaten hatte sie keinen Brief mehr von ihm bekommen.

»Ich hatte solche Angst um dich! Geht's dir gut?«

»Gut wie nie«, antwortete er, aber sein Gesichtsausdruck verriet das Gegenteil. »Ich glaube, hier muss mal ein Handwerker die Ärmel hochkrempeln«, sagte er mit einem Blick auf das gesprungene Fensterglas. »Ich sollte gleich mal den Werkzeugkasten holen.«

Lisa lächelte und führte ihn in die Küche zur Heimmutter. Sie wusste instinktiv, dass Aaron einige Zeit lang brauchen würde, um die Orientierung wiederzufinden. Sie verbrachten den Tag zusammen. Lisa schaute zu, wie Aaron rundum seine Handwerkertalente spielen ließ. Er arbeitete wortlos. Nach der Mittagspause fand

Lisa den Mut, die schwierige Frage anzusprechen, die ihr auf der Seele lag. »Hast du … hast du von deiner Familie gehört?«

»Meine Mutter ist tot, meine Brüder auch«, erwiderte er, ohne weitere Einzelheiten zu nennen.

»Wie sind sie denn gestorben?«

»Keine Ahnung. Wie sollten wir das je rauskriegen?«

»Woher weißt du dann, dass sie tot sind?«

»Wir müssen davon ausgehen, nicht wahr?«, sagte er. Durch Einsilbigkeit suchte er sich abzuschirmen vom Schmerz der Worte.

»Ausgehen! Was heißt ausgehen?«, rief sie aufgebracht.

»Lisa, bleib realistisch. Du musst den Tatsachen endlich ins Auge sehen. Welche Überlebenschance hatten sie denn?«

»Dann soll ich also die Hoffnung aufgeben! Ist es das, was du damit sagen willst?«, fragte sie. Es sollte kämpferisch klingen, kam aber nur halbherzig heraus. Nun war es an ihr, zu schweigen. Aus dem Küchenfenster blickte sie in den grauen Himmel und spürte eine bleierne, betäubende Traurigkeit. Musste sie sich darauf gefasst machen, ihre Eltern oder Rosie nie wiederzusehen? Als der lange Sommernachmittag sich neigte, bat Aaron sie, mit ihm in den Garten zu kommen. Durchs üppige Gras gingen sie zu der Hecke hinüber, die das Grundstück vom Kloster nebenan trennte. Lisas Herz war noch schwer von den schrecklichen Erkenntnissen, die sich langsam einstellten. Aaron stand mit dem Rücken zu ihr, als er sagte: »Ich gehe nach New York. Ich habe ein Visum für Amerika bekommen.«

»Oh!«, seufzte sie verblüfft und sprachlos.

Immer noch mit abgewandtem Gesicht fragte Aaron: »Kommst du mit?« Lisa schwieg. Ringsum ging ihre Welt im Trümmer. Sie stand vor dem Verlust aller Menschen, die sie liebte. Konnte sie es da ertragen, auch noch Aaron zu verlieren, auch wenn ihre Gefühle nicht mehr dieselben waren? Sie wusste nicht, ob sie die Kraft hatte, Nein zu sagen. Als Aaron sich umdrehte, sah sie seinen sorgenvollen Gesichtsausdruck und wusste, wie ihre Antwort lauten musste. Eine Woche später besuchte Aaron das Heim noch einmal vor seiner endgültigen Abreise und brachte Süßigkeiten und Kuchen als Geschenk mit. Die Freude ringsum war groß, und niemand fragte danach, wo er das aufgetrieben hatte. Er versuchte, eine positive Haltung zu zeigen und den Blick in die Zukunft zu richten. Wie jedermann rang er um einen Grund weiterzuleben. In seiner Reise nach Amerika hatte er ihn gefunden.

Welchen Grund hatte Lisa? Sie wusste es nicht. Sie konnte nur traurig neben Günter und Gina auf der Eingangstreppe des Heims stehen und zum Abschied winken.

In der dunklen Leere der Wigmore Hall klang das Rachmaninow-Prélude in cis-Moll etwas gespenstisch. Frau Professor Floyd hatte es ermöglicht, dass Lisa in dem Art-déco-Saal üben konnte, in dem sie in zwei Monaten ihr Debüt geben sollte. Lisa arbeitete sich durch ihr Programm, technisch makellos, aber mit einer beunruhigenden Kälte, die ihrer Lehrerin zu schaffen machte. Mrs. Floyd wusste um den unerträglichen Druck, unter dem ihre hochgeschätzte Schülerin stand. Sie hatte die furchtbaren Berichte über den Holocaust an den Juden in der Presse verfolgt, hoffte aber, dass ein paar sanfte Mahnungen ihren Zögling wieder aufs rechte Gleis führen würden. Aus dem leeren Zuschauerraum rief sie aus einer der vorderen Reihen: »Lisa, haben Sie die Dinge geübt, über die wir letzte Woche gesprochen haben?«

»Ein bisschen. Tut mir leid – nicht ausreichend«, erwiderte Lisa, die sich nicht zuzugeben traute, dass sie überhaupt nicht geübt hatte.

»Vergessen Sie nicht, wir kommen so langsam in Termindruck. Ich will Ihnen keine Angst machen, aber die Kritiker können neuen Pianisten gegenüber besonders gnadenlos sein. Ah, bitte noch einmal das Prélude vom *Maestoso*, ja?«

Lisa schloss die Augen und nahm einen neuen Anlauf, aber keine inneren Bilder inspirierten sie. Sie sah die Gesichter der Menschen nicht, die sie liebte. Sie spielte weiter und versuchte, sich von der herzzerreißenden Schönheit der Musik abzuschirmen, die sie nun mit ihrer Familie, die sie wohl auf ewig verloren hatte, nicht mehr teilen konnte.

25

Gina und Günter gaben ein strahlendes Brautpaar ab. Endlich war ihr großer Tag gekommen, und sie saßen mit dem Rabbi im Salon des Heims und unterzeichneten die Ketubba. Trotz Mrs. Cohens hingebungsvoller Planung war man bis in die letzte Minute mit hektischen Vorbereitungen beschäftigt. Die älteren Mädchen schwärmten in die Küche, wo sie gehorteten Zucker und Mehl in Gugelhupf, Sachertorten und halbwegs gelungenen Apfelstrudel verwandelten. Die Jungen legten in aller Eile letzte Hand an die Chuppa, den Hochzeitsbaldachin, im Garten. Dreißig Minuten vor Beginn lieferte der Florist aus der High Road die Blumen. Vor allem aber hatten die sechs stärksten Jungen das Piano in einer herkulischen Kraftanstrengung angehoben und hinaus auf den Rasen geschafft.

Lisa setzte zu dem Freudentag ihr liebenswürdigstes Gesicht auf, was ihr leichter fiel, weil ihre Schwester Sonia vor einer Woche endlich ins Heim hatte ziehen dürfen. Der Krieg war vorbei, die Stadt sicher, trotzdem rief die Familie Bates jeden Tag an, um sich zu erkundigen, wie ihr Schützling sich einlebte. Sonia freute sich ungemein, wieder mit der älteren Schwester zusammen sein zu können. Ihre verängstigte Schüchternheit war größtenteils verschwunden. Die Schwestern hatten den Auftrag bekommen, sich um das Hochzeitskleid zu kümmern, und hatten Gina geholfen, die Secondhand-Läden in der Edgware Road zu durchstöbern, bis sie das perfekte Spitzenkleid gefunden hatten. Nun, zehn Minuten vor Beginn, hatte Gina mit dem Fuß ein Loch in den Saum getreten. Die Schwestern Jura schrien nach Nadel und Faden, und dann, wie durch Zauberei, war die schöne Braut bereit. Rabbi Silverstein nahm die Trauung vor. Er sprach die alten Gebete und forderte das Brautpaar auf, die alten jüdischen Gelöbnisse zu tauschen. Bei aller Hochstimmung, die ihr voranging, lag über der Trauung selbst doch ein dunkler Schatten. Jedermann war sich schmerzlich der klaffenden Lücken in der Gruppe der versammelten Angehörigen und Freunde bewusst.

Ginas Eltern waren in Treblinka gestorben. Günters Vater war bei der Deportation einem Herzanfall erlegen. Mrs. Cohen hatte ihre gesamte Familie verloren, desgleichen Mrs. Glazer … so gingen die grausigen Todesmeldungen weiter bis hin zum letzten Waisenkind, das zuschaute. Nur Günters Mutter war auf den »Listen« aufgetaucht und befand sich derzeit im Krankenhaus in einem Auffanglager bei Theresienstadt. Einige der »Kinder«, Gina und Günter etwa, richteten den Blick nach vorne und hatten die schrecklichen Nachrichten akzeptiert. Andere klammerten sich an die Hoffnung, aus den Trümmern Europas könnten immer noch wie durch ein Wunder ihre Eltern und Geschwister auftauchen. Lisa schwankte zwischen diesen beiden Extremen.

Als die Gelöbnisse gesprochen waren, küsste Günter seine Braut und zertrat unter »Masel-tov«-Rufen das Sektglas. Die Hochzeitsgäste klatschten, die Musik setzte ein. Obschon sie immer noch nicht in Stimmung dazu war, hatte Lisa sich aus Pflichtgefühl dazu bereit erklärt, den ersten Satz des Klavierkonzerts von Grieg zu spielen. Während die Eingangsakkorde durch die laue Luft schwebten, musste sie an Aaron denken. Von der *Île de France*, mit der er in seine neue Heimat fuhr, hatte er ein Glückwunschtelegramm geschickt. Obwohl sie keine romantischen Gefühle mehr für ihn hegte, fehlte er ihr ganz schrecklich. Sie spielte das stimmungsvolle Konzert und dachte an die Bilder, die ihre Mutter ihr vor Augen geführt hatte, die Fjorde, die ruhigen, eisigen Wasser aus Griegs Heimat Norwegen. Die Bilder und ihre andächtige Stimmung halfen ihr, die aufwallenden Gefühle zu beruhigen. Beim Spielen beobachtete sie Günter und Gina, sah die Liebe, die aus ihren Gesichtern leuchtete, und spielte weiter ihr Hohelied auf ihre Freundschaft – und auf die Freundschaft aller, die hier versammelt waren. So viel veränderte sich. Unerträglich starke Gefühle stiegen auf. Um nicht davon überwältigt zu werden, zwang sie ihre Gedanken zurück zu Griegs eisigen Panoramen und brachte das Stück glücklich zu Ende. Dann stand sie auf und kündigte eine Überraschung an.

»Ich bitte noch einmal um Ruhe«, sagte sie, ging zu Hans hinüber und führte ihn zum Klavier. Vollendet und sicher spielte er das »Mädchen mit dem flachsblonden Haar« von Debussy, das er mit Lisa wochenlang eingeübt hatte. Lisa als Klavierlehrerin – darin hatte sie schlichten Trost gefunden, und sie hätte auch sonst nicht recht gewusst, wie sie die Zeit hätte verbringen sollen. Die professionelle Vorbereitung machte sich bezahlt und sorgte für eine schöne Überraschung, besonders bei Hans' Mutter, der die Tränen in die Augen stiegen.

Günter brachte einen Trinkspruch aus »auf alle, die heute fehlen«, wobei er besonders Paul und Johnny King Kong erwähnte. »Bewahren wir uns ein Gedenken an ihre liebenswürdigen Seelen und lassen die Erinnerung an sie für immer in unseren Herzen lebendig sein.«

Als sie den Schatten spürte, den Günters Worte warfen, und voll der Sorge, das Hochzeitsfest könne traurig enden, brachte Mrs. Glazer schnell die Torte heraus. Nachdem das Paar zeremoniell das erste Stück herausgeschnitten hatte, rannte die Braut zum Gabentisch im Esszimmer, um ihre Geschenke auszupacken. Lisa wartete geduldig ab, bis Gina ihr Geschenk auswickelte – zwei silberne Kerzenständer. Dann verkündete Günter offiziell, was alle vermutet hatten, dass er und Gina hoffentlich diesen Monat noch nach New York fahren würden, zusammen mit Günters Mutter, sobald sie reisefähig sei. Zärtlich umarmte Lisa ihre Freunde und spürte eine Aufwallung von Trauer: wieder ein Abschied.

Aus den Auffanglagern in Europa trafen neue Kinder in der Willesden Lane ein, Kinder, die die Hölle von Bergen-Belsen, Auschwitz und Dachau überlebt hatten. Wieder wurde der Platz im Heim knapp. Anders als die Kinder von 1939 blickten die Neuankömmlinge starr und hohläugig. Sie hatten Dinge gesehen, die kein Erwachsener, geschweige denn ein Kind verkraften konnte. Mrs. Cohen hatte beschlossen zu bleiben und hatte ihren Frieden damit gemacht, dass sie den Reichtum und die gesellschaftliche Stellung ihres früheren Lebens in Berlin verloren hatte. Im schwierigen, aber dankbaren Beruf der Heimmutter hatte sie ihre neue Berufung gefunden.

Ältere Heimbewohner zogen nun aus und machten jüngeren Platz, darunter auch Lisa. Sie war jetzt einundzwanzig Jahre alt, und obwohl sie es kaum fassen konnte, lebte sie nun schon seit sechs Jahren in England – einen großen Teil dieser Jahre hatte sie in dem Zimmer verbracht, das sie jetzt verließ. Es war beschlossen worden, dass Lisa zu Mrs. Canfield ziehen sollte. Ihr Sohn war beim Verbinden der Wunde eines Soldaten von einer Granate getötet worden, und die Heimmutter hatte Lisa gefragt, ob sie nicht bei der Quäkerin wohnen wollte. Ihre Gesellschaft würde der trauernden Mutter guttun. Lisa dachte an die Großherzigkeit der Frau während der Bombenangriffe und freute sich, ihr jetzt ihrerseits einen Gefallen tun zu können. Sonia, die jetzt achtzehn Jahre alt war, würde Lisas Bett übernehmen. Die Schwestern würden nicht mehr unter einem Dach wohnen, aber doch im selben Viertel zusammenbleiben. Am Tag des Auszugs schaute Sonia zu, als Lisa das Schwarz-Weiß-Foto von Leslie Howard aus »Vom

Winde verweht« abnahm, das über ihrem Bett an die Wand geheftet war.

»Soll ich das hierlassen?«, fragte Lisa.

»Wer ist das?«, fragte Sonia mit Blick auf den blonden Herzensbrecher.

»Wer das ist? Ich muss wohl öfter mit dir ins Kino gehen. Dieses Wochenende fangen wir an!«

Sonias Augen leuchteten. Lisa gelobte sich im Stillen, die kleine Schwester in alle Freuden einzuführen, die eine Heranwachsende verdiente, all das nachzuholen, was sie in den prägenden Lebensjahren ihrer Schwester zwangsläufig hatte versäumen müssen.

Mrs. Cohen kam herein, als Lisa den Koffer packte. »Ich habe Sie länger nicht mehr gefragt, wie es mit Ihrer Musik vorangeht«, sagte die Heimmutter, sichtlich traurig über Lisas Auszug.

»Oh, ganz gut«, erwiderte Lisa und verschwieg, dass sie überhaupt nicht mehr zum Üben gekommen war.

»Wir freuen uns alle auf Ihr Konzert«, lächelte die Heimmutter.

Lisa brachte es nicht übers Herz, ihr zu sagen, dass sie das Debüt würde absagen müssen – jegliche Kraft zum Üben hatte sie verlassen. Beklommen stand Mrs. Cohen dabei, als Lisa ihr Bett machte. Schließlich sprach sie und ließ die Zurückhaltung fallen, die sie so lange aufrechterhalten hatte.

»Ich muss zurückdenken an den Nachmittag, als Sie sich zum ersten Mal an unser Klavier gesetzt haben … im Glauben, Sie seien allein und niemand höre Sie.« Lisa strich weiter ihr Bett glatt. An diese verschämten Anfänge konnte sie sich gar nicht mehr erinnern.

»Ich weiß noch, dass ich geschlagene fünfzehn Minuten draußen gestanden bin und gelauscht habe – ich hatte Angst, wenn ich hereinkäme, würden Sie aufhören«, gestand Mrs. Cohen und wischte eine für sie ungewohnte Träne mit dem Taschentuch weg.

»Vielleicht habe ich zu lange gewartet, um Ihnen das zu sagen, aber wir – ich – wir schulden Ihnen so viel. Sie haben uns alle inspiriert.«

Lisa wandte sich um und ließ sich in eine innige Umarmung nehmen. Dann lächelte Mrs. Cohen traurig und ging. Sonia half Lisa beim Ausräumen ihrer Schubladen, beim Zusammenlegen ihrer Dutzenden Schals, beim Verpacken ihres Schmucks in einem Samttäschchen. Dann, ganz am Schluss, nahm Lisa ihre kostbarsten Besitztümer, die Fotos von Mutter und Vater und die Silberlamétasche ihrer Urgroßmutter, und legte sie ehrfürchtig oben auf ihre Kleidung. Sie schloss den Deckel des großen Koffers, zugleich schloss sie damit ein langes Kapitel ihres Lebens.

Mit zwei Koffern verließ Lisa das Haus Willesden Lane Nr. 243 und ging langsam in die Riffel Road zu Mrs. Canfield. Als sie eintraf, umarmte die Dame in Schwarz sie herzlich. »Dies Haus ist schon zu lange still. Du hast ihm gefehlt.«

Wie vor Jahren packte Lisa im Zimmer des Sohns ihre Sachen aus. Das Foto auf der Kommode trug nun schwarzen Trauerflor.

Eine Woche nach Lisas Auszug erhielt Mrs. Cohen einen Telefonanruf, der sie sofort in strahlende Laune versetzte. Inmitten des Ozeans an Katastrophen ein kleiner Wellenschlag des Glücks, ein Wellenschlag, der sich für zwei ihrer Schützlinge zu einer Sturzwelle auswachsen würde. Sie legte den Hörer auf, rannte in ihren sportlichen Schuhen aus dem Haus und rauschte in Richtung Riffel Road. Als sie ankam, war sie außer Atem.

»Lisa! Lisa, Sie müssen gleich Mr. Hardisty anrufen!«

»Weshalb denn? Was gibt es?«, rief Lisa.

»Sie müssen gleich Mr. Hardisty anrufen«, wiederholte sie, nahm Mrs. Canfields Apparat und wählte für sie.

Fünf lange Tage später wurden eine elegante Lisa und eine sauber gewaschene Sonia von Mr. Hardistys Wagen abgeholt und zum

Bahnhof Liverpool Street gefahren. Aneinandergeklammert standen sie eine Ewigkeit, bis der Zug einlief, auf den sie warteten, der 14:22er. Als die Türen aufgingen, erschien eine Gruppe müder Flüchtlinge. Vorsichtig stiegen sie das Trittbrett hinab, die Gesichter bleich und abgehärmt, erschöpft von der Reise und ihrem schweren Schicksal. Lisa sah sie über den Bahnsteig auf sich zukommen, hin und wieder waren sie von Dampfschwaden verhüllt. Mit gespanntem Blick suchte sie die Reihe der abgerissenen Gestalten in ihren schweren Mänteln ab. Sie begann zu zittern. Gespenster traten vor ihr geistiges Auge, all die vertrauten Nachbarn aus der Franzensbrückenstraße. Je angestrengter Lisa schaute, desto mehr zitterte sie, und Sonia musste den Arm um sie legen, damit sie nicht zusammenbrach. Endlich, nach einer weiteren Ewigkeit, sah sie eine ausgestreckte Hand, die ihr zuwinkte, und hörte eine wohlbekannte Stimme: »Lisa! Lisa! Sonia! Sonia!«

Sonia stieß Lisa vorwärts. Aus der Gruppe löste sich eine schmale, hübsche Frau und rannte, so rasch sie konnte, auf sie zu. Es war Rosie. Endlich! Rosie! Die drei Schwestern umarmten einander. Immer wieder riefen sie gegenseitig ihre Namen: »Rosie, Sonia, Lisa!«

Als Lisa endlich den Blick von ihrer Schwester losreißen konnte, sah sie Leo, der geduldig darauf wartete, dass er mit der Umarmung an die Reihe kam. Sie umschlang seine Taille und wäre fast über eine allerliebste Vierjährige gestolpert, die erstaunt zu ihr aufschaute. Lisa stockte der Atem.

»Das ist unsere kleine Esther«, verkündete Rosie. »Ist sie nicht süß?« Dann sagte sie zu der Kleinen: »Esther, das sind deine Tanten, Lisa und Sonia.«

Lisas Augen schwammen so vor Tränen, dass sie kaum noch sehen konnte. Sonia kniete sich hin und gab dem Mädchen einen Kuss. Zusammen gingen sie in dasselbe Bahnhofsrestaurant, in das Lisa vor so langer Zeit Sonia geführt hatte. Die Kriegsjahre hatten die weißen Tischtücher verschwinden lassen, und die eleganten Teekannen waren eingeschmolzen worden zu Flugzeugteilen. Das Restaurant war jetzt eine schäbige Cafeteria, aber niemand nahm daran Anstoß.

Leo brannte darauf, den Schwestern zu erzählen, wie er und Rosie die letzten Jahre überlebt hatten. Hervor sprudelte die Geschichte ihrer Flucht aus Wien als betrunkene Touristen, von der Fahrt in die Freiheit nach Paris, von der Kapitulation Frankreichs vor Hitler, von immer wieder neuen und überstürzten Aufbrüchen.

»Ewig waren wir auf der Flucht!«, erklärte Rosie.

»Außer als wir bei Lyon in ein Auffanglager gesteckt wurden«, warf Leo ein.

»Aber Leo hat immer wieder Schlupflöcher für uns gefunden«, sagte Rosie stolz.

»Das war ich nicht allein. Viele Menschen haben uns geholfen und uns versteckt.«

»Bis ich das Kind bekam.«

Lisa und Sonia blickten die ältere Schwester mit solcher Liebe und Bewunderung an, dass es ihnen die Sprache verschlug.

»Was geschah dann?«, drängte Lisa.

»Als Rosie im neunten Monat war, wollte uns niemand mehr aufnehmen, deshalb musste sie das Kind auf den Straßen von Marseille zur Welt bringen. Dann sind wir weitergeflohen, immer weiter, bis zur Schweizer Grenze.«

»Leo musste mich über den Stacheldrahtzaun heben«, unterbrach Rosie. »Von der französischen Seite aus hatten uns Nazis unter Feuer genommen. Kurz nachdem er Esther einem Schweizer Grenzposten in die Arme geworfen hatte, erwischte es ihn.«

»Nur ins Bein«, sagte Leo.

Sonia fing an zu weinen.

»Wir haben nie die Hoffnung aufgegeben, euch wiederzusehen«, flüsterte Rosie.

Dann wollten Rosie und Leo alles über Lisas und Sonias Leben seit ihrer Trennung wissen. Als Lisa von ihrem Klavierstipendium erzählte, nahm Rosie die Hand ihrer Tochter und sagte: »Deine Tante Lisa ist eine wunderbare Pianistin – genau wie deine Großmutter.«

Schließlich musste Lisa die Frage stellen, die seit dem Augenblick, da ihre Schwester aus dem Zug gestiegen war, allen auf der Seele brannte.

»Rosie … hast du Nachricht von Mama und Papa?«

Mit tränennassen Augen blickte Rosie die Schwester an.

»Keiner unserer Briefe ist beantwortet worden. Ich habe nichts von ihnen gehört«, erwiderte sie und setzte traurig hinzu: »Ihr also auch nicht?«

»Nein«, sagte Lisa, »wir haben nichts gehört.«

Sie konnten es nicht ertragen, weiter über das Thema zu sprechen. Rosie blickte ihre beiden jüngeren Schwestern an. »Mutter wäre so stolz auf euch«, sagte sie leise. »Und, Lisa, du weißt, was deine Musik ihr bedeutet hat … uns allen bedeutet hat … hier!«

Rosie beugte sich vor und öffnete die Knöpfe von Esthers Mäntelchen. Und da, am Hals des Kindes, hing an seiner Kette das kleine Goldamulett in Form eines Klaviers.

»Du hast es?«, rief Lisa überrascht.

»Ja«, warf Sonia ein, »ich habe es Rosie gegeben, als ich auf den Transport ging, genau wie du es damals mir gegeben hast …«

Rosie legte den Arm um Sonia und sagte zu Lisa: »Und ich hab's keine Sekunde abgenommen, bis ich es Esther gegeben habe.«

Überwältigt und erschüttert, das kleine Amulett jetzt am Hals ihrer Nichte zu sehen, fühlte Lisa den Schutzwall nachgeben, den sie um ihre Musik errichtet hatte. Das Versprechen, das sie ihrer Mutter gegeben hatte, hallte in ihrem Herzen nach. Nach diesem Wiedersehen stürzte sie sich mit frischem Mut in ihr Klavierspiel, mit einer Inbrunst, die selbst Mrs. Floyd überraschte. Tag für Tag übte sie, vom Augenblick, da sie morgens erwachte, bis zu dem Augenblick, da die Royal Academy abends die Tore schloss. All ihre Kraft und Leidenschaft widmete sie ihrer Vorbereitung. Denn wie sollten kommende Generationen die Musik kennenlernen, die Musik, die Malka so liebte, wenn sie ihr Gelöbnis nun nicht endlich erfüllte?

26

Aufgeregt saß Lisa in der Künstlergarderobe der ehrwürdigen Wigmore Hall vor dem Spiegel, mit den Fingern auf den Schminktisch trommelnd, wo Flaschen Gesichtsschminke, Eyeliner und Rouge standen, und suchte still zu sitzen, während ihre Schwester über den Wimpern einen kühnen braunen Strich anbrachte.

»Oh, perfekt! Du siehst genauso aus wie Rita Hayworth!«, sagte Rosie, während sie die letzten Tupfer Make-up auflegte und dann den Pinsel auf den Tisch zurücklegte. Dann prüfte Rosie ihre eigenes Make-up im Spiegel und wischte über ihren roten Lippen einen Flecken weg. Leben und Farbe waren ins Gesicht der älteren Schwester zurückgekehrt. Sie sah so elegant aus, wie Lisa sie in Erinnerung hatte.

Doch der eigentliche Blickfang heute Abend war Lisa. Ihr rotes Kleid schimmerte, als sie aufstand, die dunklen Nähte ihrer Seidenstrümpfe zurechtrückte und ihr wild hämmerndes Herz zu beruhigen suchte. Von der Bühne her, wo sie aus den Kulissen einen Blick auf das sich versammelnde Publikum geworfen hatte, kam Sonia in die Garderobe gerannt.

»Schon fast voll besetzt!«, rief sie.

»Geh da nicht hin! Man wird dich sehen.«

»Nein, wird man nicht!«

»O doch!«, beharrte Lisa.

»Jetzt hört auf, ihr beiden, sonst macht ihr *mich* nervös«, trennte Rosie die Streithähne.

Der verschnörkelte Konzertsaal mit seinen roten Plüschsitzen, der um 1900 erbaut worden war, füllte sich rasch. Rosie hatte jeden eingeladen, dessen sie habhaft werden konnte – Wildfremde von der Straße, den Fleischer von der Ecke, jede Menschenseele aus dem Schönheitssalon. Sie wusste instinktiv, dass man für diesen wichtigen Abend ein volles Haus brauchte, um den besten Effekt zu erzielen. Natürlich würden auch die Studenten und Dozenten der Royal Academy da sein. Außerdem hatte Rosie darauf bestanden, dass Lisa den netten französischen Offizier einlud, dessen Visitenkarte sie in Lisas Nachttischschublade gefunden hatte.

»Der ist doch wahrscheinlich in Paris, um Himmels willen!«, hatte Lisa gesagt.

»Du hast gesagt, du würdest ihn einladen, und nun musst du es tun. Ich zahle das Telegramm aus eigener Tasche. Man kann nie wissen. Die Leute kommen heute weit herum.«

Lisa wusste, er würde nie kommen – ihre Begegnung lag fast ein Jahr zurück –, aber es konnte nicht schaden, zu träumen.

Mrs. Cohen hatte für das gesamte Heim ein frühes Abendessen organisiert, sodass die Bewohner Punkt sieben im Herzen Londons sein konnten. Sie wollte nicht, dass irgendjemandem beim Konzert der Magen knurrte. Sie band den Jüngsten die Krawatten und kämmte ihnen die Haare. Wie eine Glucke scheuchte sie sie um halb sechs aus dem Haus, für den Fall, dass der Bus Verspätung hatte.

Lisas Gedanken rasten, während sie die Träger ihres Kleides zurechtrückte. Einen Augenblick sinnierte sie darüber, wie viel sich verändert hatte, seit sie in Wien ihren Mädchenfantasien vom Klavierspielen vor dem Wiener Hochadel nachgehangen hatte.

Statt auf diese unreifen Träume wollte sie sich nun auf das heutige Publikum konzentrieren, auf die guten Menschen von England, die da saßen, arbeitende Menschen und reiche Menschen, Freunde und Fremde. Wiener Grafen und Barone gab es hier nicht, das wusste sie. Ihre Selbstgespräche sollten zur Beruhigung der Nerven dienen. Sie erfüllten jedoch ihren Zweck nicht: Rascher und rascher schlug ihr Herz. Ein letztes Mal wünschten die Schwestern ihr Glück, dann war sie allein. Das Gemurmel im Zuschauerraum klang ab, der Vorhang hob sich. Elegant schritt Lisa aufs Podium und wurde von frenetischem Beifall begrüßt, als sie sich an den drei Meter langen Steinway setzte. Das schwarze, hochglanzpolierte Instrument funkelte, der Deckel war in der obersten Position hochgestellt, sodass man die glitzernden Saiten gespiegelt wahrnahm.

Während sie die richtige Positur einnahm, senkte sich Stille über den Saal. Sobald das letzte Räuspern verstummt war, wartete Lisa ein paar Atemzüge lang, bis die Erwartung fast bis ins Unerträgliche wuchs, holte noch einmal tief Atem und ging in sich. Als sie das Gefühl hatte, dass die Zuhörer verschwunden waren, hob sie die Hände in grazilem Bogen und begann.

Dunkel und ernst, aber beredt tönten die ersten Akkorde. Wie bei ihrer Aufnahmeprüfung spielte Lisa als Erstes die Pathétique von Beethoven. Diesmal freilich klang die Einleitung selbstsicherer und reifer. Sie hatte den Mut, leise anzufangen, wie ihre Mutter ihr das oft ans Herz gelegt hatte. Sie begann ihre Geschichte mit dem Pianissimo, in dem die leise Verzweiflung der sechsjährigen Trennung von ihrer Familie mitschwang. Nun steigerte sich die Musik zu donnernden Akkorden, ein Gleichnis für die Jahre des Kämpfens und Ringens im Krieg. Lisa durchforschte ihr Gemüt und fand die Farben und Nuancen, die ihr tiefstes Sehnen und ihre höchsten Triumphe auszudrücken vermochten.

Während dieser Steigerung, während dieser langsamen Zunahme an Intensität, sandte Lisa ihre Gebete vom Podium hinab ins Herz der Menschen, die sich versammelt hatten. Die Schönheit der Musik senkte sich in die Seele aller, vom Flüchtling bis zum Rechtsanwalt, von der Textilarbeiterin bis zum RAF-Piloten, vom Widerstandskämpfer bis zum Hafenarbeiter, und wies ihnen den Weg durch ihre tiefsten, unaussprechlichen Emotionen.

Mrs. Cohens Augen leuchteten und waren voll Bewegung: Sie ließ Erinnerung und Trauer um ihren Mann und ihre Schwester zu, die gewiss den Tod gefunden hatten. Hans lauschte mit einer Freude, die alles übertraf, was er je mit Lisa im Keller empfunden hatte: Die Musik brachte Wärme in seine Dunkelheit.

In der einfachen, würdevollen Melodie der Chopin-Nocturne in cis-Moll klang für Mrs. Canfield der Verlust ihres Sohnes John an, Bilder aus seiner Kindheit und Jugend, sein Heroismus, sein Opfertod als Sanitäter. In Mrs. Canfields Gemüt schwang in Lisas feierlichen Tönen die Lebensgeschichte ihres Sohnes mit. Von einer Hand zur anderen wanderten die Noten und malten ein Gefühlsbild seines Lebens, das er verloren hatte, dessen sie aber still gedachte.

Gina und Günter drückten sich eng aneinander und spürten Vorfreude auf ihre Zukunft in den lyrischen Passagen der Nocturne, Beglückung im Herzen, die durch Lisas leidenschaftliches Spiel erweckt worden war.

Mrs. McRae, Mr. Dimble, Mrs. Floyd, Mr. Hardisty – sie alle teilten auf ihre Weise Gefühle, die sie mit Worten niemals hätten ausdrücken können. Lisa flocht ihre Geschichten in den Chopin und in den Rachmaninow ein. Ein Hohelied für viele im kriegszerrissenen London – das sang die Musik.

Lisa durchlebte ihre eigenen Freuden und Tragödien, ihre schreckliche Reise nach London, ihr Erwachsenwerden, ihr Reifen zur Frau. Den Verlust ihrer Eltern betrauerte sie im tragischen Glockenläuten des Prélude von Rachmaninow. Aus den majestätischen Akkordprogressionen baute sie dann ein hymnisches Danklied – Dank an die Eltern für ihre Liebe, ihre Weisheit und

Hingabe, Dank darüber hinaus an jede Mutter und jeden Vater, die den Mut gehabt hatten, ihr Kind zu retten, indem sie ihm Lebewohl sagten.

Als im Publikum genug Tränen geflossen waren, ging Lisa an ihr letztes Stück, die »heroische« as-Dur-Polonaise von Chopin. Dies war Lisas Tour de force, und ihr jubelnder Tastendonner ließ überall in den Reihen die Augen leuchten. Ergriffen durchlebte jedermann noch einmal seine heroischsten Momente – den Mut während der Bombardierung, den unerschütterlichen Willen durchzuhalten, schließlich den Sieg.

Sekunden atemloser Stille, dann ein Orkan an Ovationen. Lisa stand auf und der Beifallssturm verdoppelte sich. Sie blickte ins Publikum und verbeugte sich immer wieder. Dann ließ sie das Podium und die Glorie des Rampenlichts hinter sich.

In der Garderobe spielten sich tumultartige Szenen ab. Um Lisa drängten sich sämtliche Heimkinder, die ihr reihum die Hände schüttelten, zehn Frauen aus der Fabrik, Mr. Hardisty und das Personal der Jewish Refugee Agency, Mrs. Canfield und natürlich Sonia und Rosie und Leo und Esther. Dann kam Mabel Floyd, im Schlepptau einen gut gekleideten Konzertagenten, der Lisa wortreich gratulierte: »Ihre Professorin erzählt mir, dass Sie ein wunderbares Grieg-Klavierkonzert spielen!«

Neben Lisa saß Hans auf einem Stuhl und sog den Schwall der Komplimente ein, selig mit dem Kopf nickend. Neben ihm standen Gina und Günter. Als Mrs. Cohen damit fertig war, die jüngeren Heimkinder durch die informelle Gratulationscour zu schleusen, bat sie sie, einen Augenblick beiseite zu treten, während sie ihre eigenen Glückwünsche aussprach.

Dann schaute sie der anmutigen jungen Frau im roten Kleid zu, die den Gratulanten für ihre Komplimente dankte, und zog ihr besticktes Taschentuch heraus. Das schöne Bild war zu viel für sie.

»Wann habt ihr euch alle so verändert? Ihr seid keine Kinder mehr!«, rief sie.

Lisa, Gina und Günter fassten ihre Hand. »Doch, wir sind es noch«, sagte Lisa. »Und wir bleiben es auch. Wir bleiben die Kinder aus der Willesden Lane.«

Am Bühneneingang, hinter einer weiteren Welle von Gratulanten, wartete ein gut aussehender französischer Offizier des Freien Frankreichs mit einer diskreten Medaille auf dem Rockaufschlag. Er wartete, bis die Menge sich verlief. In der Hand hielt er eine Kostbarkeit, eine Flasche Mumm-Sekt, und ein Dutzend rote Rosen.

Rosie bemerkte ihn zuerst und führte ihn – seine Identität erratend – hinüber zu ihrer strahlenden Schwester. Lisa traute ihren Augen nicht. Sie hatte versucht, das Bild dieses schmucken Soldaten zu vergessen. Es war so unwahrscheinlich erschienen, dass sie einander je wieder begegnen würden. Er legte wie zuvor seine Hand aufs Herz, um zu zeigen, wie sehr ihm die Musik gefallen hatte, und überreichte ihr dann die Rosen mit einer Karte: »Mit glühender Bewunderung, Michel Golabek.«

Lisa fasste seine Hand und zog ihn in die Gruppe, die einen engen Kreis um sie bildete. Durch einen Tränenschleier musterte sie die Menschen, die alles auf der Welt für sie bedeuteten – Gina und Günter, Hans und Mrs. Cohen, die Schwestern Sonia und Rosie, gleich hinter ihnen Leo und Esther und nun dieser charmante Fremde, der, wie sie instinktiv wusste, ihr zukünftiges Leben mitbestimmen würde.

Dann, hochgestimmt durch die Liebe und Bewunderung, die sie umgab, spürte sie plötzlich die Aura eines weiteren Menschen. Überwältigend stark erfasste sie ein Gefühl der Nähe zu ihrer Mutter. Es war, als schaute Malka aus dem Himmel zu. Lisas Herz schwoll vor Freude, als sie erkannte, dass sie es geschafft hatte. Sie hatte das Versprechen erfüllt, das sie ihrer Mutter gegeben hatte. Sie hatte an ihrer Musik festgehalten.

Lisa Jura, 1947

EPILOG

Aaron ging nach Amerika, heiratete und wurde ein erfolgreicher Geschäftsmann. Auch Günter und Gina wanderten nach Amerika aus, wo sie seit mehr als fünfzig Jahren glücklich miteinander leben. Hans blieb in England, machte sein Diplom als Physiotherapeut und gewann zahlreiche nationale Meisterschaften im Blindenschach. Nach Schließung des Kinderheims wohnte Mrs. Cohen bis zu ihrem Tod im Alter von siebzig Jahren bei ihrem Sohn.

Im Herbst 1949 bekam Lisa Jura ein Visum, das sie zur Auswanderung nach Amerika berechtigte. Michel Golabek erhielt 1945 das französische Croix de Guerre und folgte Lisa kurz nach ihrer Emigration in die USA nach. Im November 1949 heirateten sie in New York. Sie zogen nach Los Angeles zu Rosie und Leo, die sich dort angesiedelt hatten. Bald zogen auch Sonia und ihr Mann Sol nach Kalifornien. Die drei Schwestern blieben bis zu ihrem Tode in täglichem Kontakt.

1958 setzte sich ein vermisst geglaubter Cousin, der in Israel lebte, mit Lisa in Verbindung und berichtete ihr, was in Wahrheit mit Malka und Abraham geschehen war. Der Cousin hatte Abrahams letztes Lebenszeichen erhalten, einen Brief, den er im Herbst 1942 geschrieben hatte und der nach einer Odyssee um die halbe Welt nach Palästina gelangt war. Abraham schrieb von ihrer bevorstehenden Deportation und beschwor den Cousin mit den Worten: »Wir sind verloren … ich bitte dich, kümmere dich um unsere kostbaren Kinder.«

Am 14. April 1942 wurden sie von der Gestapo verhaftet, aus der Wohnung in der Franzensbrückenstraße geholt und nach Łódż deportiert. Von dort brachte man sie nach Auschwitz.

Lisa Jura hatte zwei Töchter, Mona und Renée, die beide den Traum ihrer Mutter erfüllten und Konzertpianistinnen wurden. Auch Lisas drei Enkelinnen Michele, Sarah und Rachel spielen Klavier. Ihr Enkel Yoni spielt Violine.

Im Juni 1999 wurden Lisas Töchter und Enkelinnen eingeladen, als Hauptkünstler auf dem sechzigsten Welttreffen der »Kindertransport«-Kinder in London zu gastieren. Im BBC-Fernsehen spielten Michele und Sarah »Clair de Lune« und dankten England dafür, Lisa das Leben gerettet zu haben. Sie zitierten die Worte ihrer Großmutter und Klavierlehrerin, ihr Vermächtnis: »Halte an deiner Musik fest. Sie wird dein bester Freund fürs Leben sein.«

Das ist sie bis heute.

DANKSAGUNGEN

Wärmste Anerkennung den vielen Menschen, die mir in fünfzehn Jahren Arbeit geholfen haben, die Geschichte meiner Mutter zum Leben zu erwecken.

Enormen Dank schulde ich Christine Burrill, die ideell wie sprachlich außerordentlich viel dazu beigetragen hat. Ohne sie wäre dieses Buch nicht entstanden.

Ein herzliches »Dankeschön« an Irene Webb und John Karas, die das Projekt an den Verlag Warner Books vermittelten; an Jamie Raab, der an die Kraft der Lebensgeschichte meiner Mutter glaubte; an Caryn Karmatz, unseren Leitstern, und an Harvey-Jane Kowal und Molly Chehak für ihre unschätzbare Mitarbeit.

Dank an Lee Cohen für seine Liebesmüh' und sein Engagement für dieses Projekt sowie an die Menschen, die ihm mit Anregung, Rat und Kritik zur Seite standen – Lois Sarkisian, Alex Cohen, Brien Lopez, Susan Grode, Regina Seidman Miller, Belinda Casas-Wells, Deborah Oppenheimer, Al Landolph und Paul Somers, Tara Cook, Mark und Ann Goldblatt, Fred und Cheryl Cook. In memoriam Sue Cohen.

Dank an Dennis und Gina Schwartz, Martin Lewis, Hans Cohen, Bertha Leverton, David Jedwab, Honey Chester und Annette Saville für ihre Zeit, ihre Großherzigkeit und ihre Erinnerungen.

Dank auch Richard Burkhart für seinen täglichen, unermüdlichen Einsatz; Chuck Hurewitz für seinen wertvollen Rat; Marc Whitmore für seine intelligente Mitarbeit sowie Jesse Silver und Jackie Maduff für ihre kenntnisreiche und liebevolle Unterstützung während des gesamten langen Prozesses.

Innigen Dank an Milli Segal, Brigitte Sinhuber-Harenberg und Carmen Sippl für ihre liebevolle Unterstützung und ihr Engagement für unsere Story.

Und schließlich:

Allertiefsten Dank

an meine beste Freundin, meine Schwester Renée: Wir hatten die besten Eltern.

An Michele: Du warst Lisas Engel.

An Sarah: Lisa liebte dich von ganzem Herzen.

An Jonathan und Rachel: Lisa lauscht – und ist gespannt, wohin die Musik euch führen wird.

Das Geheimnis der Ankerbrot-Erbin

Als Bettina Mendl aus Wien 1939 in Sydney ankommt, ist sie auf der Flucht. Die Villa in Döbling ist für die SS requiriert, das Familienunternehmen »arisiert« worden. In Australien, wo Bettina als feindliche Ausländerin gilt, versteckt sie sich in den Weiten des Outback und gründet mit dem Farmer Joe McDuff eine Familie. Doch nach Kriegsende wird Bettina nach Österreich gerufen, um Anspruch auf ihr Erbe zu erheben, die traditionsreiche Firma *Ankerbrot*. Mit einem Schlag werden Joe und die Töchter in eine andere Welt geworfen, als sie entdecken, dass die bodenständige Frau, die sie kennen, mit einem enormen Vermögen zur Welt gekommen war. Die Mädchen lernen zwischen dem australischen Busch und der Wiener High Society hin und her zu wechseln – doch viele Fragen über die Vergangenheit ihrer Mutter bleiben unbeantwortet. Tochter Phyllis begibt sich auf die Suche nach der Wahrheit und entdeckt ein Geheimnis.

Phyllis McDuff

Villa Mendl

Leben und Schicksal der Ankerbrot-Erbin Bettina Mendl
Übersetzt von Christine Lier und Maria-Christine Leitgeb

288 Seiten, mit zahlreichen Abbildungen
ISBN 978-3-99050-021-7
eISBN 978-3-903083-08-0

Amalthea amalthea.at

Ein Frauenleben im Widerstand

Mit acht Jahren kommt Vilma Steindling ins jüdische Waisenhaus im Wiener 19. Bezirk. Schon mit 16 Jahren politisiert sie sich und tritt in den Kommunistischen Jugendverband ein. 1937 folgt die junge Frau ihrem Lebensgefährten Arthur Kreindel nach Paris, denn im austrofaschistischen Ständestaat sind die KP und der KJV verboten. Nach der Besetzung Frankreichs durch Hitler engagiert sie sich in der »Mädelarbeit« der Résistance. Als sie 1942 denunziert und verhaftet wird, wird sie ins KZ Auschwitz überstellt. Sie überlebt und kehrt im Herbst 1945 nach Wien zurück. Vilma sucht Hilfe bei der Kommunistischen Partei, wird jedoch herb enttäuscht. Sie beginnt, ihre politische Überzeugung zu hinterfragen. Das Buch zeichnet den Lebensweg dieser mutigen Frau nach, die wenig über das Leid, das sie erfahren hatte, sprach. Welche Folgen das für ihre Kinder hatte, auch damit setzen sich die Autorinnen auseinander.

Ruth Steindling, Claudia Erdheim

Vilma Steindling

Eine jüdische Kommunistin im Widerstand
Mit einem Nachwort von Anton Pelinka

224 Seiten, mit zahlreichen Abbildungen
ISBN 978-3-99050-067-5
eISBN 978-3-903083-52-3

Amalthea amalthea.at